우리가 몰랐던, 이제는 알아야 할

최소한의 이슬람

우리가 몰랐던, 이제는 알아야 할

최소한의 이슬람

지은이 | 황원주
초판 발행 | 2024. 4. 3
등록번호 | 제1988-000080호
등록된 곳 | 서울특별시 용산구 서빙고로65길 38
발행처 | 사단법인 두란노서원
영업부 | 2078-3352   FAX | 080-749-3705
출판부 | 2078-3331

책 값은 뒤표지에 있습니다.
ISBN 978-89-531-4822-2 03230

독자의 의견을 기다립니다.
tpress@duranno.com   http://www.duranno.com

두란노서원은 바울 사도가 3차 전도여행 때 에베소에서 성령 받은 제자들을 따로 세워 하나님의 말씀으로 양육하
던 장소입니다. 사도행전 19장 8-20절의 정신에 따라 첫째 목회자를 돕는 사역과 평신도를 훈련시키는 사역, 둘째
세계선교(TIM)와 문서선교(단행본·잡지) 사역, 셋째 예수문화 및 경배와 찬양 사역, 그리고 가정·상담 사역 등을
감당하고 있습니다. 1980년 12월 22일에 창립된 두란노서원은 주님 오실 때까지 이 사역들을 계속할 것입니다.

우리가 몰랐던, 이제는 알아야 할

황원주 지음

최소한의 이슬람

두란노

일러두기

1. 이 책에 인용한 대부분의 꾸란 구절은 아랍어 원문을 기초로 저자가 의미 번역을 하였다. 비교를 위해 영어 번역이 필요한 경우에는 아랍어 꾸란을 직역에 가깝게 번역한 A. J. 드로지(A. J. Droge)의 꾸란을 사용했다.

2. 하디스의 경우 무슬림들이 영어로 번역한 본문을 저자가 한국어로 번역했다(Sunnah.com Mission〈https://sunnah.com〉을 참조함).

3. 아랍어 단어는 독음을 로마자로 표기했다. 다만 영어식 표기가 일반적으로 받아들여지는 경우에는 굳이 독음에 매이지 않았다(예: Qur'ān 대신 Qur'an을 사용함).

4. 아랍어 자음의 로마자 표기는 아래와 같다.

ر	ذ	د	خ	ح	ج	ث	ت	ب	ء
r	dh	d	kh	ḥ	j	th	t	b	'
ف	غ	ع	ظ	ط	ض	ص	ش	س	ز
f	gh	'	ẓ	ṭ	ḍ	ṣ	sh	s	z
ي	و	ه	ن	م	ل	ك	ق		
y	w	h	n	m	l	k	q		

오늘날 복음화율이 가장 낮은 지역 중 하나가 이슬람 세계입니다. 역사적으로 많은 선교적 노력이 기울여져 왔지만, 아직도 의미 있는 복음의 돌파는 보이지 않고 있습니다. 이런 시점에 한국 교회의 역할이 매우 중요한데, 이슬람 이해에 큰 도움이 되는 좋은 책이 나오게 된 것을 진심으로 기쁘게 생각하며 일독을 권합니다. 저자는 무슬림들 가운데 살며 그리스도의 이름으로 사랑하고 복음을 전하는 삶을 살아왔으며, 그 기초 위에 학문적 평가를 더하여 이슬람에 대한 객관적 이해를 제시하고 있습니다. 이 책이 한국 교회와 현장 선교사들에게 유익을 주고, 더 깊은 사랑으로 무슬림 민족들을 섬길 수 있도록 도움을 주리라 기대합니다.

이재훈(온누리교회 위임목사)

지난 30년간 그의 마음은 이슬람 세계의 영혼들을 향해 있었다. 현장 선교사로서 사역하다가 안식년에 미국에서 신학과 선교학을 공부한 과정이 모두 사명의 여정이었다. 그리고 다시 선교지 현장으로 복귀할 때까지 그의 삶은 무슬림을 주님께로 인도하기 위한 일에 모두 드려진 셈이다. 기독교인들이 알아야 할 이슬람에 관해 쓴 첫 원고를 보여 주었을 때 가슴이 벅찼다. 선교사님의 글에는 오랜 세월 이슬람 세계에서 살아 낸 그의 체험과 학문적 연구 결과의 균형이 고스란히 담겨 있었기 때문이다. 이 책은 우리 모두에게 이슬람을 향한 교회의 사명과 열정을 깨워 줄 뿐 아니라 역사적 자료에 근거한 탄탄한 연구를 통해 왜 무슬림을 품고 나아가야 하는지 그 동기와 신뢰성을 더해 준다. 이 책은 무슬림들에게

어떻게 다가가야 하는지를 고민하고 있는 이 시대와 교회에 주신 한 선
교사의 선물이다.

박신일(밴쿠버 그레이스한인교회 담임목사)

사랑하는 황원주 선교사는 이슬람권에 복음이 전파되길 소원하며 30년
이상 그들을 품고 살아온 하나님의 사람입니다. 황 선교사가 많은 사람
이 어려워하는 언어의 하나인 아랍어를 익힌 것은 책에서 밝힌 대로 하
나님의 은혜입니다. 언어를 토대로 이슬람의 다양한 측면에 대해 이론적
으로 탄탄하게 정리해 주고 있습니다. 이 책은 이슬람에 관심이 있는 사
람들이 이슬람을 객관적으로 잘 이해할 수 있도록 돕습니다. 나아가 정
리된 이론을 잘 전달하는 데서 그치지 않고, 황 선교사가 선교 현장에 있
는 만큼 그것이 실제로 어떻게 적용될 수 있는지도 함께 이야기하고 있
습니다. 그리스도인이 무슬림에게 다가갈 때, 좋은 지침서로 활용할 수
있을 것입니다.

조현삼(서울광염교회 담임목사)

이 책은 이슬람에 대한 전통적인 내러티브와 역사적 사실을 비평적으로
탐구하여, 이슬람의 기원과 발전에 관한 보다 심층적인 이해와 이슬람에
관한 광범위하면서도 균형 잡힌 시각을 제공합니다. 특히 꾸란의 기원과
편집에 관한 포괄적인 자료를 제시하고, 내적 증거와 외적 증거를 통한
역사비평학적 연구를 소개한다는 점에서 이 책은 국내 관련 학계에서 독
보적인 저술이라고 할 수 있습니다. 저자는 튀르키예어와 아랍어를 숙달
하여 아랍어 꾸란 해석에 탁월한 연구자로서 꾸란학이나 이슬람학 연구
에 다양한 문헌들을 제시하여 연구 내용을 보다 더 신뢰성 있게 전달하

최소한의 이슬람

고 있습니다.

이 책은 성경을 기반으로 한 복음주의적 신학에 근거하여 이슬람을 비평적으로 해석하며, 학술적 용어를 최소화하여 독자들이 쉽게 이해할 수 있도록 쓰였습니다. 꾸란에 관한 비평적 연구에 관심이 있는 독자라면, 꼭 이 책을 읽어 보기를 권합니다.

공일주(《꾸란 해석》의 저자, 중동아프리카연구소 소장)

세계 선교의 완성을 고대하는 그리스도인들에게 이슬람권은 최후의 프런티어입니다. 개인적으로 저는 이슬람권의 선교가 마무리되면, 주님이 재림하실 것이라고 믿고 있습니다. 그러하기에 황원주 박사님이 심혈을 기울여 저술한 본서를 적극 추천하고 싶습니다. 본서는 그리스도인들이 왜 이슬람을 알아야 하는지, 이슬람 세계는 어떤 역사적 경험을 해 왔는지, 이슬람의 기원을 어떻게 이해해야 하는지, 그리고 이슬람의 경전인 꾸란은 정말 신뢰할 수 있는지 등과 같은 중요한 질문들에 대하여 명쾌한 해답을 제공합니다. 황 박사님의 심오한 학문적 연구와 풍부한 선교적 경험에 기초한 서술이어서 이해하기가 쉽습니다. 하지만 쉽다고 해서 가볍거나 피상적이지 않습니다. 내용이 진중하고, 깊이가 있습니다. 무엇보다 본서는 이슬람권 선교에 대한 강한 동기를 부여하고, 뜨거운 열정을 불러일으키며 지성적인 준비를 도와줍니다. 이슬람은 어느덧 아주 가까이에 와 있습니다. 잃어버린 무슬림들에게 복음을 전하기 위해 고민하고 기도하며 분투해 온 모든 지체가 본서를 읽고 말할 수 없는 유익을 얻게 되리라 확신하기에 강력하게 추천합니다.

정성욱(덴버신학대학원 조직신학 교수)

황원주 박사님이 귀한 책을 집필했습니다. 그는 '이슬람의 전통적인 내러티브를 당연한 역사적 진실로 받아들여야 하는가'라는 도전적인 질문을 제기합니다. 그리고 꾸란을 비롯한 초기 이슬람 전승과 문헌들이 후대의 시대적 필요에 의해 구성된 검증되지 않은 사실들로 이루어져 있다고 말합니다. 이것은 무슬림을 대상으로 한 기독교 변증에 중요한 의미가 있습니다. 결국, 무슬림들에게도 우리가 성경에 기초한 복음의 진리를 전해 주는 것 외에 다른 구원의 길이 없습니다. 모쪼록 이 책을 읽는 기독교인들과 선교사님들이 복음에 대한 담대한 확신을 갖고 무슬림들에게 나아갈 수 있기를 기대합니다. 그들을 진실과 사랑으로 끌어안을 수 있기를 소망합니다.

김홍주(온누리교회 2000선교본부 본부장, 목사)

나는 저자와 1980년대 중반부터 사귐을 갖고, 함께 사역해 오면서 저자가 어떤 길을 걸어왔는지를 잘 알고 있다. 저자는 무슬림을 사랑하라는 주님의 부르심을 깨닫고 무슬림 가운데 살면서 하나님 나라가 그 땅에 임하도록 오랫동안 기도하며 사역해 왔을 뿐 아니라, 이슬람 상황화에 대한 학문적 연구를 꾸준히 그리고 치열하게 하며 노력해 온 거룩한 울림이 있는 사역자다.

저자의 책은 단순히 이슬람에 대한 이론이나 정보를 전하는 책이 아니다. 그동안 보아 왔던 이슬람에 관련된 책들은 기존에 무슬림들이 주장해 온 그들의 역사와 전통적 내러티브를 정리하여 소개하는 것이 일반적이었다면, 이 책의 탁월성은 여러 역사적 증거와 다양한 자료 분석을 통해 역사비평학적으로 이슬람을 이해하는 새로운 관점을 제시한다는 데 있다. 따라서 저자의 글은 무슬림들 자신이 진실이라고 주장하고 있는 그들의 학문적 권위에 도전하고 있으며, 이슬람 역사 및 꾸란의 무오성에 대해 무엇이 진실이며 무엇이 허구인지를 분명하게 분별할 수 있도록 해 주고 있다. 또한 오랫동안 이슬람 선교 현장에서 이슬람 세계관과 부딪치며 살아오면서 깨닫게 된 무슬림과의 생생한 진리 싸움에 대한 변증도 담고 있다.

선교 현장에서뿐 아니라 국내에서도 무슬림과의 접촉이 크게 증가하고 있는 때에 이슬람의 실체를 정확히 알고, 무슬림들을 어둠에서 빛으로 인도하는 데 큰 도움을 줄 책이 나온 것에 감사하다.

주누가(지오선교회 대표, 선교사)

목차

추천의 글 ·5
감사의 글 ·12
머리말 ·16

1장 왜 이슬람을 알아야 하는가? ·20

2장 무슬림은 이슬람을 무엇이라고 주장하는가? ·40
: 이슬람의 전통적 내러티브에 근거한 이슬람 이해

3장 이슬람 세계는 역사적으로 어떻게 흘러왔는가? ·72
: 역사적-현상적 이슬람 세계와 무슬림 이해

4장 7세기 초 이슬람 기원은 역사적 사실인가? ·132
: 이슬람 기원에 대한 역사비평학적 평가

5장 7세기 초 이슬람의 기원을 뒷받침하는 자료들은 신뢰할 만한가? ·170
: 이슬람의 전통적 자료들에 대한 역사비평학적 평가

ISLAM

6장 꾸란에 관한 무슬림의 주장은 사실로 입증되었는가?   • 202

    : 꾸란 사본들에 대한 역사비평학적 평가

7장 꾸란의 내용은 꾸란이 신적 계시임을 입증하는가?   • 240

    : 꾸란 내용에 대한 역사비평학적 평가

8장 성경적으로 이슬람과 무슬림 바라보기   • 286

부록

- 무슬림들에게 그리스도의 사랑과 복음으로 접근하기 • 300
- 조르주 후스니가 소개하는 복음 전도의 실례 • 306
- 무슬림들에게 성경적 삼위일체 교리를 설명하기 • 308
- 조르주 후스니가 제시하는 삼위일체 설명 방법 사례 • 314

참고 문헌 • 326

감사의 글

저는 대학 시절 주님을 만나 변화되어 주님의 제자요 복음의 증인
으로 살게 되었습니다. 이후 주님이 저를 무슬림 민족들을 섬기도록
불러 주셨습니다. 30여 년 동안 주님은 신실하게 저를 인도해 주셨고,
부족한 자를 사용하여 주님 나라의 일을 이루어 오셨습니다. 주님의
이름으로 무슬림 민족들을 품고, 그들에게 그리스도의 복음을 진하는
것은 주님의 은혜요 큰 특권입니다. 주님의 사랑과 생명의 복음이 모
든 무슬림 민족 가운데 증거되어 셀 수 없이 많은 무리가 주님 앞에 나
아와 예배하게 될 그날을 바라보며 남은 인생 끝까지 이 길로 달려가
고자 합니다.

이 책이 나오기까지 그리고 지금의 제가 있기까지 사랑의 빚을 많
이 졌습니다. 20대 초에 대학교에서 주님을 알게 되었고, 제자 훈련을
받았습니다. 이후 이슬람권 선교를 위해 헌신한 선교 공동체에서 훈련
받고 나서 20대 중반에 선교지로 나갔습니다. 무명의 청년을 주의 이
름으로 파송한 온누리교회와 고(故) 하용조 목사님의 선교를 향한 열정

과 사랑이 지금의 저를 있게 했습니다. 온누리교회는 이재훈 목사님의 선교적 지도력 아래 융합 선교를 통해 세계 복음화를 이루어 가고 있으며 이로써 ACTS 29 사역은 계속되고 있습니다. 온누리교회의 영적 유산을 공유하며 사역할 수 있음에 큰 감사를 올립니다.

첫 사역지인 튀르크계 이슬람권에서 10년을 보낸 뒤 안식년에 신학을 공부하게 된 것에도 감사합니다. 현장 사역에서 품게 된 질문들의 해답을 찾고, 단편적인 경험을 정리하는 기회가 되었습니다. 이슬람권 선교의 진보를 위해 선교학 박사 과정을 밟으면서 접하게 된 '상황화'(Contextualization)라는 거대한 주제 덕분에 이슬람권 선교에 관한 시야가 한층 넓어졌습니다. 그러나 박사 과정을 마치고 나서도 이슬람과 꾸란에 대한 이해가 여전히 부족함을 자각하게 되었습니다. 이것은 저뿐 아니라 현장 사역자 대부분이 느끼는 바임을 잘 알고 있습니다.

현장 사역과 깊이 있는 이슬람 연구를 병행해 나가기란 결코 쉬운 일이 아닙니다. 그러나 박사 학위를 마칠 무렵, 주님이 제게 누군가는 이 일을 해야 한다고 말씀하시는 것 같았습니다. 이슬람 연구를 계속하여 현장 사역자들과 현지인 지도자들에게 이슬람의 뿌리를 제대로 알리고, 그들로 하여금 꾸란을 깊이 이해하도록 돕는 일이야말로 제게 주어진 사명임을 깨닫고, 안식년이 끝난 2014년에 사역지를 아랍권 이슬람 국가로 옮겼습니다. 아랍어를 배워야만 이슬람과 꾸란에 관한 연구를 계속할 수 있을 것이기 때문입니다.

당시 저희 부부가 이러한 결정을 내리는 과정에서 서울광염교회 조현삼 담임 목사님이 매우 큰 도움을 주셨습니다. 서울광염교회와는 이미 수년간 이라크 교회를 섬기는 일에 동역해 오던 중이었는데, 저희 부부의 마음의 소원을 들으신 조 목사님이 흔쾌히 동역을 결정하며 이 참에 아랍어를 신나게 배우라고 격려해 주셨습니다. 그 말씀이 제게 사막의 오아시스와도 같이 해갈을 안겨 주었습니다.

이후 아랍어권에 정착하여 아랍어를 익히고 현지인 사역을 전개하면서 이슬람과 꾸란에 관한 연구를 계속해 오고 있습니다. 현장에서 이슬람 학자요 아랍어 전문가이신 공일주 박사님을 만난 것은 특별한 축복입니다. 박사님과 뜻을 같이하여 공동 연구 및 저술 활동을 하고 있습니다. 그뿐 아니라 중동아프리카연구소를 설립하여 현장 선교사들과 한국 교회들에 필요한 자료와 교육을 제공하는 사역을 해 오고 있습니다.

이 책은 제가 30여 년간 이슬람권에서 살면서 무슬림들에게 복음을 전하며 경험했던 것들과 특별히 아랍어를 습득함으로써 더욱 견고해진 이슬람과 꾸란에 관한 연구를 바탕으로 그동안 우리가 미처 알지 못했던 이슬람을 새로운 관점에서 소개하기 위해 내어놓는 첫 작품입니다. 부족한 내용은 후에 더 보완하고 수정해 갈 것입니다. 새로운 연구를 통해 발견된 내용들도 성실히 반영하여 더욱 온전한 자료를 만들도록 노력할 것입니다. 또한 한국 교회가 처한 상황을 고려하여 앞으로 이슬람권 선교 현장에서 필요로 하는 연구와 저술 활동을 지속해 나갈 계획입니다.

저희 가정과 동역해 주시는 여러 교회와 기도 및 후원으로 함께해 주시는 동역자님들께 진심으로 감사를 드립니다. 20대 후반 선교지에서 처음 만난 이후 오늘까지 멘토링해 주시는 박신일 목사님 부부는 이 책이 나올 수 있도록 용기와 격려를 아끼지 않으셨습니다. 선교 공

최소한의 이슬람

동체 지오(Global Operation)는 늘 저희 안식처가 되어 주었습니다. 특별히 30여 년간 이슬람권 선교에 본을 보여 주시고, 지치지 않는 열정으로 함께 달려가시는 주누가·김마가 두 형님 선교사에게 감사를 드립니다. 달라스연합교회에서 선교적 교회를 위해 동역했고, 현재 김해제일교회에서 그 목회 여정을 이어 가시는 김신일 목사님은 이 책이 나올 수 있도록 귀한 격려를 아끼지 않으셨습니다. 두란노서원 식구들의 수고에 진심으로 감사를 드립니다. 현실과 타협하지 않고 순수한 믿음을 지키려는 청년 디모데와 같은 저를 만나 가정을 이루고, 같은 길을 한결같이 달려가고 있는 아내에게 각별한 사랑과 고마움을 전합니다.

2024년 봄
사막의 나라에서 **황원주**

하나님은 모든 사람이 구원을 받으며 진리를 아는 데에 이르기를
원하시느니라 _딤전 2:4.

예수님은 하나님의 기뻐하시는 뜻을 이루기 위해 이 땅에 오셔서
공생애를 사셨고, 마지막 순간에 제자들에게 "모든 민족을 제자로" 삼
으라는 명령을 내려 주셨다(마 28:19-20). 이후 모든 민족을 향한 교회 선
교의 역사는 멈춤 없이 진행되어 오고 있다.

나는 무슬림들도 회개하고 그리스도를 믿어 구원받는 하나님의 자
녀가 되어야 한다고 믿는다. 다양한 선교 현장에서 무슬림이 그리스도
를 구주로 영접하고 변화되어 하나님의 사람으로 거듭난 뒤 복음의 일
꾼이 되어 살아가는 모습을 보았다. 이슬람 배경의 신자들이 그리스
도 안에서 함께 사랑하고, 하나님께 예배하며 복음의 증인으로서 살아
가는 현지인 교회들도 보았다. 이러한 변화는 우리가 원하는 만큼의
빠른 속도는 아니더라도 세계 곳곳에서 계속 일어나고 있다. 멈출 수

없는 하나님의 선교가 무슬림 민족들 가운데 뻗어 나가고 있다는 증거다.

30년 넘도록 이슬람권에서 복음 전파를 위해 사역하고 있는 나는 이슬람 선교가 그리스도 안에서 나에게 주어진 사명임을 믿는 만큼 남은 생애도 이 믿음으로 살아갈 것이다. 이슬람권에는 지금도 예수 그리스도를 올바로 알지 못한 채 살아가고 있는 무슬림이 상당히 많다. 그들은 그들이 온전히 이해할 방법으로 복음을 전해 듣지 못했으며, 영원한 멸망을 향해 가고 있다. 나는 그들이 이해할 수 있는 방식으로 복음을 전해야 하며 그들 스스로 구원을 선택할 기회를 주어야 한다고 믿는다.

어떤 이들은 이슬람의 부정적인 면만 부각하여 문제점을 드러내고자 한다. 이들의 편향적인 태도는 이슬람에 관한 균형 잡힌 객관적 이해를 돕기보다는 그들에 관한 부정적인 평가와 감정을 불러일으키고, 나아가 막연한 두려움이나 혐오를 느끼게 한다. 특히 이슬람에 관해 잘 알지 못하는 그리스도인이 많은데, 대중 매체를 통해 접하는 편파적인 정보로 인해 이슬람에 편견을 갖거나 그들을 오해하는 일이 적잖다. 이는 균형감을 잃은 비평에서 말미암은 결과다.

나는 모든 그리스도인이 이슬람을 올바로 이해하도록 균형 있게 소개하고자 이 책을 썼다. 이슬람과 무슬림을 이해하는 기준은 궁극적으로 하나님의 말씀, 곧 성경이어야 한다. 그러므로 복음주의적 성경학 및 신학에 기초하여 이슬람을 살펴보고자 한다. 이 책을 읽는 독자들이 이슬람을 객관적으로 평가하고, 무슬림을 성경적으로 바라봄으로써 그리스도의 사랑으로 그들에게 다가가 복음을 전하게 되길 바라는 마음이다.

이 책은 그리스도인이 이슬람에 관해 알아야 할 최소한의 기초 내용을 담은 개요서다. 이슬람을 소개하는 기존 도서들은 대부분 이슬람의 전통적 내러티브, 곧 무슬림이 이슬람의 기원과 발전에 관해 전통적으로 주장해 온 이야기들을 무비평적으로 소개하거나 요약하는 데서 그친 것이 사실이다. 이슬람을 무턱대고 두려워하는 것도 문제지만, 무비평적으로 수용하는 것도 문제다. 균형 잡힌 시각으로 이슬람을 바라보고 편견 없이 이해하려면 학문적인 연구에 기초하여 객관적으로 평가할 필요가 있다. 그리하여 이슬람의 전통적 내러티브를 소개하면서도 역사비평학적 자료들에 기초하여 비평적 관점에서 객관적으로 분석하고 평가함으로써 그리스도인 독자들이 이슬람을 새로운 시각에서 올바로 이해하도록 돕고자 한다.

일반 독자들이 쉽게 읽어 내려갈 수 있도록 이야기의 논거를 언급히는 수준에서 관련 학계의 최근 연구 자료를 소개하되 학술직인 내용은 각주를 참조하게 하였다. 이슬람 및 꾸란과 관련한 전문 용어들은 아랍어인데, 우리는 대개 영어로 번역된 것을 다시 우리말로 번역한 자료를 접하게 된다. 그 과정에서 불가피하게 의미가 달라질 수 있으므로 되도록 아랍어 어휘들을 음역으로 표기하고 아랍어가 가진 고유한 의미가 구분되도록 하였다.[1]

---

[1] 이슬람과 관련된 영문 서적들을 우리말로 번역하는 과정에서 의미의 탈락이나 변형이 흔하게 발생한다. 무슬림의 언어인 아랍어가 영어로 번역되는 과정에서 기독교적 색채를 띠게 되는데, 이를 이슬람 신학에 관한 이해가 부족한 환경에서 우리말로 번역하므로 기독교적 색채가 강화되어 결국 원래 의미와 전혀 다르게 전달되는 것이다. 예를 들면, 알라가 지브릴 천사를 통하여 무함마드에게 내려 준(sent down) 메시지를 와히(wahy)라고 하는데, 이것을 기록한 꾸란은 알라

아무쪼록 당신이 이 책을 읽고 나서 '냉철한 이성과 뜨거운 가슴'으로 무슬림들에게 다가가서 복음을 전하는 선교적 그리스도인이 되기를 소망한다.

의 와히가 된다. 와히를 번역한 영어 단어는 레벨레이션(revelation)인데, 기독교에서 "성경은 하나님의 계시(revelation)의 말씀"이라고 할 때, 계시는 '하나님 자신을 보여 주시는 것'이란 의미로 쓰인다(딤후 3:16, 히 1:1-4, 벧후 1:21). 하지만 이슬람에서 "꾸란은 알라의 와히"라고 말할 때의 와히는 알라가 무함마드에게 직접 내려 준 메시지를 단순히 기록한 것이라는 뜻이다. 즉 성경이 말하는 계시와는 그 의미가 사뭇 다르다. 그러므로 알라의 와히라는 표현 대신 알라의 계시로 번역하면, 독자들은 이를 기독교적 개념으로 해석할 여지가 있다. 따라서 이슬람 신학 용어를 사용할 때는 다른 언어로 번역하기보다는 가급적 원어 그대로를 쓰는 편이 혼돈을 줄이는 일이라고 할 수 있다. 이러한 논지는 공일주 박사의 저서 《꾸란과 아랍어 성경의 의미와 해석》(CLC, 2016)에 근거함을 밝힌다.

1장

왜 이슬람을 알아야 하는가?

이슬람을 알아야 하는 이유

인구통계학적 측면

미국의 여론 조사 기관 퓨리서치센터(Pew Research Center)에 따르면, 이슬람은 전 세계에서 기독교에 이어 두 번째로 많은 신자를 가진 종교다. 퓨리서치가 2014년에 발표한 "세계 종교의 미래: 인구 증가 예측, 2010-2050"(The Future of World Religions: Population Growth Projections, 2010-2050)을 보면, 2010년 당시 전 세계 인구는 69억 명으로 추정되며, 그중 기독교인 인구가 약 21.6억(31.4%), 무슬림 인구가 약 16억(23.2%)으로 나타났다. 그리고 2050년이 되면, 기독교인이 전 세계 인구의 31.4%가 되고, 무슬림은 29.7%로 증가할 것으로 추정한다.[2] 무슬림 인구의 증가율은 연 2%가 넘을 것으로 추정되는데, 무슬림의 높은 출산율로 인

---

2 퓨리서치센터의 자료는 대개 일반적인 종교 통계치로 언급되지만, 복음주의적 관점에서 그 세부 내용을 조심스럽게 파악할 필요가 있다. 예를 들면, 기독교 인구에는 천주교, 정교회, 개신교 뿐 아니라 심지어 이단 종파들까지 포함되어 있기 때문이다. 또한 무슬림 인구에는 이슬람을 떠난 탈무슬림(ex-Muslims)의 수가 반영되지 않았다는 점도 고려해야 한다.
"The Future of World Religions: Population Growth Projections, 2010-2050" in *Pew Research Center*. April 2, 2015. 〈https://www.pewresearch.org/religion/2015/04/02/religious-projections-2010-2050/〉

최소한의 이슬람

한 자연 성장률의 상승이 주된 요인으로 꼽힌다. 또한 2070년에 이르면, 전 세계 기독교 인구와 무슬림 인구가 거의 비슷해질 것으로 예측된다.

무슬림 인구의 빠른 증가율이 복음주의 기독교인들에게 적잖은 우려와 경각심을 불러일으키는 것이 사실이지만, 심각한 위협으로 받아들일 필요는 없다. 이슬람은 출산에 의한 증가율이 높기에 자연 성장률이 타 종교보다 높을 수밖에 없다. 그러나 회심에 의한 성장률만 고려하면 복음주의 기독교가 가장 높다. 또한 모태 신앙으로 무슬림이 된 사람들 가운데 다양한 이유로 탈이슬람을 하는 인구가 전 세계적으로 늘어나고 있다. 특히 2010년 12월에 시작된 "아랍의 봄"(Arab Spring) 이후 이슬람을 등지는 무슬림들이 점차 증가하고 있다. 이것은 세속화가 꽤 진행된 서구에서뿐만 아니라 이슬람 세계의 심장부라고 할 수 있는 아랍의 이슬람 국가들 안에서도 일어나고 있는 현상이다. 중동과 북아프리카의 아랍 청년 25,000명을 대상으로 조사한 결과에 따르면, 2012-2014년 사이에 자신을 비종교인, 즉 이슬람을 떠난 사람으로 정의한 사람이 11%였으나 2019년에는 18%로 상승했다. 즉 아랍 이슬람 세계의 젊은이들이 급속도로 이슬람을 떠나 회의론자나 무신론자가 되어 가고 있으며, 그중 일부분은 그리스도의 복음을 듣고 믿음으로 결신하기도 한다.[3] 이런 현상에 관한 설명은 뒤에 덧붙이기로 한다.

---

3 남침례신학교(Southern Baptist Theological Seminary)의 이슬람학 교수 이브라힘(A. S. Ibrahim)은 "이슬람이 정말 세계에서 가장 빨리 성장하는 종교인가?"라는 질문을 던지고는 그렇지 않다고 말한다. 그는 몇 가지 자료를 제시하며 이슬람 세계의 중요한 현실을 반영하지 않은 채 단순히 인구학적 측면만을 강조한 퓨리서치센터의 조사 결과에 의문을 제기한다.
  - A. S. Ibrahim, "Is Islam Really the Fastest Growing Religion in the World?" in *Crossway*,

중요한 점은 이슬람 국가들의 국민을 모두 무슬림으로 간주한 인구 통계에는 분명 상당한 허수가 포함되어 있다는 사실이다. 탈무슬림하여 무신론자가 되었거나 타 종교로 개종한 인구가 반영되지 않았기 때문이다. 따라서 급증하고 있는 탈무슬림 인구를 반영하지 않은 단순한 인구 통계는 과장된 측면이 있다.

그럼에도 불구하고 전 세계적으로 무슬림 인구가 많고, 그 성장 속도 또한 빠른 것이 사실이다. 더구나 무슬림들은 유학, 해외 취직, 이민, 혹은 난민 등으로 세계 곳곳에 퍼져 있다. 이미 유럽의 무슬림 인구 비중은 무시할 수 없을 정도로 커졌고, 이는 정치적 시사점을 제공한다. 한국 또한 다양한 이유로 유입되는 외국인 무슬림의 인구가 늘고 있으며 그들의 포교 활동으로 무슬림으로 개종하는 한국인의 수 또한 늘어나는 추세다. 한마디로 이슬람이 우리 곁에 가까이 와 있음을 알 수 있다. 따라서 무슬림 이웃을 이해하고, 그들이 믿는 이슬람을 이해하는 것은 더불어 사는 세상의 그리스도인으로서 당연히 해야 할 일이다.

여기서 한 가지 주의해야 할 사항이 있다. 이슬람이 가장 빠르게 성장하는 종교이며 2070년 이후에는 무슬림 인구가 기독교인 인구보다 더 많아질 것이라는 예측을 접한 어떤 사람들은(심지어 그리스도인들도) 이

November 25, 2022, 〈https://www.crossway.org/articles/is-islam-really-the-fastest-growing-religion-in-the-world/〉; Ahmed Benchemsi, "Invisible Atheists: The Spread of Disbelief in the Arab World" in *The New Republic*, April 24, 2015, 〈https://newrepublic.com/article/121559/rise-arab-atheists〉; Hasan Suroor, "Why are young Muslims leaving Islam?" in *The Telegraph Online*, September 11, 2019, 〈https://www.telegraphindia.com/india/why-are-young-muslims-leaving-islam/cid/1704203〉

슬람을 세계의 안정과 평화를 위협하는 세력으로 판단하고는 이슬라모포비아(Islamophobia), 곧 이슬람 혐오증으로 반응하기도 한다. 그러나 근거 없는 혐오증은 불필요한 갈등과 긴장을 유발할 뿐이다. 참된 그리스도인이라면 이런 현상에 맞서 더욱 깨어 기도하며 하나님의 시각으로 무슬림을 바라보도록 노력해야 한다. 이를 위해, 먼저 이슬람을 이해하려는 노력이 필요하다.

이슬람 교리적 측면

세계 복음화는 기독교인의 궁극적 사명이다. 즉 교회는 그리스도의 사랑으로 세계 모든 민족에게 그리스도의 복음을 전파하라는 부르심을 받았다. 그런데 이슬람에도 이와 비슷한 의미의 목표가 있다. 모든 무슬림은 전 세계 모든 사람을 이슬람으로 돌아오도록 하는 다아와(Da'wah: 포교)의 의무가 있다. 전 세계의 이슬람화라는 목표가 무슬림 속에 내재되어 있다. 세계 복음화를 이루려는 기독교와 전 세계의 이슬람화를 꿈꾸는 이슬람 사이에 반갑지 않은 만남은 불가피하다. 이 점에서 이슬람은 불교나 힌두교와 같은 타 종교들과는 분명히 구분된다.

역사적으로도 기독교보다 후대에 발생한 이슬람은 그 태생부터 기독교를 상대로 변증적 교리를 형성해 왔다. 기독교 교리의 특정 부분을 공격하여 이슬람의 교리를 내세우는 반기독교적 논증 체계인 칼람(kalām)이 역사 속에서 강화되어 무슬림들에게 세뇌되다시피 했다. 즉 무슬림들은 기독교의 기본 교리를 어떻게 공략하여 기독교인들에게 도전해야 하는지에 대해 훈련되어 있다는 뜻이다. 후에 살펴보겠지만, 무슬림들은 기독교의 기초를 무너뜨리지 않으면 이슬람을 세울 수 없는 본질적 대립 관계에 있음을 잘 이해하고 있다. 그에 비해 기독교인들은 일반적으로 이슬람에 대해 무지하거나 알더라도 피상적 수준에 머물러 있다. 한마디로 무슬림의 공격적인 질문들에 어떻게 반응해야 할지 준비되어 있지 않은 것이다. 따라서 무슬림에게 그리스도의 복음을 전하기 위해 다가가기보다는 아예 그들과의 대화를 회피하려는 경향이 있다. 그러나 그리스도인들이 이슬람에 관해 좀 더 잘 알고, 올바로 이해한다면, 무슬림들에게 복음을 증거하고 우리 안에 있는 소망의 이유(벧전 3:15)를 효과적으로 전달할 수 있게 될 것이다.

기독교 선교학적 측면

이슬람과 무슬림을 이해해야 하는 가장 중요한 이유는 성경에서 찾아볼 수 있다. 성경은 하나님이 사람을 지으시고(창 1:26-28), 인류의 모든 족속을 한 혈통으로 만드셨다고 말한다(행 17:24-26). 하나님은 당신의 형상으로 지으신 사람을 사랑하시고, 세상에 흩어져 있는 모든 민족이 그리스도를 알고 믿어 구원받기를 원하신다(마 24:14; 28:19-20). 즉 무슬림도 잃어버린 '하나님의 형상'임을 기억하고, 그들의 구원에 관심을 기울여야 한다.

또 다른 성경적 근거는 예수님이 주신 최후 명령을 들 수 있다. 예수님은 "모든 민족을 제자로" 삼으라고 말씀하셨다(마 28:19-20). "모든 민족"이란 인종을 불문할 뿐만 아니라 특정 종교를 믿는 민족이라도 열외로 취급하지 않아야 함을 뜻한다. 우리는 이슬람을 따르는 민족들에게도 그리스도의 복음을 전하고, 그들을 예수님의 제자로 삼아야 한다. 이런 선교적 명령은 해외 선교지로 파송 받은 선교사들에게만 국한된 것이 아니다. 모든 그리스도인은 삶의 현장에서 이웃 무슬림들을 품고, 그들에게 그리스도의 사랑과 복음을 전하도록 부르심을 받았다. 삶의 현장에서 만나는 무슬림을 전도하고, 제자로 삼기 위해서는 그들이 믿고 있는 이슬람을 알아야 한다.

이슬람 알기의 기초

이슬람과 무슬림

이슬람(Islam)은 종교를 일컫고, 무슬림(Muslim)은 이슬람을 믿고 따르는 사람을 가리킨다.[4] 어떤 사람들은 이슬람이 어원적으로 '평화'를 뜻하는 아랍어 살람(salām)에서 유래하였으므로 이슬람은 "평화의 종교"라고 주장한다. 하지만 이 말은 전혀 사실이 아니다. 이슬람은 본래 '복종하다'라는 뜻의 아슬라마(aslama)에서 유래하였으므로 '복종'을 의미하며, 무슬림 또한 아슬라마의 동명사로서 '복종하는 사람'을 뜻한다.

알라

이슬람의 절대 신을 가리키는 단어는 알라(Allah)다. 이 단어의 어원에 대해 여러 가지 학설이 존재하지만, 가장 설득력 있는 설은 고대 아

---

4 이슬람을 과거에는 회교(回敎)로 일컫기도 했으나 최근에는 아랍어 원음을 그대로 받아들여 이슬람이란 용어가 일반화되었다. 또한 모슬렘(Moslem)이라는 영어식 표기 대신에 아랍어 발음에 가까운 무슬림을 주로 사용한다.

람어(Aramaic), 즉 고대 시리아어인 수르얀어(Syriac)에서 차용됐다는 것이다. 이 단어는 이슬람 태동 이전에 이미 아라비아반도에서 절대 신을 가리키는 단어로 사용되고 있었다. 이를 증거하는 것으로 무함마드의 아버지 이름이 압달라('Abdallah)였다는 점을 주목할 수 있다. 이 이름에는 "알라"란 어휘가 들어 있기 때문이다. 즉 아랍 부족들 사이에서 사용되던 '알라'라는 단어가 이슬람이 태동하면서 절대 신을 가리키는 이름으로 차용된 것이다. 무슬림들은 알라가 순수 아랍어라고 주장하지만, 역사언어학적으로 보면 외국어에서 차용된 단어임이 확실하다.[5]

그렇다면 '알라'는 어디에서 유래했을까? 알라는 이슬람 태동 이전에 지금의 시리아와 레바논에 해당하는 샴(al-Shām) 지역에서 사용하던 수르얀어에서 유래했다. 알라(Allah)는 신을 뜻하는 일라흐(ilah)에 아랍어 정관사 알(al)이 붙어서 유일신을 가리키는 단어(The God)가 되었다. 즉 본디 수르얀어를 사용했던 사람들은 기독교인들이었고, 그들의 신앙 고백 속에서 알-일라흐(al-ilah)는 기독교의 유일신을 의미했다. 즉 이슬람이 태동하기 전에 시리아 지역의 기독교인들이 하나님을 지칭하기 위해 '알라'라는 단어를 사용했다는 뜻이다. 따라서 지금도 아랍어권의 성경에서 여호와 하나님을 가리켜 알라로 표기하는 것은 놀라운 일이 아니다.

문제는 이슬람이 알라를 독점하듯 사용하고 있으므로 많은 비아랍

---

5 무슬림들은 꾸란이 순수한 아랍어로만 기록되었다고 자랑스럽게 주장하지만, 학술 연구로 꾸란의 많은 단어가 순수 아랍어가 아닌 외국어에서 차용된 것임이 밝혀졌다. 대표적인 연구 자료로 다음을 꼽을 수 있다. Arthur Jeffrey, *The Foreign Vocabulary of the Qur'an*(Oriental Institute. 1938), Leiden: Brill, 2007, p. 66-67

어권 사람은 알라를 이슬람의 신을 가리키는 것으로 이해한다는 것이다. 따라서 비아랍어권의 기독교인들은 여호와 하나님을 가리켜 알라라 부르기를 꺼린다.[6] 물론 이슬람의 알라와 기독교의 여호와 하나님의 속성은 본질적으로 다르다. 이슬람의 알라는 단일신인 반면, 기독교의 하나님은 삼위일체의 유일신이기 때문이다. 또한 꾸란의 알라가 보여 주는 속성들은 성경이 증거하는 하나님의 속성들과 너무나 다르므로 둘은 완전히 다른 존재라고 결론지어야 한다. 그러나 아랍어권의 기독교인들이 하나님을 가리켜 '알라'라고 부르는 것은 정당한 것으로 이해해 줄 필요가 있다.

이 책에서는 이슬람의 신은 알라로, 기독교의 여호와는 하나님으로 지칭하기로 한다.

꾸란

이슬람의 최고 권위를 가지는 경전은 꾸란(Qur'an)이다.[7] 무슬림들은 아랍어로 된 꾸란만을 참된 꾸란으로 여기기 때문에, 외국어로 번역된 것은 꾸란이라 하지 않고 "꾸란의 의미"(Meaning of the Qur'an)라고 부른다. 즉 외국어로 번역된 꾸란은 아랍어 꾸란의 권위에 미치지 못한다는 것이다. 꾸란을 외국어로 번역할 때, 아랍어가 지닌 독특한 특성들을 그대로 담아낼 수 없다는 것이 가장 큰 이유다. 이를 꾸란의 비

---

6 튀르키예의 경우, 성경을 현대 튀르키예어로 번역할 때 튀르크 민족의 고유 언어에서 기원한 탄르(Tanrı)란 단어를 사용했다. 이는 이슬람이 독점적으로 사용하게 된다. 알라와 구별되는 탄르가 성경의 하나님을 더 잘 표현한다고 판단했기 때문이다.

7 과거에는 쿠란(Kuran) 혹은 코란(Koran)이라는 영어식 발음이 주로 쓰였지만, 근래에는 아랍어 발음인 꾸란이 일반화되고 있다.

모방성(i'jāz)이라 하며 이는 아랍어 꾸란의 특별한 권위를 강조하는 교리다.

무슬림들은 아랍어 꾸란을 읽는 것만으로도 신성한 의무를 행하는 것으로 간주하여 종교적 업적을 쌓는 것으로 자랑스럽게 생각한다. 하지만 꾸란 원전은 매우 어렵고 난해하기에 일반 무슬림이 읽고 그 의미를 이해하기란 무척 어렵다. 고등교육을 받은 사람이라 할지라도 아랍어의 문법과 특성을 알지 못하면, 꾸란을 제대로 읽어 내지 못한다. 따라서 아랍어를 모국어로 사용하는 무슬림이라도 꾸란을 읽고 스스로 해석하여 믿음의 기초로 삼는 경우는 드물다.

하물며 모국어가 아랍어가 아닌 무슬림들이 꾸란 원전을 읽고 이해하기가 얼마나 더 어렵겠는가? 비아랍어권의 많은 무슬림이 아랍어를 배워서 꾸란 읽기를 시도하고 실제로 소리 내어 읽기도 한다. 한글의 자음과 모음만 배우면 문장의 의미까지는 몰라도 어느 정도 소리 내어 읽을 수 있는 것과 마찬가지다. 그러나 비아랍어권 무슬림들이 꾸란 원전의 내용을 읽고, 그 의미를 이해하기란 거의 불가능에 가까운 일이다.

그렇다면 얼마나 많은 무슬림이 꾸란 원전을 읽고 그 의미를 해석할 수 있을까? 현실적으로 무슬림 가운데 그것을 할 수 있는 사람은 극히 일부에 불과하다. 꾸란의 아랍어가 어렵기도 하고, 구절의 의미를 파악하기가 여간 어렵지 않기 때문이다. 따라서 대다수 무슬림은 몇몇 특정 구절을 낭송하거나 암기할 수는 있지만, 그 의미를 알려면 지도자나 해석자의 설명을 들어야만 한다. 꾸란을 읽고 바로 의미를 파악하기보다는 모스크에서 설파되는 내용을 듣고 그것을 그대로 받아들

최소한의 이슬람

임으로써 이슬람과 꾸란을 배우게 된다.

무함마드

이슬람의 태동에 결정적인 역할을 한 인물은 무함마드(Muhammad)라고 한다. 일반적으로 석가를 불교의 창시자로 간주하듯이 무함마드를 이슬람의 창시자로 간주하지만, 무슬림의 설명 방식은 좀 다르다. 그들은 무함마드는 알라가 그의 메시지를 온 인류에게 전하기 위하여 보낸 메신저라는 뜻의 라술(rasūl)이라고 설명한다. 즉 무함마드는 이슬람의 창시자가 아니며 알라가 무함마드라는 메신저를 통해 온 인류에게 이슬람을 전했다는 것이다.

하지만 실질적으로 무슬림들에게 있어서 무함마드의 존재는 절대적이다. 그는 이슬람의 가르침을 완전하게 실천한 인물로서 모든 무슬림이 닮아야 할 본보기로 간주된다. 따라서 무함마드의 삶과 가르침을 기록한 언행록 하디스(Hadith)는 꾸란 다음으로 중요한 이슬람의 권위 있는 원천이다. 그러나 그의 삶과 행동 및 가르침이 과연 일반 무슬림들이 생각하듯이 그렇게 완전한 본보기가 될 수 있는가는 재고해 봐야 한다. 그리스도인들은 무함마드와 예수 그리스도를 다양한 측면에서 비교하여 봄으로써 무함마드가 이상적인 인물과는 얼마나 거리가 먼 사람이었는지를 쉽게 확인할 수 있기 때문이다.

무슬림이 추구하는 이상

이슬람은 알라가 무함마드를 통해서 내려 준 와히(wahy) 꾸란과 메신저 무함마드가 보여 준 삶과 행동들을 기록한 전기(傳記) 시라(sīra)와 전승 하디스에 따라 알라의 명령에 복종하며 살아가는 것을 통해 "곧은 길"로 걸어가게 하는 종교다. 그 곧은 길은 무함마드의 삶의 모본을 뜻하는 순나(sunnah)를 따르는 것이며 이슬람의 율법인 샤리아(Shari'ah)에 잘 나타나 있다. 곧은 길을 따라 사는 무슬림, 즉 이슬람에 복종하는 무슬림은 마지막 심판 날에 영원한 고통의 불에 떨어지지 않고, 알라의 낙원(firdaus)에 들어간다고 가르친다. 이것이 무슬림들이 추구하는 가장 궁극적인 이상이다.

이슬람을 균형 있게 이해하고
오해들을 바로잡기

사람들은 이슬람의 부정적인 면과 긍정적 면을 동시에 인식한다. 미디어를 통해서 나타나는 것을 보면, 이슬람에 내한 부정적 인식이 긍정적 인식보다 훨씬 강한 것이 사실이다. 이슬람 하면 떠오르는 단어나 생각을 살펴보면 부정적인 것들이 많다. 대표적으로 9·11 테러나 극단적 테러 조직 IS(Islamic State, 이슬람 국가)의 출현을 비롯한 수많은 폭력과 전쟁으로 얼룩진 어두운 사건들, 여성 인권을 보장하지 않는 종교적 편견 등을 들 수 있다.

그러나 다른 측면에서 무슬림의 긍정적 모습을 찾아볼 수 있는 것도 사실이다. 종교적·도덕적 삶을 강조하는 무슬림들을 만나 보면, 그들이 지극히 평범하면서도 선량한 시민의 모습으로 평화롭게 살아간다는 것을 알 수 있다. 비이슬람 국가들의 많은 무슬림도 종교적이

최소한의 이슬람

면서 높은 도덕적 삶을 영위하며 일반 사회 체제 속에 조화롭게 살아
가고 있다. 그러므로 이슬람과 무슬림을 향한 그리스도인의 균형 잡힌
인식과 객관적인 평가가 매우 중요하다. 이를 방해하는 일반적인 오해
몇 가지를 검토하고 바로잡아 보고자 한다.

이슬람은 과연 폭력적이며 위험한 종교인가?

역사적으로 이슬람이 세를 확장하는 과정에서 강압과 폭력성을 보
여 왔음을 부인할 수 없다. 현대 이슬람 국가들이 수립된 이후에도 이
슬람 세계를 중심으로 테러와 폭력적 사건들이 끊임없이 이어져 왔다.
따라서 이슬람은 그 자체가 폭력적이고, 세계 평화를 위협하는 종교
이므로 무슬림은 무조건 위험한 인물들일 것으로 생각하는 사람들이
있다.

그러나 이것은 편견에 지나지 않으며, 이슬람과 무슬림의 일면만
보고 평가하고 판단하는 것은 공정하지 않다. 무슬림 가운데 이슬람의
확산을 위하고, 정치적으로 적대 세력들을 대항하기 위한 테러를 정당
화하는 무리가 있다. 이들을 소위 이슬람 근본주의자, 이슬람주의자,
또는 과격한 극단적 무슬림이라 부른다. 실제 테러와 전쟁을 전개하는
무슬림들은 이 극단주의자들인데, 실제로 이들의 비율은 전 세계 무슬
림 가운데 그다지 높지 않다(약 10% 이하로 보는 것이 보수적 추정치일 것이다). 즉
절대다수의 무슬림은 폭력과 전쟁을 통해 이슬람을 확장해야 한다는
생각에 동의하지 않는다.

그러므로 다수의 무슬림이 믿고 따르는 이슬람이 무엇인가를 이해
해야 한다. 이들이 주장하는 이슬람을 이해하고 나서 특정 부류에 속

하는 극단주의자들의 주장을 이해하는 것이 이슬람을 객관적으로 균형 있게 이해하는 길이라고 생각한다.

이슬람은 과연 비이성적이며 비합리적인 종교인가?

어떤 이들은 특정 교리와 일부 무슬림의 행동을 근거로 이슬람이 비이성적이며 논리에 맞지 않는 불합리한 종교라고 판단해 버린다. 비합리적인 교리를 광신하는 교조주의적 집단으로 간주하기도 한다. 특히 교육받지 않은 많은 무슬림과 여성들은 자신들의 목소리와 의견을 표현하지도 못한 채 그저 지도자들을 맹종하며 그들에게 조종당하며 산다고 생각한다. 그러나 이것은 섣부른 판단일 뿐이다.

이슬람은 매우 체계적인 교리의 틀을 갖춘 고등 종교다. 어떤 면에서는 인간적 논리와 합리적 측면이 매우 강조된다. 권선징악에 근거한 사고, 율법의 강조, 선행으로 알라의 심판에서 형벌을 면할 수 있다는 사고 등은 어쩌면 인간의 본성적 논리에 더 부합되는 것들이다. 이슬람은 율법주의적 특성이 강하여 외형적 규율을 강조하기에 사람들의 눈에는 종교적으로 경건하게 보일 수 있고, 자기 의를 내세울 기회를 제공한다는 점에서 무슬림들은 이슬람을 자랑스럽게 여긴다. 즉 그들이 이슬람을 믿은 것은 이와 같은 논리와 합리적인 설명에 설득된 결과인 것이다.

그러나 이슬람 안에도 미신적 요소들이 존재한다. 예를 들면, 이집트나 튀르키예를 비롯한 많은 이슬람 국가에는 위인이나 성자로 여겨지는 사람들의 무덤에 가서 기도하는 관습이 있다. 물론 정통 이슬람 교리에 따르면, 이런 관습은 금지된 것임에도 불구하고 실제 삶에서는 토속적 민간 신앙으로 자리 잡고 있다. 이들의 행위를 외적으로 보면, 이슬람이 미신적이라고 판단할 수 있겠으나 이 역시 일부 무슬림 사이에서만 행해지고 있다는 점을 기억해야 한다.[8]

이슬람의 원자료들을 통해 이슬람을 이해하는 것이 왜 중요한가?

우리는 어느 종교든 주위에서 만난 신자들과의 관계에서 그 종교에 대한 이해를 넓혀 간다. 이는 이슬람도 마찬가지다. 우리가 만난 무슬림이 어떤 사람인가에 따라 이슬람에 대한 이해가 달라질 수 있다. 하지만 제한적인 경험과 겉으로 보이는 모습에 기초하여 이슬람과 무슬림을 이해한다면, 부분으로 전체를 판단하는 오류에 빠질 수 있다.

이슬람을 올바로 이해하려면, 원천 자료들을 살펴봐야 한다. 꾸란, 하디스, 시라 및 고전적 주석들이 이에 해당한다. 더 나아가 후대 역사에서 발전한 이슬람의 사상과 교리에도 주목해야 한다. 모든 종교가 시대 흐름과 상황에 따라 체계를 이루고 발전해 온 것처럼 이슬람도 시대 상황과 국제 관계 속에서 발전해 왔다. 또한 이슬람이 특정 지역에 정착하여 발전하면서 지역적으로 고유한 특성들을 나타내기도 한다. 이와 같이 이슬람은 각 나라의 특정한 사회적 여건과 역사적 배경하에 형성되어 왔으므로 이슬람이 고정된 종교 형태에 갇혀 있지 않고, 다양한 모습으로 전 세계에 퍼져 나갔음을 인식해야 한다.

---

8 민간 신앙은 이슬람을 비롯한 모든 종교에서 찾아볼 수 있다. 중동 지역의 정교회 기독교인들 가운데에도 이러한 미신적인 행동들이 관습으로 자리 잡고 있는데, 이집트에서는 콥틱 정교회 신자들이 성자들의 무덤을 방문하여 기도하고 입맞춤하는 모습을 흔히 볼 수 있다.

이슬람의 전통적 내러티브를 무비평적으로 수용해야 하는가?

이슬람의 전통적 내러티브는 이슬람이 태동하게 된 역사적 배경과 무함마드란 인물, 꾸란의 기원과 경전으로 기록되는 과정, 그리고 주요 교리의 기초가 되는 전승들을 포함하는 일체의 이야기다. 이것이 바탕이 되어 꾸란의 권위가 세워지고, 무함마드가 알라의 메신저로 인정받게 된다. 모든 무슬림은 이 내러티브를 아무런 의심 없이 역사적 진실로 받아들이고 믿으며 이슬람의 진리를 확신한다. 이슬람을 소개하는 많은 책자는 이슬람의 전통적 내러티브를 아무런 검증 과정도 거치지 않고, 마치 모두가 역사적 사실인 것처럼 받아들이는 경향이 있다. 하지만 그것은 이슬람이 스스로 주장하는 종교 기원일 뿐이다.

근대에 들어서 서구 역사학자들과 이슬람 학자들이 이러한 이슬람의 내러티브를 검증하기 시작했고, 그 안에서 많은 허점을 찾아내었다. 그리고 역사적으로 검증할 수 없는데, 그저 신적 개입으로만 간주하는 이슬람의 주장들을 과감하게 부정하기 시작했다. 이러한 일련의 노력이 이슬람에 대한 역사비평학적 연구로 모아졌다. 균형 잡힌 객관적 이해를 위해서는 이슬람의 전통적 내러티브를 그대로 수용하기보다는 모든 주장을 비평적으로 검토하고, 고증학적 증거들을 살펴보아야 한다. 이런 노력을 통해 이슬람의 원천 자료들을 새롭게 이해함으로써 이슬람의 기원 및 꾸란과 무함마드에 대해서 더 온전한 이해에 도달할 수 있을 것이다.

최소한의 이슬람

우리는 왜 무슬림의 구원에
관심을 가져야 하는가?

무슬림들도 죄와 허물로 죽은, 잃어버린 "하나님의 형상"들이다. 하나님의 소원은 그들을 예수 그리스도 안에서 구원하여 하나님의 자녀로 회복시키는 것이다. 그러므로 무슬림 민족들에게도 그리스도의 복음을 전해야 한다. 그리스도의 복음을 모른 채 죽어 가던 우리 민족이 은둔의 나라 조선을 찾은 선교사들을 통해 복음을 들은 소수의 무리로부터 구원의 역사를 맛보았던 것처럼 복음이 필요한 그들에게 누군가가 그리스도의 사랑을 알려 주어야 한다. 조선의 영혼들에 관심을 기울이고 기도한 선교사들과 교회들이 있었기에 우리 민족이 하나님의 은혜를 경험했음을 기억해야 한다. 전 세계 무슬림에게도 동일한 은혜가 필요하다.

무슬림의 기독교에 대한 오해는 상당하다. 이슬람은 기독교에 관해 그릇된 내용을 가르치며 비난한다. 예를 들면, "성경은 변질되었다. 기독교인은 신을 셋이라고 주장한다. 기독교인은 예수가 하나님이 여자와 육체적 관계를 맺어 낳은 아들이라고 주장한다"라고 가르친다. 단순히 기독교를 모르는 것이 아니라 잘못된 정보로 기독교의 진리를 왜곡하고 있다.

사실 무슬림들도 "영원을 사모하는 마음"(전 3:11)을 가진 사람들이다. 무슬림의 다수는 진지한 구도자의 마음으로 절대자이신 하나님을 구하고 있다. 그들은 우리와 동일한 성정을 가진 사람들로서 죄로 인해 신음하고 있으며, 고통당하는 현실 속에서 참된 구원의 길을 찾고자 몸부림친다. 단지 그들은 자신이 이해하는 바에 따라 알라를 향해 구원을 갈구하는 것이다. 복음을 듣지 못하고 참빛이신 예수 그리스도를 알지 못한 채 그들은 여전히 어둠 가운데서 알라를 참신으로 믿고 이슬람 안에서 구원을 향한 길을 찾고 가르침을 실천하며 살고 있다.

역사적으로 보면, 무슬림 민족들이 그들이 이해할 수 있는 방법으로 복음을 듣기 시작한 것은 그리 오래되지 않았다. 20세기에 들어서야 현대적 의미에서 타문화권 선교라는 접근을 통해 무슬림 민족들을 향한 선교가 본격적으로 전개되었다. 튀르키예의 경우만 하더라도 현대적 의미의 선교, 즉 튀르키예 무슬림들에게 튀르크어를 통해 복음을 전하는 것이 1960년대 초반부터 이루어졌다. 중동 아랍 국가들에는 대대로 기독교인으로 살던 소수의 사람과 교회가 존재한다. 그런데 기독교인들과 함께 살아온 아랍 무슬림들이라 할지라도 진정한 의미에서 복음을 들을 기회를 갖지는 못했다. 가장 큰 이유는 절대다수인 무슬림들 속에서 살고 있는 소수의 기독교인들이 두려움 때문에 적극적으로 무슬림들에게 복음을 전하지 않았기 때문이다. 그리고 세계 교회역시 무슬림 민족들을 향해 적극적으로 선교사역을 펼친 것은 그다지 오래되지 않았다. 무슬림들이 복음에 반응하지 않으므로 이슬람 선교가 어렵다고 평가하기 전에 과연 복음의 씨앗을 제대로 뿌렸는가 하는 원론적인 반성부터 시작해야 한다.

전 세계 무슬림 중에 진정으로 거듭난 그리스도인들이 어떤 사람들이며 어떤 삶을 살고 있는지를 제대로 본 사람들이 얼마나 될까? 빛과 소금으로 살아가는 그리스도인들을 경험해 본 무슬림들이 매우 적다는 뜻이다. 무슬림으로 살다가 이슬람을 떠나 그리스도의 제자가 된 사람들의 간증을 들어보면, 회심의 가장 큰 이유가 그들 주위에 있던 그리스도인들이 보여 준 사랑과 삶의 본 때문이었다고 한다.[9]

그러므로 우리는 삶의 빗장을 활짝 열고, 주위에 있는 무슬림들을 품어야 한다. 멀리 이슬람 세계에서 살고 있는 무슬림들에게 다가가 그리스도의 산증인으로서의 삶을 보여 주어야 한다. 우리 안에 있는 그리스도가 어떤 분인지, 성령의 역사로 그리스도의 빛이 우리 삶을 어떻게 변화시켰는지를 무슬림들에게 증거해야 한다. 무슬림들이 우리 안에 계신 그리스도의 영광의 광채를 볼 수만 있다면, 그들도 우리와 같이 그리스도를 사랑하고 따르는 자들로 변화될 것이기 때문이다.

---

9 Dudley Woodberry, Russell G. Shubin, and G. Mar, "Why Muslims Follow Jesus: The Results of a Recent Survey of Converts from Islam" in *Christianity Today* 51, October 2007. p.80–85.

2장

무슬림은 이슬람을 무엇이라고 주장하는가?

: 이슬람의 전통적 내러티브에 근거한 이슬람 이해

이슬람을 소개하는 책자 대부분은 전통적 내러티브를 기초로 기술한다. 이슬람의 기원, 무함마드의 삶과 꾸란의 탄생 과정 등에 관한 내용을 담고 있다. 내러티브의 내용은 약간의 세부 사항에서 차이점이 있을 수 있으나 대부분 공통의 알맹이를 갖고 있다. 일반 독자들은 대부분 무비평적인 태도로 그 내용을 모두 검증된 역사적 사실로서 받아들이기 쉽다. 하지만 역사비평학적 연구를 통해 전통적 내러티브의 많은 부분이 검증되지 않았거나 역사적 근거가 부족하다는 사실이 밝혀지고 있다.

이 장에서는 "무슬림들이 주장하는 그대로의 이슬람"을 이해하기 위해 전통적 내러티브를 요약하고자 한다.

무함마드와 이슬람의 시작

이슬람의 태동을 설명하기 위해서는 그 이전의 아라비아반도의 상황과 무함마드란 인물을 이해하는 것에서 시작해야 한다. 6세기 아라비아반도에 흩어져 살았던 여러 아랍 부족들은 다양한 대상들의 중개무역을 통해 경제적 생활을 영위하고 있었다. 국제 정세 측면에서 보면, 당시 서쪽으로는 기독교의 비잔틴(Byzantine) 제국이, 동쪽으로는 페르시아계 사산(Sasan) 왕조가 양대 세력으로 긴장과 대립 구도를 형성하고 있었다. 아라비아반도의 남부 지역(지금의 예멘)에는 유대교와 기독교에 우호적이었던 힘야르(Himyar) 왕국(BC 110-AD 525년)과 유대교를 지지하던 악숨(Aksum) 왕조(BC 150 - AD 960년)가 지배하고 있었으며, 북부에는 나바티안(Nabatean) 왕국(BC 312 - AD 106년)이 자리 잡고 있었다. 또한 기독교의 다양한 분파들(네스토리우스파, 에비온파 등)이 아라비아반도 곳곳에서 공동체를 이루어 자리 잡고 있었고, 메디나와 같은 도시에서는 유대인들이 영향력을 행사하며 살고 있었다. 이런 상황에서 아랍족은 대부분 원시 부족 형태의 유목민으로서 통일된 정치 세력이 없는 상태였다. 종교적으로는 부족신을 숭상하는 다신주의적 신앙을 가지고 있었다. 메카는 아랍 부족들의 여러 신을 함께 숭배하는 종교적 중심지로서 그 명성을 떨치고 있었다.

무함마드는 570년경 아라비아반도의 메카에서 꾸라이쉬(Quraysh) 부족의 일원으로 태어났다. 그가 태어나기도 전에 아버지 압달라(Abdalla)가 죽었고, 6세 되던 해에 어머니 아미나(Aminah)도 죽음으로써 어려서 고아가 되었다. 할아버지 무딸립(Muṭṭalib)과 삼촌 아부딸립(Abu Talib) 밑에서 자랐으며 청년 시절 중개 무역을 하는 대상으로 일하며 성실함을 인정받았다. 그러던 중 부유한 대상을 소유한 연상의 과부 카디자(Khadijah)와 결혼하면서 부와 안정을 얻게 되었다.

40세가 되던 해(610년)에 히라(Hira)라는 동굴에서 명상하던 무함마드는 신비로운 체험을 하게 되었다. 이슬람의 전승에 따르면, 지브릴(가브리엘의 아랍어) 천사가 무함마드를 방문하여 알라의 메시지를 전파하도록 명령했다고 한다. 그가 전한 메시지는 당시 우상 숭배가 만연하던 아랍 부족들에게 알라 외에 다른 신은 없음을 강조하면서 알라의 단일성을 선포하고, 다가올 알라의 종말론적 심판에 대해 경고하는 것이었다. 그는 알라의 메시지를 전하는 종으로 자처하면서 자신의 역할을 메신저, 곧 라술이라 정의하였다. 따라서 "알라 이외에 다른 신은 없고, 무함마드는 알라가 보낸 라술"이라는 두 가지 내용은 이슬람의 신앙 증언, 즉 샤하다(Shahādah)가 되었다.

당시 무함마드는 아라비아반도의 다신주의와 자신이 속한 꾸라이쉬 부족이 행하는 모든 종교적 행태를 우상 숭배로 보고 비판했기 때문에 꾸라이쉬 부족과 타 부족들은 그와 그를 따르던 소수의 무리(무슬림)를 핍박하기 시작했다. 핍박을 피해 무함마드와 그의 추종자들은 메카에서 메디나로 이주하였다. 그 사건을 히즈라(Hijra)라고 하여 이슬람력의 원년(AH 1년: AD 622년)으로 삼는다. 당시 메디나에는 유대인 부족들이 안정된 세력을 형성하고 있었으며, 유대교처럼 단일신 신앙을 강조하던 무함마드와 그의 추종사들이 성착하도록 환대하고 받아들였다. 시간이 흐르면서 무함마드는 메디나에서 군사력을 키웠고, 처음 가졌던 종교 지도자의 지위를 넘어서서 정치 지도자로서 새롭게 힘을 얻었다. 그는 강한 군사력을 바탕으로 이슬람을 선포하였고, 메디나에서 유대인들을 통치하는 것뿐만 아니라 메카를 탈환하여 이슬람으로 아라비아반도를 지배하기 시작했다. 그러나 632년에 급작스럽게 원인을 알 수 없는 죽음을 맞이했다.

최소한의 이슬람

연도(AD)	주요 사건
570	무함마드의 출생
610	무함마드가 40세 때 히라 동굴에서 알라의 와히를 처음 받음
622	무함마드와 초기 추종자들이 메카에서 메디나로 피신함(히즈라: 이슬람력 원년)
630	전쟁을 통해 메카 탈환
632	무함마드 사망
632-634	제1대 칼리프 아부바크르(Abū Bakr)
634-644	제2대 칼리프 오마르(Omar)
644-656	제3대 칼리프 오스만(Uthmān)
656-661	제4대 칼리프 알리(Ali)
661-750	우마위야(Umawiyyah) 왕조(수도: 다메섹)
750-1258	압바시야(Abbasiyyah) 왕조(수도: 바그다드)

무함마드 사후 이슬람은
어떻게 확장되었는가?

무함마드의 죽음은 그의 추종자들에게 예상치 못한 사건이었다. 그의 죽음 이후 이슬람 공동체를 이끌 지도자로 칼리프가 선출되었는데, 아부바크르(632-634년), 오마르(634-644년), 오스만(644-656년) 그리고 알리(656-661년) 등 4대에 걸쳐 칼리프 통치가 이루어졌다. 이때를 라쉬둔(Rashidun) 칼리프 시대(632-661년)라 하는데, 라쉬둔은 "올바로 인도받은 자들"을 뜻한다. 이들은 무함마드의 동료들로서 이슬람의 태동기부터 함께하였다는 이유로 무슬림들 사이에서 특별한 권위를 갖게 되었다.

라쉬둔 칼리프 시대에 이미 이슬람 공동체는 군사적 그룹으로 세력을 확대해 가고 있었다. 특히 서쪽의 비잔틴 제국과 동쪽의 사산 제국이 오랜 전투(602-628년)를 소모적으로 벌이는 과정에서 아라비아반도를 둘러싼 지역에서는 정치적 공백이 생겨났다. 그 공백을 틈타 군사력으로 결집한 무슬림들은 이슬람의 깃발 아래 아랍 부족들이 뭉친 아랍 제국의 형태로 급부상하게 된다. 아랍 이슬람 제국은 곧 군사적 활동을 통하여 이슬람의 확장을 이루어 갔고, 무함마드가 죽은 지 30년이 채 되지 않은 시점에 이슬람 세력은 이미 북아프리카의 이집트(640년경)와 리비아, 레반트 지역(637년경 비잔틴 군대를 물리침)과 메소포타미아 지역(651년경)으로 퍼져 나갔고, 거대한 이슬람 제국의 기초를 구축하게 된다.

라쉬둔 칼리프 시대가 끝나면서 우마위야 왕조(661-750년)가 다메섹을 수도로 삼으면서 이슬람의 군사적 확장은 한층 더 빠른 속도로 진행되었다. 우마위야 왕조는 북아프리카 전역을 거쳐 스페인까지 이슬람 제국의 영토를 확장했으며 동쪽으로는 북인도까지 뻗어 나갔다. 뒤를 이은 압바시야 왕조(750-1258년) 역시 이슬람 제국의 영향력을 유지하면서 다양한 영역에서 이슬람 문명을 발전시켰고, 유럽에서 르네상스가 일어나는 데 큰 영향을 미쳤다.

이슬람의 두 종파,
순니와 시아는 어떻게 생겨났는가?

무함마드가 죽고 나서 후계자를 둘러싼 논쟁이 시작되었다. 오마르는 아부바크르를 지지했으나 일부 무슬림은 무함마드의 사촌이자 사위였던 알리를 지지했다. 하지만 아부바크르가 제1대 칼리프로 선출되었고, 오마르와 오스만이 그 뒤를 이었다. 알리는 오스만에 이어 제4대 칼리프가 되었지만, 모스크에서 기도하던 중에 정적에 의해 죽임을 당했다. 결국, 알리를 추종하던 무리는 다수의 순니파로부터 분리되어 시아파를 이루었다.

순니파와 시아파는 단순히 정치적 논리에 의해 구분되었지만, 역사적 흐름 속에서 꾸란 해석과 교리 면에서 매우 달라지게 되었다. 현재 전 세계 무슬림의 90%는 순니파이고, 나머지 10%만이 시아파다. 이라크 인구의 약 70%와 이란 무슬림들이 전 세계 시아파의 대부분을 차지한다. 현재 순니파와 시아파는 정치적으로 대립 구조를 보이는데, 2014년부터 2024년 3월 현재까지 진행 중인 예멘 내전이 가장 심각한 무력 충돌 사례다. 순니파의 종주국이라 자처하는 사우디아라비아가 예멘 정부군을 지지하고, 시아파의 종주국인 이란이 예멘 반군 후티(Houthi)를 지원하고 있다. 예멘 내전은 정부군과 후티 반군 사이의 단순한 내전이 아니라 순니파와 시아파의 전쟁인 셈이다.

꾸란은 무엇이며 어떻게 기록되었는가?

이슬람 전승에 따르면, 무함마드가 40세에 히라 동굴에서 지브릴 천사의 방문을 받았을 때, "낭송하라" 혹은 "읽으라"라는 명령을 받았다고 한다. 그때(610년)부터 632년에 죽을 때까지 다양한 상황에서 알라로부터 메시지를 받고 낭송하여 사람들에게 전하는데, 이를 와히라고 한다. 무함마드의 동료들과 주위 사람들은 그 메시지들을 암기하거나 동물 뼈, 가죽, 돌, 야자수 잎 등에 그 일부를 기록으로 남겼다. 하지만 무함마드가 살아 있는 동안에는 와히를 기록한 꾸란이 제작되지 않았다.

무함마드의 사후에 꾸란의 내용을 암송하거나 들었던 동료들과 제자들이 계속되는 전쟁에서 죽어 가자 꾸란을 모아 기록으로 남길 필요성을 느끼게 되었다.[10] 제1대 칼리프 아부바크르는 무함마드의 서기였던 이븐 싸비트(Zaid Ibn Thabit)에게 흩어져 있던 꾸란의 기록들을 모아 한 권의 책으로 집대성하라고 명령했다. 일부 전승에 의하면, 이븐 싸비트가 처음에는 "라술이 살아 있을 때도 하지 않은 일을 내가 어떻게 할 수 있겠느냐"라고 말하며 꺼렸다고 한다. 하지만 후에 작업을 수행하여 꾸란을 코덱스(codex)로 편집했고, 그것은 제2대 칼리프 오마르의 딸이자 무함마드의 부인인 하프사(Hafsa)에게 맡겨졌다.

---

10 꾸란이 무함마드 생전에 모두 기록되었다고 주장하는 무슬림 학자들도 있지만, 일반적으로는 이슬람의 전통적 내러티브에 근거하여 꾸란은 무함마드 사후에 책으로 편집되었다고 본다. 전자의 주장에 관해서는 다음 자료를 참조하라. Muhammad Mustafa Al-A'zami, *The History of the Qur'anic Text: From Revelation to Compilation*. Leister: UK Islamic Academy, 2008, p.77.

이후 제3대 칼리프 오스만의 통치 시대에 아르메니아 지역에서 무슬림 군대가 전쟁하게 되었는데, 다양한 이슬람 지역에서 모인 군인들 사이에 꾸란 낭송의 차이가 존재한다는 사실이 문제가 되었다. 이를 발견한 장군은 칼리프 오스만에게 꾸란 표준화의 필요를 호소하였다. 오스만은 다시금 이븐 싸비트에게 그 과제를 부여하였고, 하프사에게서 받은 꾸란 본을 기초로 다시 한 번 꾸란을 편집(compilation)하였다. 특히 차이점이 있는 경우에는 무함마드의 종족인 꾸라이시 부족의 아랍어로 표준화(오스만 코덱스)하였다. 오스만은 표준화된 꾸란을 이슬람 세계 전체에 알리기 위해 이라크의 쿠파와 바스라, 시리아, 이집트, 예멘 그리고 메디나와 메카 등 당시 주요 도시에 사본을 보냈다. 이 과정에서 표준화된 꾸란과 차이가 나는 다른 사본은 모두 폐기하도록 명령하였다.[11] 이슬람 세계에 공인 꾸란으로서 오스만 코덱스가 만들어지고, 이것이 사본을 통해 퍼져 나간 시점은 650년경으로 알려져 있다.

무슬림이 꾸란에 관해 주장하는 것들

무슬림들은 꾸란이 알라가 지브릴 천사를 통하여 무함마드에게 내

---

11 꾸란의 성문화(canonization) 과정은 다분히 정치적 권위에 의해 이뤄진 것을 알 수 있다. 이것은 신약 성경이 성문화되던 과정과는 상당히 다른 측면을 보인다. 신약 성경의 정경화는 교회 지도자들의 공회, 즉 종교적 권위에 의해 결정되지 않았다. 지중해 전역에 흩어져 있던 교회들에서 정경으로 사용되던 신약 성경은 거의 일치했으므로 니케아 공의회(325년)는 정경 목록을 공식 발표하는 역할만 했을 뿐이다. 정경에 포함되지 않은 자료들을 불태우거나 폐기하도록 하지 않았으므로 그 자료들이 지금까지 보존되어 오고 있다.

려 준 정확무오한 와히임을 믿는다. 따라서 사람들은 꾸란을 통해 알라의 법과 명령을 알 수 있으며, 이슬람을 받아들여 무슬림이 됨으로써 알라가 꾸란에 명시한 곧은 길로 인도받아 알라의 심판을 피하고, 영원한 낙원에 들어갈 수 있다고 믿는다. 그들은 꾸란의 권위를 뒷받침하는 가장 중요한 논리는 꾸란 자체의 증거라고 주장한다. 꾸란의 여러 구절은 지상에 꾸란이 내려지기 이전에 "천상의 보존된 판"(85:21-22) 혹은 "모경"(13:39; 43:4)으로서 "숨겨진 책"(56:78)으로 존재한다고 말한다. 무함마드가 지브릴을 통해 천상의 모판으로부터 메시지를 전달받은 것을 책으로 기록함으로써 꾸란이 세상에 출현했다는 것이다. 기록된 꾸란은 역사 속에서 변질되지 않고 완벽하게 보존되어 현재 무슬림들이 읽는 꾸란이 되었다고 주장한다.

무슬림들이 일반적으로 믿고 있는 이런 주장을 무비평적으로 받아들이기보다는 적절한 검증과 뒷받침하는 자료들의 검토가 매우 중요하다. 이 장에서는 무슬림들이 꾸란에 관해 주장하는 주요 내용과 그에 대한 간략한 평가를 살펴보고자 한다. 꾸란에 대한 비평학적 고찰의 상세한 내용은 6장과 7장에서 구체적으로 다룰 것이다.

전통적으로 무슬림들은 꾸란이야말로 무함마드가 보여 준 가장 큰 기적이라고 주장한다. 그들은 꾸란 7장 157-158절을 근거로 무함마드는 글을 읽고 쓸 줄 몰랐던 문맹이었다고 주장한다. 그런데 꾸란의 언어와 탁월한 문체를 보면 문맹이었던 사람이 전할 수 있는 수준을 뛰어넘는 것임이 분명하다. 그래서 무슬림들은 오직 알라의 신적 개입 덕분에 꾸란과 같은 고귀한 경전이 나올 수 있었다는 논리를 편다.

현대의 꾸란 학자들은 이런 전통적 무슬림의 주장을 수긍하지 않는다. 왜냐하면 7장 157-158절에 나오는 "알 움미"(al-'ummi)라는 아랍어 단어는 교육받지 않은 것을 의미할 수도 있지만, 문맥에 따라서는 "보통의 사람들" 혹은 "기록된 성서를 갖지 않은 이방인들"을 의미하기도 하기 때문이다.[12] 더구나 무함마드가 문맹이었는지 아닌지는 정확히 알 수 없지만, 단순히 꾸란이 아랍 문학의 우수한 특성을 가진다고 해서 그것이 알라가 보내 준 기적이라고 주장하는 것은 타당하지 않다. 고대 헬라의 서사시나 문학서들이 문체와 사상에서 탁월하다고 하여 그것이 신적 계시나 기적의 산물이라고 주장하는 것이 설득력이 없듯이 말이다.

무슬림들이 꾸란에 관해 주장하는 또 다른 한 가지는 "꾸란의 비모방성"인데, 이 교리의 근거는 몇몇 구절(2:23; 10:38; 11:13; 17:88; 52:34)에 있다. 예를 들어, 17장 88절을 의미 번역하면 아래와 같다.

"사람이 진(Jinn)과 함께 이 꾸란과 비슷한 것을 만들려고 한다면, 그 둘이 서로가 힘을 합한다고 할지라도 이와 같은 것(꾸란)을 만들어 내지 못할 것이다."

와히를 받아들이지 않던 무리를 향해 그가 던진 도전은 "내가 가져온 것(꾸란)과 유사한 것을 가져와 보여 보라"는 것이었다. 따라서 무슬림들은 꾸란의 비모방성은 꾸란의 신적 계시를 확정하는 것이며, 무함마드가 알라로부터 보냄을 받은 라술임을 확정하는 중요한 기초라고 주장한다.

---

12 꾸란을 현대 영어로 번역하면서 유익한 해설을 제공한 드로지(A. J. Droge)는 이런 주장을 펼치며 무함마드가 문맹이었다는 무슬림의 전통적 주장을 부정한다. A. J. Droge, *The Qur'an: A New Annotated Translation*, Bristol, CT: Equinox, 2013, p.102.

무슬림들은 꾸란이 순수하고 아름다운 아랍어로만 된 경전이라고 칭송한다. 꾸란이 명백한 아랍어로 주어졌음을 여러 구절이 명시한다 (16:103; 26:195). 이슬람이 태동하기 전에도 아랍 부족들 가운데 아랍어 시문학이 존재했다는 것은 후대에 나타난 기록들을 통해서 확인된다. 하지만 꾸란이 명백히 아랍어로만 기록된 책이란 주장에는 의구심을 가질 수밖에 없다. 왜냐하면 꾸란에는 외국어에서 차용된 단어들과 개념들이 무수히 존재하기 때문이다. 꾸란에 나타난 외국어 단어들을 연구한 제프리(Arthur Jeffery)는 꾸란의 수많은 단어가 무함마드 생전에 중근동의 언어들에서 차용되었음을 역사언어학적 자료들을 통해 입증했다. 실제로 초기 무슬림 주석가들조차도 꾸란에 나타난 외국어 단어들의 존재를 인정하고 있다는 점은 꾸란을 향한 무슬림들의 과도한 맹신을 보여 주는 증거다.

전 세계 무슬림이 사용하는 꾸란은 1924년에 이집트 카이로에서 최초로 출판되어 배포된 카이로판(Cairo edition)이다. 이 꾸란은 1907년부터 17년 동안 이집트의 왕 푸아드(Ahmed Fuad, 1868-1936년) 1세가 지원하고, 아즈하르(al-Azhar)대학교의 학자들이 감독하여 완성한 것이다. 그리고 사우디아라비아의 재정적 뒷받침을 받아 전 세계로 보급되었는데, 일반 무슬림들은 카이로판을 제3대 칼리프 오스만 때 만들어진 오스만 코덱스로 믿고 있으며, 더 나아가 천상에 보관된 꾸란과 한 치의 오차도 없는 동일한 것이라고 주장한다.

하지만 무슬림의 이러한 주장도 역사적 근거들을 살펴보면 수용될 수 없는 것들임을 쉽게 알 수 있다. 고대 꾸란의 사본학적인 근거나 내부적 증거들은 일반적으로 수용되어 오던 꾸란에 대한 이슬람의 가르

최소한의 이슬람

침에 많은 의구심을 갖게 한다.

꾸란의 특징은 무엇인가?

세상에서 가장 많이 읽히는 책은 성경이라고 한다. 그런가 하면 세상에서 가장 많이 암송되는 경전을 꼽으라면 바로 꾸란이다. 무슬림들은 꾸란을 읽는 것 자체만으로도 이슬람의 공덕, 즉 종교적 선행을 쌓는 길이라 여기며 비아랍계 무슬림들조차도 꾸란을 읽으려고 아랍어 글자를 배운다. 긴 여름 방학이 되면, 어린아이들은 모스크에서 아랍어로 꾸란 읽기를 배우며 때로는 주요 구절들을 줄줄 외우도록 훈련받는다. 물론 그들이 읽고 암송한다고 해서 꾸란의 의미를 제대로 이해하거나 해석하는 것은 아니다. 그러나 아랍어로 꾸란을 읽고 암송하는 것 자체를 공덕으로 여기며 매우 자랑스럽게 생각하기 때문에 꾸란의 중요한 장들(1장 개경장과 112-114장 등)을 매일 기도 시간에 되풀이하여 암송한다.

꾸란은 전체 114장으로 구성되어 있으며 각 장은 수라(sūra)라 부른다. 전체적으로 긴 수라들이 앞부분에 배치되어 있고, 짧은 수라들이 뒤에 배치되어 있으며 개경장이라 불리는 수라 알파티하(al-Fātihah)는 꾸란의 첫 번째 장으로 짧지만, 꾸란 전체를 열어 주는 역할을 한다.

꾸란은 아랍의 시문학과 같이 시적 표현들로 가득 차 있다. 각 구절은 운율 체계를 갖추고 있어 낭송할 때 그 소리를 들으면 신성한 느낌을 받기까지 한다. 하지만 이런 시적 특성이 각 구절의 의미를 이해하는 데는 큰 어려움을 준다. 내러티브는 이야기체로 서술되기 때문에 그 내용을 따라가며 이해하기가 비교적 쉽지만, 시가서 형식의 꾸란 구절들은 난해한 것이 사실이다. 따라서 꾸란을 소리 내어 읽는다고 해도 그 의미를 이해하는 것은 아니다. 또한 꾸란 해석을 위한 교육과 훈련을 받지 않은 일반 무슬림들은 꾸란을 함부로 해석하거나 연구해서는 안 된다고 가르친다.

꾸란의 수라들은 연대기의 구성을 따르지 않으며 각 수라의 내용 또한 연대기적으로 기록되어 있지 않다. 한 수라 안에서도 당혹스러울 만큼 주제가 뜬금없이 바뀌거나 새로운 인물이나 내용이 언급되기 일쑤다. 이런 특성이 일반 독자들이나 무슬림들로 하여금 꾸란을 이해하기 어렵게 만들고, 따라서 대부분의 무슬림은 꾸란을 읽긴 읽어도 종교 지도자들의 해설을 듣고서야 비로소 그 의미를 알게 된다. 성경에 나오는 베뢰아 사람들과 같이 "말씀을 받고 이것이 그러한가 하여 날마다 성경을 상고"(행 17:11)하기가 어려운 것이다. 무슬림의 꾸란 이해는 이맘(imām)이나 유명한 지도자들의 설교에 의존할 수밖에 없다. 일반 무슬림들은 매주 금요일 모스크에서 전해지는 설교를 통해 꾸란의 내용을 주입 받음으로써 자신의 종교성과 지식을 늘려 간다.

꾸란에서 그나마 적은 분량으로 존재하는 내러티브는 구체적이지 않고, 매우 허술한 경우가 많다. 시대적 배경이나 상황 설명 없이 인물과 내용이 언급되므로 배경에 대한 이해와 결정은 독자의 몫이 된다. 꾸란 내용의 상당량은 성경(구약과 신약)에 기초하고 있다. 즉 성경의 많은 인물이 언급되는데, 대표적으로 아담, 누흐(노아), 이브라힘(아브라함), 무사(모세), 다우드(다윗), 자카리야(스가랴), 야흐야(세례 요한), 이싸(예수) 등이 있다.[13] 이 인물들이 아무런 배경 설명 없이 언급되는 경우가 허다한데, 이는 무함마드가 처음 메시지를 전할 당시에 청중들의 성경 지식수준이 높았기에 그들이 이미 알고 있는 바에 기초하여 메시지를 전했기 때문이라는 추정이 가능하다.

꾸란의 가장 핵심적 주제는 무엇인가?

꾸란의 주제를 한마디로 요약하기는 쉽지 않다. 그러나 분명하게드러나는 메시지에 비추어 꾸란의 주제를 아래와 같이 정리해 볼 수있을 것이다.[14]

첫째, 꾸란은 알라의 단일성, 곧 타우히드(tawḥīd)를 강조한다. 타우히드는 기독교에서 말하는 유일신 개념과는 완전히 다르므로 구분해야 한다.[15] 꾸란은 알라는 단일하고, 다른 신은 없음을 거듭 강조한

---

13 이 책에서는 꾸란에 등장하는 성경 인물들의 이름을 아랍어 원음에 따라 이슬람식으로 표기하기로 한다. 이것은 그들이 사실 성경 속 인물들과는 동일하지 않다고 보는 필자의 주관적 판단에 따른 것이다. 예를 들면, 꾸란의 이싸를 예수(Jesus)와 동일시하는 것이 일반적이지만, 필자는 이싸와 예수가 서로 다른 인물이라고 생각한다. 따라서 이름을 구분하여 표기함을 독자들이 인지해 주길 바란다.

14 꾸란의 주요 주제를 무슬림 학자 파즈루르 라흐만(Fazlur Rahman)은 다음 8가지 항목으로 정리한다: 알라, 개인으로서의 인간, 사회 속에서의 인간, 자연, 선지자성과 계시, 종말론, 사탄과 악, 그리고 무슬림 공동체의 출현. − Fazlur Rahman, *Major Themes of the Qur'an*. Minneapolis: Bibliotheca Islamica. 1980.

15 성경도 하나님은 한 분이며 그 외에 다른 신은 없음을 선포한다(신 6:4; 사 45:5 등). 하지만 이슬람의 알라가 하나인 것과 성경의 여호와 하나님이 하나인 것 사이에는 속성상 건널 수 없는 거대한 차이가 존재한다.

다. 또한 다른 신들을 섬기거나 어떤 존재를 알라와 동격으로 삼는 것은 쉬르크(shirk) 죄를 범하는 것이며 사함이 없는 영원한 형벌을 받게 될 것이라고 경고한다. 쉬르크의 경고는 다신주의자들뿐 아니라 유대인과 기독교인에게도 주어진다. 유대인들은 우자이르('Uzayr: 성경의 에스라로 간주됨)를, 기독교인들은 이싸를 하나님의 아들로 숭배함으로써 그들을 알라와 같이 신격화하는 쉬르크 죄를 범하는 것이라고 경고한다 (5:72-77; 9:30-35).

타우히드 교리를 명시적으로 보여 주는 꾸란 112장	
자비롭고 긍휼이 많은 알라의 이름으로. 너는 말하라: "그는 알라, 하나이고 영원하다. 그는 자녀를 낳지 않았고 출생하지도 않았으며, 그와 견줄 동등한 이는 아무도 없다."	In the name of Allah, the Merciful, the Compassionate Say: 'He is Allah, One! Allah the Eternal! He has not begotten and was not begotten, and He has no equal. None!'
주: 아랍어 원문을 저자가 의미 번역함.	주: 드로지(A. J. Droge)의 영어 번역에서 God을 Allah로 바꿈.

알라의 단일적 초월성에 견주어 인간은 알라의 종이며 알라에게 복종할 의무가 있는 존재다. 인간은 자유 의지를 부여받은 인격체로서 선과 악을 구분하여 선택할 수 있다. 인간은 원래 죄인으로 태어난 존재가 아니지만(꾸란은 인간의 원죄를 부인한다), 알라를 쉽게 잊어버리는 탓에

사탄에게 속아서 죄에 빠지곤 한다. 따라서 인간이 해야 할 일은 알라를 기억하는 것이다.

꾸란은 사람들로 하여금 알라를 기억하게 하고, 알라의 곧은 길로 걸어가게 하려고 역사 속에서 많은 선지자, 곧 나비[nabī, 복수형은 안비야(anbiyā)]와 라술(메신저)을 보냈음을 강조한다. 알라는 마지막 선지자이자 메신저로서 무함마드를 보냈다. 무함마드는 알라가 단일신임을 선포하고, 다신주의 우상 숭배를 경고하며 쉬르크 죄에서 돌이켜 이슬람에 복종할 것을 명했다. 이슬람을 따르지 않으면, 심판의 날에 영원한 불에 떨어지게 될 것을 경고하는데, 이 경고는 꾸란 전체에서 무수히 반복된다. 꾸란은 사람들로 하여금 알라의 무서운 심판과 영원한 형벌에 대한 두려움을 갖게 하며, 그럼으로써 이슬람을 받아들여 알라의 명령에 복종하는 무슬림이 되게 한다.

꾸란은 무함마드가 알라의 메신저임을 강조하기 위해 많은 증거를 기록해 두었다. 당시 무함마드가 전한 메시지를 부족과 청중들이 받아들이지 않는 상황이 반복되었음을 곳곳에서 보여 준다. 그때마다 무함마드는 알라가 보낸 선지자이며 그 이전의 선지자들도 그들의 동족으로부터 거짓말쟁이라거나 귀신 들렸다는 비난을 받았다는 점을 거듭 강조한다. 즉 무함마드가 이전 선지자들과 동일한 선상에 있음을 강조하는 것이다. 꾸란에 등장하는 성경의 인물들은 대부분 메신저로서의 무함마드를 돋보이기 위한 배경 인물(antagonists)로 사용된다. 결국, 꾸란은 무함마드가 완전한 무슬림의 본을 보여 주며 그가 가져온 이슬람이야말로 유대교나 기독교의 잘못을 수정하는 최종적으로 완전한 종교임을 가르친다(5:3).

알라의 마지막 심판대 앞에서 지옥 불에 떨어지지 않고 구원받기 위해서는 알라가 무함마드를 통해 알려 준 와히(꾸란)에 따라 복종하며 살아야 한다. 무슬림들은 매일 개경장을 암송하며 기도하는데, 핵심은 "자신을 곧은 길로 인도해 달라"는 것이다. 꾸란은 사람이 곧은 길을 걸음으로써, 즉 샤리아(이슬람의 율법)를 지켜 행함으로써 영원한 낙원, 곧 잔나(Jannah)로 들어갈 수 있다고 가르친다.

개경장, 꾸란 1장	
자비롭고 긍휼이 많은 알라의 이름으로. 세상들의 주인 되신 알라에게 찬양을! 자비롭고 긍휼이 많은 분이고 심판의 날의 주인인 알라! 당신을 우리는 섬기고, 당신에게 우리는 도움을 요청하나이다. 우리를 올바른 길로 인도해 주소서. 당신이 축복한 자들의 그 길로. 당신의 진노가 떨어진 자들의 길이 아니고, 타락하여 벗어난 자들의 길이 아니라! [당신이 축복한 자들의 그 길로!]	In the name of Allah, the Merciful, the Compassionate. Praise (be) to Allah, Lord of the worlds, The Merciful, the Compassionate, Master of the Day of Judgment. You we serve and You we seek for help. Guide us to the straight path: the path of those whom You have blessed, not (the path) of those on whom (Your) anger falls, nor of those who go astray.
주: 아랍어 원문을 저자가 의미 번역함.	주: 드로지(A. J. Droge)의 영어 번역에서 God을 Allah로 바꿈.

이슬람의 주요 가르침이 형성되는 과정과
문헌적 근거들은 무엇인가?

이슬람에서 가장 권위 있는 경전은 단연 꾸란이다. 하지만 이 외에도 이슬람의 기초를 이루는 다양한 종교적 자료들이 있다. 무슬림들은 이것들에 권위를 부여하고, 그들의 신앙과 삶을 움직이는 기초로 삼는다. 지금까지 꾸란에 관해 살펴봤으므로 이제부터 꾸란 외에 이슬람의 교리 형성에 결정적 영향을 주고, 무슬림들에게 삶의 지침을 제공하는 자료들을 살펴보고자 한다.

하디스(전승들)

꾸란에 버금가는 권위를 지닌 자료는 하디스다. 이슬람에서는 무함마드의 말과 행동 및 그가 암묵적으로 승인한 것들을 가리켜 순나라고 하며, 이것 역시 알라로부터 주어진 와히로 간주한다. 이것들을 담고 있는 전승들을 모아 기록한 것이 하디스다. 따라서 하디스는 무함마드의 삶과 행동을 본받고 싶어 하는 모든 무슬림에게 최고의 실천 가이드가 된다. 하디스는 무함마드의 생애에서 와히가 주어진 상황을 설명하는 경우가 많으므로 매우 중요하게 간주되는데, 특히 꾸란 해석에 결정적 영향을 미친다. 또한 하디스는 율법 샤리아의 형성에 결정적인 근거를 제공한다. 꾸란에는 샤리아 관련 내용이 극소수로 존재하고, 대부분은 하디스로부터 기인한다. 따라서 이슬람의 실천적 측면을 다룸에 있어서 하디스는 꾸란보다 더 절대적 위치를 차지하게 되었다.

하디스는 내용상 두 부분으로 나뉘는데, 하나는 보고된 내용, 곧 마튼(matn)이고, 다른 하나는 전달자들의 사슬인 이스나드(isnād)다. 이스나드가 장황하게 기록된 이유는 하디스가 믿을 만한 전달자들을 통해 전승되었고, 그 전수된 내용이 무함마드와 동료들의 시대에까지 거슬러 올라간다는 것을 증명하기 위해서다.

하디스가 나타난 배경은 다음과 같다. 무함마드가 죽은 후 초기 수십 년 동안 그를 개인적으로 알던 동료들은 무함마드의 삶에 관한 이야기와 그의 말들을 모아 사람들과 공유하기 시작했다. 시간이 흐르면서 이런저런 이야기들이 난무하자 전승의 진위 여부를 가려야 할 필요가 생겼다. 무슬림 지도자들은 전승의 진위를 따지기 위해 인용된 말의 기원, 즉 첫 전달자와 전승을 전한 서술자들의 사슬을 살펴보고 결론을 내리기로 했다. 이에 따라 무함마드로 거슬러 올라가는 전승의 사슬이 약하거나 첫 전달자가 권위가 없는 경우에는 전승이 빈약하거나 조작된 것으로 간주하고, 확실히 믿을 만한 것으로 여겨지는 자료들은 집대성하기 시작했다. 순니파 무슬림이 인정하는 하디스 전집으로는 사히흐 알부하리(Sahih al-Bukhari, 810-870년), 사히흐 무슬림(Sahih Muslim, 815-875년), 수난 아부 다우드(Sunan abu Dawud, 889년 사망), 수난 알티르미디(Sunan al-Tirmidhi, 882년경 사망) 등이 편집한 것들이 있고, 시아파 무슬림들은 별도의 하디스를 사용한다.

무슬림들은 꾸란이 대원칙의 가르침을 제공한다면, 하디스는 구체적인 세부 사항을 제공한다고 말하며 이 둘이 서로 보완하는 역할을 한다고 주장한다. 예를 들면, 꾸란이 하루 다섯 번 이슬람식 기도인 살라트(Salāt)를 행하도록 명령하고 있다면, 하디스는 살라트를 행하기 전에 몸을 씻는 방법과 절차, 살라트를 행하는 방식 등을 구체적으로 가르쳐 준다. 또한 이슬람의 종교법과 도덕률에 기초를 제공했으며 이슬람의 교리 형성 및 율법적 판단에 절대적 영향을 미쳐 왔다.

하지만 일부 무슬림은 모든 교리 및 실천이 꾸란의 권위에만 기초해야 한다고 주장하면서 하디스를 거부한다. 그들은 하디스에는 8세기와 9세기에 수집된 정체불명의 이야기들이 다수 포함되어 있으므로 신뢰할 수 없다고 말한다. 왜냐하면 하디스는 무함마드가 살았던 시대로부터 거의 200년이 지난 뒤에 그가 살았던 아라비아반도의 히자즈(Hijāz) 지역에서 수천 킬로 떨어진 문화적 환경, 곧 압바시야 왕조 당시 바그다드와 근방에 살았던 사람들이 들은 전승에 기초하여 집대성한 것이기 때문이라고 주장한다. 실제로 하디스의 많은 부분이 시대와 동떨어진, 의문스러운 내용들을 포함하고 있다. 특히 역사적 진위를 확인할 수 없는 내용들도 그대로 담겨 있다. 가장 문제가 되는 것은 하디스 내에서 동일한 사건을 두고 상반된 이야기를 하는 모순이 발견되며, 꾸란과 명백하게 모순되는 내용도 있다는 것이다. 하디스에 대한 비평학적 평가는 5장에서 상세히 소개할 것이다.

시라(무함마드의 전기)

무슬림들은 이슬람의 지도자 무함마드를 존경하는 마음에서 그의 생애를 기록한 전기, 알시라 알나바위야(Al-Sīra al-Nabawiyya)를 남기려고 했던 것 같다. 이런 종류의 작업이 처음 시작된 것은 무함마드 사후 60-70년이 지난 시점이었다고 알려져 있다. 무함마드 시대에 있었던 사건들을 전해 달라는 우마위야 칼리프 압둘말리크(Abdul Malik)의 요청에 따라 이븐 주배이르('Urwa Ibn al-Zubayr, 713년 사망)가 편지들로 답했으나 그 자료는 남아 있지 않다. 무슬림학자들은 아마도 무함마드 당시 있었던 군대 정복 전쟁 이야기[이 장르를 마가지(maghāzī)라 한다]가 포함되었을 것으로 추정한다.

다양한 전승을 수집하여 시라를 만들려고 했던 인물로는 알주흐리(Ibn Shihab al-Zuhri, 737년 사망)와 이븐 이스학(Ibn Ishāq, 767년 사망)이 알려져 있다. 이들은 모두 하디스 편집자들로서 전승으로 내려오던 이야기들을 종합적으로 편집하여 무함마드의 전기를 편집했다고 하지만, 그들의 저술들은 현재 남아 있지 않다. 다만 이븐 이스학의 시라는 후에 다시금 이븐 히샴(Ibn Hishām, 833년 사망)을 통해 재편집되어 현재까지 내려오고 있으며, 고전적 주석가인 알따바리(al-Tabarī, 839-923년)의 저서에도 관련 내용이 다수 포함되어 있다. 따라서 현존하는 시라 문헌으로 가장 보편적으로 인용되는 것은 이븐 히샴이 편집한 것이다. 우리가 이슬람의 전통적 내러티브에서 읽는 무함마드의 생애에 관한 정보들은 모두 이들 시라에서 얻어진 것들인데, 이 자료는 무함마드의 사후 200년이 지난 시점에서 기록된 것이다.

그러나 시라 또한 하디스와 유사한 비평과 도전을 받고 있다. 시라와 하디스는 모두 전달자들의 사슬인 이스나드를 제공하며 내용의 진위를 밝히려 한다는 점에서 공통점이 있다. 그런데 하디스는 전승을 기록할 때 역사적 배경에는 주목하지 않고, 이야기에 더 집중하는 반면에 시라는 특성상 사건의 배경이나 경위 및 시점에 주목한다. 문제는 하디스와 마찬가지로 시라도 그 전승 과정에 대한 의구심과 내용의 역사적 진위를 가려낼 근거가 없다는 비판을 받는다. 시라에서도 일관성이 부족한 내용들이 발견되고, 비무슬림들이 기록한 역사적 자료와 상충하는 자료들이 나타나기 때문에 그 권위를 의심하지 않을 수 없다. 더구나 구전으로 전해지는 특성상 후대의 시라들이 이전에 기록된 시라들보다도 오히려 더 미화되어 드라마틱한 경향을 보이므로 진실성을 더욱 의심할 수밖에 없게 된다.[16] 이에 관한 상세한 평가는 5장에서 다룰 것이다.

고전 주석서

무슬림들이 꾸란을 스스로 읽고 해석하는 것은 일반적으로 거의 불가능하고 허용되지도 않는다. 따라서 그들은 주석가의 해석을 통해서 그 의미를 배우고, 외워 기억하는 것이 통례다. 후대의 주석가들조차도 고전적 주석가들이나 역사적으로 저명한 주석가들의 틀 안에서 꾸란을 해석하고 배우며 가르쳐 왔다. 그런 의미에서 이슬람 역사상 초기 주석가들의 저술은 매우 중요한 권위를 가지는데, 그들을 고전 주석가들이라 부른다. 물론 이슬람 학파들 및 종파들에 따라 존중되는 주석가들이 다를 수 있지만, 일반적으로 고전적 주석가들의 저술은 종파와 시대를 초월하여 중요하게 여겨진다. 이들 저서는 현대 정통 이슬람의 꾸란 해석에 절대적 영향력을 행사한다. 대표적인 고전 주석가 중에 순니 주석가들로는 무까틸(Muqātil ibn Sulaymān, 767년 사망)과 알따바리, 수피(Sufi) 주석가로는 알투스타리(Sahl ʿAbd Allah al-Tustarī, 896년 사망), 시아파 주석가로는 알쿠피(Furāt ibn Furāt al-Kūfī, 922년 사망) 등이 있다.

---

16 꾸란학자 크론(Patricia Crone) 교수는 무함마드로부터 이븐 이스학까지 약 3대가 지나는 동안 무함마드가 소설 같은 세부 사항들로 말미암아 전설적 인물로 둔갑했다고 비판한다.

세계 무슬림의 다수는 순니파에 속하기 때문에 알따바리의 주석서는 이슬람 세계에서 가장 많이 인용되며 그 권위를 인정받는다. 알따바리 주석은 그 이전 시대에 무슬림 지도자들이 꾸란을 해석한 것들을 소개하기도 하는데, 심지어 무함마드의 동료들에게까지 거슬러 올라가는 전승을 집대성하고 있다. 하지만 그 내용을 구체적으로 살펴보면, 특정 구절의 해석을 제시하면서 상반되는 견해를 여과 없이 나열하듯 소개하는 경우가 많다.[17] 따라서 일반 독자들은 큰 혼동을 느끼며 자신이 동의하고 싶은 한 가지 견해를 선택하여 해석적 결론을 내리게 된다. 그만큼 초기 이슬람부터 꾸란에 관한 다양한 견해의 해석이 공존해 왔고, 권위적 해석 혹은 확정적 해석은 불가능했음을 보여 준다.

또한 종파 간에 해석의 차이가 보이는데, 대표적으로 순니파와 시아파의 꾸란 해석에서 무시할 수 없는 차이점들이 존재한다. 과연 꾸란의 의미를 어떻게 찾아야 하는가에 대해 이슬람 세계는 통일된 가이드를 제공해 주지 못하고 있다. 따라서 무슬림들은 각자가 속한 공동체의 지도자들이 믿고 가르치는 것에 따라 무비평적으로 수용하는 경우가 대부분이다.

---

17 예를 들면, 알따바리는 이싸의 죽음과 관련한 구절들(4:157-158)을 주석하면서 역사적으로 존재했던 전승들과 무슬림 지도자들의 해석을 나열한다. 문제는 그 해석들 가운데 상충하는 견해가 여과 없이 소개되었기 때문에 독자들로서는 어떤 견해를 수용해야 할지 혼돈을 느끼게 된다는 것이다. 이와 관련해서는 필자의 다음 논문을 참조하라. 황원주, "꾸란 4:157에 나타난 이싸의 십자가 죽음에 관한 순니 주석가들의 해석에 대한 비평적 고찰", 〈아랍과 이슬람 세계〉(제8집), 중동아프리카연구소, 2021, 11-63쪽.

최소한의 이슬람

아스밥 알누줄(메시지가 내려온 정황 보고)

무슬림은 꾸란은 무함마드가 사망하기 전 23년간(610-632년) 다양한 정황 속에서 알라가 내려 준 메시지들을 기록한 경전이라고 주장한다. 꾸란의 구절들은 두 가지 형태로 구분되는데, 하나는 무함마드가 있던 특정한 정황 혹은 그에게 던져진 질문이나 도전에 대한 응답들로 이루어진 구절들이다. 다른 하나는 역사적 상황들과 상관없이 주어진 구절들이다. 따라서 전자의 구절들을 해석하려면, 그 구절이 주어진 때의 정황 혹은 상황적 이유를 확인하는 작업이 필요하며 이는 매우 중요하다. 성경을 해석할 때, 역사적·문화적 배경을 염두에 두고 본문을 해석해야 하는 것과 같은 원리라고 할 수 있다. 이 개념과 용어를 본격적으로 사용한 사람들은 알따바리를 비롯한 고전 주석가들이었는데, 후에 이런 정황 보고들만 집대성하여 나온 책이 아스밥 알누줄(asbāb al-nujūl)이다.

이 장르의 저술로 가장 권위 있는 것은 알와히디(Ali ibn Ahmad al-Wahidi, 1075년 사망)가 저술한 정황 보고(Kitāb asbāb al-nujūl)다. 와히디는 그의 저서에서 꾸란의 전체 6,236개 구절 중에서 570개 구절에 연관된 정황들을 보고하는데, 이 책은 후에 이뤄지는 꾸란 해석에 절대적인 영향을 미친 중요한 표준이 된다. 이에 상응하는 또 다른 하나의 저술은 수유티(al-Suyuti, 1505년 사망)가 쓴 '정황들에 관한 최고의 전승들'이란 뜻의 루밥 안누낄 피 아스밥 알누줄(Lubāb al-Nuqūl fi Asbāb al-Nuzūl)이다. 그는 알와히디의 저술을 한층 더 발전시키고 확대하여 102개 장에 관한 정황을 수집하였다.

[꾸란 및 기타 이슬람 자료들의 연대표(AD)]

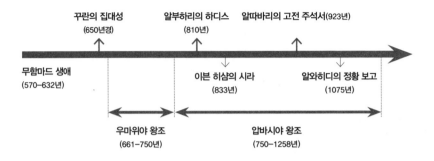

무슬림은 무엇을 믿고 실천하며 사는가?
육신오행으로 요약되는 이슬람의 가르침

이슬람은 알라가 마지막 메신저인 무함마드를 통해 알려 준 와히를 믿고, 그에 복종하는 것이야말로 낙원에 들어가는 길이라고 가르친다. 그 "곧은 길"이란 율법 샤리아를 지키며 살아가는 것이다. 샤리아를 지키는 무슬림이 믿고 실천하는 신앙의 기본은 육신오행(六信五行)으로 요약된다.

여섯 가지에 대한 믿음

이슬람은 무슬림들에게 다음 여섯 가지에 대한 믿음을 가지기를 명령한다.

첫째, 알라에 대한 믿음이 있어야 한다. 무슬림은 알라는 하나이며 절대적 존재로서 누구도 그와 동격을 이루거나 파트너가 될 수 없음을 믿어야 한다(꾸란 112장). 꾸란이 증거하는 알라는 창조주이며 홀로 지존한 자이지만, 성경에서 증거하는 삼위일체 하나님과는 전혀 다른 속성을 가진 존재다. 특히 알라는 셋이 될 수 없음을 강조하고, 예수가 곧 하나님임을 믿는 기독교인들의 믿음을 정면으로 부인한다(5:72-75).

둘째, 천사들에 대한 믿음이 있어야 한다. 무슬림은 천사들의 존재를 믿어야 하는데, 천사들은 존경받는 피조물로 나타난다. 그들은 알라만을 예배하며 그의 명령을 순종한다. 천사들 가운데 특히 지브릴이 중요하게 드러나는데, 꾸란을 무함마드에게 전해 준 천사이기 때문이다. 알라의 명령에 불순종하여 타락한 천사는 이블리스(Iblīs) 혹은 사탄이 되었다고 말한다(2:34-36).[18]

셋째, 알라가 보내 준 경전에 대한 믿음이 있어야 한다. 무슬림은 알라가 그의 메신저들을 통하여 인간에게 경전들을 보내 주었으며, 그것들을 통해 인간을 알라의 길로 인도하도록 했다고 믿는다. 무사(모세)에게 타우라(Tawrāh: 모세오경)를, 다우드(다윗)에게 자부르(Zabūr: 시편)를, 이싸(예수)에게 인질(Injīl: 복음서)을, 그리고 마지막으로 무함마드에게 꾸란을 보냈다고 믿는다. 따라서 꾸란은 알라가 맨 마지막에 내려 준 최종의 경전이며 인류는 꾸란을 통해 알라의 메시지를 들어야 한다고 주장한다. 또한 알라는 꾸란을 모든 종류의 변질로부터 보호한다고 약속한다(15:9).

넷째, 알라가 보낸 선지자 나비와 메신저 라술에 대한 믿음이 있어야 한다. 무슬림은 아담으로부터 시작되는 일련의 선지자들(누흐(노아), 이브라힘(아브라함), 이스마일(이스마엘), 이스학(이삭), 무사, 이싸 등)과 경

---

18 반면 꾸란 18장 50절은 이블리스가 "진(Jinn)들 중 하나"라고 언급한다.

전을 전한 네 명의 라술(무사, 다우드, 이싸, 무함마드)을 믿어야 한다. 특히 무함마드는 알라의 영원한 메시지를 가져다준 마지막 선지자로서 특별한 지위를 지닌다고 믿는다(33:40).

다섯째, 심판에 대한 믿음이 있어야 한다. 무슬림은 마지막 심판날에 모든 사람이 부활하여 알라의 심판대 앞에 서게 될 것이라고 믿는다. 알라의 심판은 각자가 생전에 행했던 모든 행위와 믿음에 근거하여 이루어지고, 선행과 악행이 저울에 달려서 그 결과에 따라 영원한 형벌(지옥 불)과 영원한 낙원(잔나) 중 한 곳으로 들어가게 된다고 믿는다.

여섯째, 까다르(Qadar: 숙명)에 대한 믿음이 있어야 한다. 무슬림은 인간에게는 자유 의지가 있으나 이 세상에서 일어나는 모든 일은 알라가 이미 정하고 기록한 대로 이루어진다는 숙명론을 믿는다. 알라는 모든 것을 알고 있으며, 이 세상에 발생할 모든 일을 기록해 두었으며, 모든 일은 알라의 정한 뜻에 따라 일어난다는 믿음이다. 무슬림 세계에서 가장 흔히 사용하는 표현이 인샬라('In shā' Allāh)인데, 이것은 "알라의 뜻에 따라" 혹은 "알라가 원하면"이란 뜻으로 이슬람의 숙명론을 단적으로 보여 준다.

이슬람의 다섯 행동 강령

무슬림은 여섯 가지 믿음에 더하여 다섯 가지 행동 강령을 실천해야 하는데 이를 이슬람의 다섯 기둥이라 한다.

첫째, 신앙을 증언해야 한다(샤하다). "알라 외에 다른 신은 없으며, 무함마드는 알라가 보낸 메신저(라술)다." 모든 무슬림은 이 신앙 고백

최소한의 이슬람

을 선포해야 하며 이슬람으로 개종하길 원하는 사람도 모두 이를 공개적으로 증언해야 한다. 이 신앙 증언의 초반부는 이슬람의 단일신 사상(타우히드)을 공표하는 것이며, 후반부는 무함마드가 알라가 보낸 메신저로서 최종 권위를 가진 자임을 선포하는 것이다. 모든 무슬림은 하루에도 몇 차례 이것을 선포하며 아기가 태어날 때부터 죽을 때까지 이 증언이 귀에서 떠나지 않게 해야 한다.

둘째, 이슬람식 기도 의식을 치러야 한다(살라트). 무슬림은 하루 다섯 번 메카를 향해 기도해야 한다. 이슬람이 가르치는 살라트가 기독교나 타 종교에서 말하는 기도와 다른 점은 단순히 마음으로 기도하는 것을 떠나서 특정한 절차를 따르는 행위의 측면을 매우 중시한다는 점이다. 살라트를 하기 위해 무슬림은 특정한 방식으로 몸을 씻어야 하며(우두으: wudū'), 정해진 순서대로 일어서고, 무릎 꿇고, 바닥에 머리를 대고 절하고, 좌우로 고개를 돌리는 행위를 해야 한다. 자세가 바뀔 때마다 "알라는 가장 위대하다"라는 의미의 "알라후 아크바르"를 되풀이하여 말한다. 또한 살라트를 할 때는 메카의 카아바(al-Ka'bah)를 향해야 하는데 이 방향을 잡아 주는 것이 끼블라(Qiblah)다. 모든 모스크에는 끼블라를 가리키는 작은 구조물 미흐랍(miḥrāb)이 있으며 그 가리키는 방향으로 살라트를 행한다.

셋째, 이슬람식 구제를 해야 한다(자카트: zakāt). 무슬림은 구제를 실천해야 한다. 일반적으로 자기 부의 2.5%를 이슬람 공동체를 위해 사용해야 하는데, 이것은 꾸란의 명령이 아닌 하디스의 기록에 따른 것이다. 무슬림은 공동체가 사용하는 모스크를 위해 헌금해야 하며, 가난한 자들을 구제할 의무가 있다.

넷째, 이슬람식 단식을 해야 한다(사움: saum). 무슬림은 이슬람력을 기준으로 라마단 기간에 30일간 단식해야 한다. 해가 뜰 때부터 질 때까지 무슬림들은 물을 비롯한 모든 음식뿐 아니라 성관계나 흡연도 금해야 한다. 그러나 해가 진 뒤에는 모든 것을 자유롭게 할 수 있다. 원론적 의미에서 라마단 단식은 무슬림이 알라 앞에서 자신의 삶을 정화하고, 깨어진 관계를 회복하는 기회를 제공한다고 강조한다.

다섯째, 이슬람의 성지 메카를 방문해야 한다(핫즈: Hajj). 모든 무슬림은 평생 최소한 한 번은 이슬람의 성지인 메카를 방문해야 한다. 성지를 방문하는 무슬림은 두 장의 흰 천으로 몸을 가려야 하는데 이는 모든 무슬림이 알라 앞에 동일하고 평등함을 표현하는 것이다. 핫즈를 수행하는 과정에서 무슬림은 메카의 카아바 흑석을 일곱 번 도는 것을 비롯하여 메카 주변의 특정 장소에서 정해진 의식들을 행한다. 메카를 방문한 사람은 "하지"(ḥajji)로 불리며 주위 무슬림들로부터 존경을 받는다.

여섯 가지 믿음과 다섯 가지 행동 강령을 통해 보는 이슬람의 본질

지금까지 살펴본 오행육신을 근거로 보면, 이슬람은 행위에 의한 구원을 강조하는 종교라고 할 수 있다. 인간의 내면에는 종교적 행위의 실천을 통해 스스로 의미를 부여하고, 자기의 의로움을 내세우고자 하는 속성이 있다. 인간은 특정 방식의 행동을 외적으로 드러냄으로써 종교적 경건함을 느끼곤 한다. 이슬람은 바로 이런 인간 본성에 부합하는 종교적 실천을 강조하므로 인간의 종교적 감성을 일반적으로 충족시킨다고 볼 수 있다.

최소한의 이슬람

그러나 삶의 내면적 변화나 진정한 의미의 내적 회개를 이루는 것에 대한 강조는 상대적으로 약하다. 꾸란에서 죄란 대부분 무함마드를 알라의 메신저로 받아들이지 않는 것과 그의 메시지를 거부하는 것을 가리킨다. 그가 선포한 메시지는 대부분 행위에 관련된 것으로 내면의 생각이나 동기는 중요하게 다루어지지 않는다. 따라서 이슬람은 외적인 종교 행위에는 과도할 정도로 집중하게 하는 반면, 내면적 변화와 동기에 대해서는 상대적으로 그다지 관심을 기울이지 않는 종교라고 할 수 있다.

이슬람 안에는 일종의 축소주의적 경향이 있다. 인간의 삶 전체에 관련된 문제들과 영원한 결과에 관한 엄중한 주제 앞에서도 마치 단순한 공식이 있는 것처럼 무슬림들로 하여금 낙원을 기대하게 한다. 즉 육신오행을 지키며 살아가는 것이 곧 곧은 길로 걷는 것이라는 인식을 주는 것이다. 그만큼 이슬람은 알라와 인간의 실존에 대한 해석을 지나치리만큼 단순하게 제공하는 종교라고 할 수 있다.

3장

이슬람 세계는 역사적으로 어떻게 흘러왔는가?

: 역사적-현상적 이슬람 세계와 무슬림 이해

무슬림을 이해하려면 이슬람 세계의 역사적 흐름과 현대적 상황을 필히 알아야 한다. 한국의 세계사 교육은 대부분 서구 중심으로 이루어지므로 이슬람 세계의 역사는 낯설 수밖에 없다. 그러나 현재의 이슬람 세계는 진공 상태에서 나온 것이 아니며 세계 역사의 흐름 속에서 맺은 다양한 문화적·정치적 역학 관계에서 나온 것이다. 따라서 현대 이슬람 세계를 이해하기 위해서는 이슬람의 태동부터 이후로 역사적인 흐름을 살펴보아야 한다.

이 장에서는 이슬람 세계의 역사적 흐름을 정리하고, 특별히 근대화 과정에서 무슬림 민족들이 경험한 격변과 현대의 주요 사건들을 살펴보고자 한다.

20세기 이전의 이슬람 세계

1,400년에 걸친 이슬람의 긴 역사를 짧게 요약하는 것은 불가능한 일이다. 더구나 이슬람 세계는 한 나라가 아닌 여러 민족 안에서 함께 발전해 왔으므로 그 역사는 훨씬 더 복잡하고 다양하다. 여기서는 이슬람의 형성 및 확장 그리고 주요 발전 과정에서 중심 역할을 한 왕조나 제국들을 중심으로 살펴볼 것이다.

[이슬람 세계의 지역별 역사 요약]

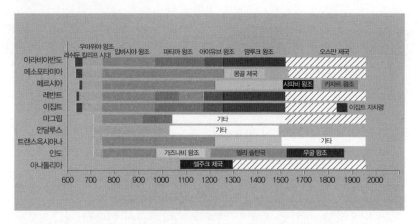

[지역에 관한 보충 설명: 아라비아반도/메소포타미아(현 이라크 지역)/페르시아(현 이란 지역)/레반트(현 팔레스타인, 시리아, 레바논, 요르단 지역)/이집트/마그립(현 리비아에서 모로코에 이르는 북아프리카 지역)/안달루스(이베리아 반도의 남부 지역: 현 스페인 남부)/트랜스옥시아나(현 중앙아시아 지역)/힌두스탄(현 인도와 파키스탄 지역)/ 아나톨리아(현 튀르키예 지역)]

라쉬둔 칼리프 시대(AD 632-661년)

이슬람의 전통적 내러티브에 따르면, 무함마드가 죽은 뒤 네 명의 칼리프가 이슬람 세계를 통치했는데, 그 기간을 라쉬둔 칼리프 시대라 한다. 전승에 따르면, 무함마드의 갑작스러운 죽음에도 불구하고 이슬람 군대는 급격한 속도로 영토를 확장해 가는데, 제2대 칼리프 오마르 시기에 특히 더했다. 10년 정도 통치한 오마르가 죽을 당시 이슬람 세력이 지배하던 영토는 팔레스타인 지역과 시리아를 비롯해 이집트, 메소포타미아, 그리고 대부분의 페르시아를 포함하기에 이르렀다.[19]

---

19 역사비평학자들은 라쉬둔 칼리프 시대의 역사적 진위성에 대해 여러 가지 의문을 제기하고, 이

우마위야 왕조(AD 661-750년)

　제3대 칼리프 오스만의 비서였던 무아위야 1세는 라쉬둔 칼리프 시대에 마침표를 찍고, 우마위야 왕조를 시작했다. 그는 수도를 아라비아반도의 메디나에서 시리아의 다메섹으로 옮기며 당시 그 지역의 주요 구성을 이루던 비잔틴 제국 통치하의 기독교인들과 유대인들을 지배하기 시작했다. 이 시기에 아랍 부족들이 팔레스타인 지역을 침략한 사실은 피지배 민족들의 문헌들 가운데 역사적인 기록으로 남았다. 우마위야 왕조는 당시 신학적 체계를 확고히 수립했던 기독교와 유대교에 대응하고, 이들을 지배할 체계를 준비하면서 이슬람 제국으로서의 면모를 갖추어 나갔다. 특별히 이 시기에 큰 영향력을 행사했던 압둘말리크왕은 아랍인들이 부족주의라는 통념 속에 갇혀 있던 상황을 극복하고, 아랍 부족들을 통합한 제국으로서 체제의 안정을 찾도록 노력했다. 특히 아랍 부족들의 정서에 부합하는 종교적 통치 이념들을 만들어 내기 시작했다. 그것은 당시 팔레스타인 지역의 피지배 민족이었던 유대인들과 기독교인들의 종교적 이념보다 우월함을 증명하기 위한 노력이기도 했다. 그 일환으로 지어진 건축물이 692년에 예루살렘에 세워진 바위 돔(The Dome of the Rock)이고, 그 건물 벽에 새겨진 문구들 가운데 이슬람과 무함마드에 관한 언급이 처음 등장한다.

　우마위야 왕조 시대에도 영토 확장을 계속하여 지중해의 로도와 크레테 섬들, 카불, 부하라, 사마르칸트 등의 중앙아시아, 그리고 북아프

슬람의 태동 및 초기 발전 시기에 대한 이슬람의 전통적 내러티브를 수용하지 않는다. 이에 관해서는 4장에서 자세히 다루기로 한다.

　　　　　　　　　　　　　　　　　　　　　　최소한의 이슬람

리카 마그립(Maghreb) 지역 및 이베리아반도까지 확장해 나갔다. 무함마드의 후손으로서 아랍 민족의 정통성 및 특별한 지위를 강조하던 우마위야 왕조는 이슬람을 받아들인 타민족들과의 관계에서 개방적이지 않았고, 차별하는 태도를 보였기 때문에 비아랍계 무슬림들의 불만을 샀다. 그리고 후대로 갈수록 경제적 부와 사치를 즐기던 우마위야 왕조는 이슬람의 참된 가르침과 멀어졌다는 비판을 받게 되었다. 결국 아랍 부족뿐 아니라 다양한 무슬림 민족들에게도 사회적으로 동등한 지위를 보장하며 세력을 규합한 압바시야 왕조에 밀리게 되었다. 지배력을 상실한 우마위야 왕조의 지도자들은 지중해 서쪽 끝에 있는 안달루스로 피신하여 코르도바 칼리프 통치로 명맥을 유지하였고, 왕조는 결국 1031년에 멸망하게 되었다.

[무함마드 이후 이슬람 세계의 확장 (AD 622-750년)]

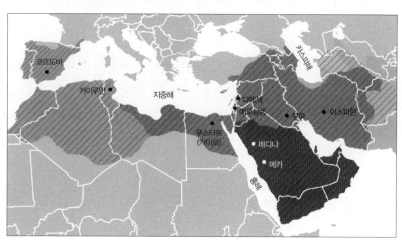

■ 무함마드 당시 확장된 영토(622-632년)
■ 라쉬둔 칼리프 시대에 확장된 영토(632-661년)
▨ 우마위야 왕조 때 영토(661-750년)

압바시야 왕조(AD 750-1258년)

압바시야 왕조는 무함마드의 후손으로 여겨지던 아랍 세력과 비아랍 세력들을 규합하여 우마위야 왕조를 무너뜨렸다. 다메섹에서 바그다드로 수도를 이전하여 정권의 기초를 다졌고, 동부 지역으로 제국을 확장해 나갔는데, 특히 페르시아 민족들 가운데 개종자가 많이 나왔다. 비아랍계 민족들의 이슬람화가 빠른 속도로 이루어지는 과정에서 이슬람 세계를 "움마"(Ummah)란 공동체성으로 통일하려고 했으며 이를 위해 아랍과 비아랍 사이의 갈등 요소를 없애는 것을 강조하면서 다양한 비아랍계 민족들의 활동과 참여를 장려하고 많은 기회를 부여했다.

이 시기는 이슬람 문명의 황금기로 불리는데, 상업, 산업, 농업 및 과학적 발전이 이루어졌으며, 학문적으로는 천문학, 시문학, 철학, 과학 및 수학에 눈부신 발전이 있었다. 압바시야 왕조의 초기에 이성적 학문 토론과 열린 논쟁이 비교적 활발했고, 수많은 헬라 철학 서적이 아랍어로 번역되었다. 논리적·학문적 토론이 허용되어서 기독교 신학자들과 이슬람 신학자들, 곧 무타칼림(Mutakallim)들이 왕궁에서 공개 토론을 할 정도로 열린 시기였다. 이 시기에 헬라 철학 서적들의 영향을 받은 이슬람 학자들이 이슬람 철학을 발전시켰으며 기독교인들과의 논증 과정을 통해 칼람이라는 이슬람 논증 신학을 발전시켰다.

이 시기에 주목할 만한 사건이 일어나는데, 이슬람이 팔레스타인 지역을 점령하자 무슬림의 지배를 받게 된 기독교 지도자들이 이슬람에 대항하여 기독교인들을 교육하고 교회를 지키기 위하여 신학적 변증을 발전시키며 다양한 책을 아랍어로 집필한 것이다. 이들은 아랍어로 기독교의 신학적 논리를 변증하였고, 일부는 압바시야 왕실에까지

최소한의 이슬람

가서 공개적으로 기독교를 변증하기도 했다. 이 시기에 활동한 주목할 만한 인물들로는 아부 꾸라(Abū Qūrrah), 아부 라이타(Abū Rā'ita), 암마르 바스리(Ammar al-Basri) 등이 있다.[20] 이와 같이 압바시야 왕조 초기에는 이슬람 신학에서도 이성과 논리를 강조했고, 이슬람과 기독교 사이의 신학 변증도 허용되었다. 하지만 후기로 가면서 꾸란의 권위 및 전수된 전승들이 강조되자, 기독교인 신학자들과 무슬림들 사이에 이성적 토론과 변증은 설 자리를 잃고 말았다.

압바시야 왕조 초기에는 이슬람 신학의 두 가지 접근법이 있었는데, 이성과 논리를 강조하는 접근과 전수된 전승과 텍스트를 강조하는 접근이었다. 무슬림 학자들은 두 접근법을 통해 학문적 토론을 벌였고, 이것은 이슬람의 신학적 틀을 발전시키는 데 도움이 되었다. 헬라 철학 및 논리학을 기초로 하여 이성적 노력을 통해 이슬람의 신학적 체계를 만들려고 한 그룹은 무으타질라(Mu'tazila) 학파다. 그와 달리 꾸란이나 하디스처럼 전수된 문헌의 권위를 더 강조하고 인간의 이성적 판단과 권위를 덜 중요하게 여긴 학파가 아쉬아리(Ash'arī) 학파다. 압바시야 왕조 초기에는 이성과 논리를 강조하던 무으타질라 학파가 왕들의 지지를 얻어 큰 세력을 이루고 학문적 발전을 이루었지만, 후기로 가면서 전수된 텍스트와 전승을 강조하는 아쉬아리 학파가 정치적 지지를 얻으면서 이슬람 신학을 대변하는 세력으로 자리 잡게 되었다. 이후 아쉬아리 학파는 지금까지 순니파의 정통 신학을 주도하고 있다.

---

20 황원주, "8-9세기 아랍어를 사용한 기독교 신학자들의 삼위일체 변증 연구", 〈아랍과 이슬람 세계〉(제4집), 중동아프리카연구소, 2017, 113-171쪽.

압바시야 왕조 때 이슬람의 근원적 문헌들이 집필되거나 집대성되었는데, 먼저 율법 샤리아가 명문화되었다. 또한 알부하리(al-Bukhari, 870년 사망)의 하디스를 비롯한 주요 하디스들이 편집되었다. 시라와 고전 주석서들과 정황 보고 등 이슬람의 주요 역사 자료들도 이 시기에 제작되었다. 그리고 순니파와 시아파의 교리 형성 및 대립이 구체화되기도 했다.

거대한 영토를 지배하던 압바시야 왕조가 10-11세기 무렵에는 다양한 지역에서 발생한 도전적 세력들에 직면해야 했다. 이집트 지역의 콥틱 아랍족, 인도 페르시아 민족 및 튀르크족이 압바시야 제국의 여러 지역에서 자신들의 독자적 세력들을 형성하였고, 결국 그들에게 자치 통치권을 부여하게 되었다. 압바시야 왕조는 많은 비아랍 · 비무슬림(베르베르인, 슬라브인, 튀르크인 등)을 군사로 뽑았는데, 오히려 이들로 인해 이슬람 제국의 움마 공동체성이 약화되는 결과가 초래되었다. 11세기 초 셀주크 튀르크족이 아나톨리아반도를 중심으로 독립 세력을 구축하면서(1037년) 바그다드를 중심으로 한 압바시야 왕조는 급속히 쇠퇴하다가 마침내 몽골의 침략에 무너지고 말았다(1258년).

파티마 왕조(AD 909-1171년)

압바시야 왕조의 중심에서 멀리 떨어진 북부 아프리카의 튀니지와 알제리 지역에서 파티마 왕조가 출현하여 성장해 갔다. 무함마드의 딸 파티마와의 유전적 연결 고리를 주장하며 이슬람의 정통성을 찾던 파티마 왕조는 시아파였다. 10세기에는 이집트를 정복하고, 레반트와 아라비아반도를 지배하면서 활발한 국제 무역으로 경제적 번영을 누렸는데, 중국 송나라와 무역하기도 했다. 파티마 왕조는 능력에 따른 인재 고용을 시도했는데, 시아파 정권이면서도 순니파 무슬림들을 고용했고, 심지어 유능한 기독교인이나 유대인까지도 등용하는 정책을 펼쳤다. 이 시기에 최초의 이슬람 교육 기관인 아즈하르대학교를 설립하여(970년경) 꾸란과 샤리아 등을 가르쳤다. 이 학교는 원래 시아파 교육 기관이었지만, 12세기에 살라흐 앗딘(Salah al-Din Yusuf ibn Ayyub, 1137-1193년)에 의해 순니파 신학을 전수하는 센터가 되었다. 현재 이슬람 학교, 특히 순니파 신학을 가르치는 교육 기관 중 아즈하르대학교는 최고의 권위를 갖는데, 수많은 무슬림 유학생을 교육하고 파견하여 세계적으로 영향력을 행사하고 있다.

[10세기경 이슬람 세계: 파티마 왕조와 시아파 왕조들]

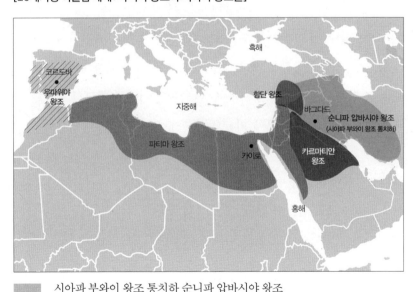

시아파 부와이 왕조 통치하 순니파 압바시야 왕조

우마위야 왕조의 잔재

시아파 함단 왕조

시아파 파티마 왕조

시아파 카르마티안 왕조

아이유브 왕조(AD 1169-1250년)

쿠르드인 출신의 살라흐 앗딘 장군이 십자군에게서 예루살렘을 되찾은 후 당시 이집트를 지배하던 파티마 왕조를 몰락시켰다. 그리고 자신을 이슬람 세계를 대표하는 술탄으로 선포하면서 왕조를 수립했다. 아이유브 왕조는 12-13세기에 이집트와 레반트 대부분 지역과 메카, 메디나, 예멘 등 아라비아반도의 핵심 도시들을 정복하였다. 또한 당시 기독교 세계에 대항하여 이슬람 제국의 단합을 도모하는 데 주도적 역할을 했으며 국제 무역을 활성화하여 이집트를 당대 순니파 이슬람 세계의 센터로 자리 잡게 했다.

맘루크 왕조(AD 1250-1517년)

이집트의 노예 군인들이 반란을 일으켜 아이유브 왕조를 전복하고, 정권을 장악하여 맘루크 왕조를 세웠다. 맘루크 왕조는 강한 군사력을 바탕으로 몽골의 침공을 막아 내고, 이슬람 제국을 지켜 냈다. 특히 레반트 지역에서 십자군을 몰아낸 후 이슬람의 지배를 확고히 했으며 압바시야 왕조가 몰락한 후에 이슬람 세계에 경제적 안정과 더불어 이슬람 제국의 정체성을 지켜 주었다.

이 시기에 활동한 이슬람 신학자로 이븐 타이미야(Ibn Taymiyyah, 1263-1328년)를 주목할 필요가 있다. 그는 몽골과 튀르크족의 침공 아래 비아랍인들이 이슬람을 실천하던 시대에 살았다. 그는 몽골족이 이슬람(순니파)으로 개종했다는 사실을 인정하지 않았고, 모든 종류의 왜곡으로부터 이슬람의 순수성을 지켜 내기 위해 신학 교리를 발전시켜 나갔다. 그는 당시 지배적인 학파였던 아쉬아리파가 사용하던 전승들에 기

[아이유브 왕조와 맘루크 왕조 영토]

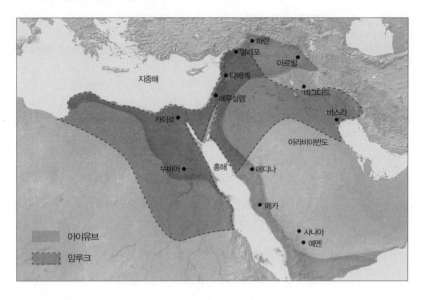

초한 꾸란 해석을 부정하며 자신만의 독특한 신학 체계를 가르쳤다.
그는 제한된 소수의 하디스만 수용하였고, 꾸란도 대부분 문자적으로
해석하려고 했다. 이슬람학에서 철학적 접근을 거부하고, 단순하면서
도 독단적(dogmatic)인 신학을 수립했다. 또한 신정일치를 강조하며 군
사적·정치적 힘을 바탕으로 이슬람을 수호할 것을 강조했다. 그는 비
무슬림에 대항하여 무력으로 지하드(Jihad)를 벌이는 것이 모든 무슬림
의 의무라고 주장했는데, 무력적 지하드의 대상은 외부 침략자들뿐 아
니라 이슬람의 쇠퇴를 유발하는 것들로 정의했다. 그 안에는 타이미
야가 비난했던 시아파, 아쉬아리파 및 이슬람 철학자들도 포함되었다.
그의 신학 사상은 현대 이슬람 원리주의 혹은 근본주의라고 불리는 급
진적 이슬람주의를 대표하는 와하비즘(Wahhabism)의 기초가 되었다.

튀르크족과 몽골족의 이슬람화(11-14세기)

중앙아시아에서 이주해 온 두 민족, 튀르크족과 몽골족이 이슬람을 받아들여 무슬림 민족이 되었고, 이들이 이룬 왕조들이 이슬람 세계의 확장에 의미 있는 공헌을 했다. 특히 튀르크족인 셀주크 튀르크 왕조(1037-1194년)가 중앙아시아에서 이주해 오면서 중앙아시아, 이란, 이라크, 아나톨리아반도까지 이슬람의 영향력이 커졌다. 특히 아나톨리아반도에서 비잔틴 제국과 전쟁하면서 기독교 세력으로부터 이슬람 세계를 지켜 냈다.

그런가 하면 몽골족은 기존 이슬람 세계를 점령하여 정치적 지배자가 되고 나서야 이슬람을 받아들였다. 이슬람화된 몽골 왕조의 일 칸 제국(Il Khanate, 1256-1335년)은 당시 유명무실하던 압바시야 왕조를 무너뜨리고, 현대의 이란, 아제르바이잔, 아나톨리아반도 일대를 지배했다. 이 왕조는 페르시아 문화를 적극 수용하여 통치의 근간으로 삼았지만, 그리 오래가지는 못했다.

중앙아시아에서 살던 튀르크족과 몽골족은 원래 원시 종교의 하나인 샤머니즘의 영향력이 강했다. 그런데 이들은 왜 이슬람을 쉽게 받아들였을까? 이들 민족의 이슬람화에는 원시 종교인 샤머니즘과 이슬람의 수피즘 사이의 유사성이 긍정적 영향을 미쳤을 것이란 주장이 있다. 페르시아를 중심으로 발달한 수피즘의 지도자들은 방랑하는 은둔자들이나 신비주의자들이었는데, 샤머니즘 문화에 익숙했던 튀르크족과 몽골족은 이들의 가르침을 쉽게 받아들일 수 있었을 것이다.

[셀주크 제국과 일 칸제국 영토]

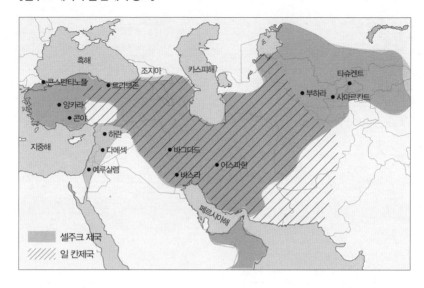

　또 하나 주목할 만한 이슬람 왕조는 중앙아시아 사마르칸트를 수도로 하여 번성한 튀르크-몽골계 티무르 왕조(1370-1507년)다. 이 왕조는 중앙아시아를 배경으로 광활한 영토를 지배했으며 수학, 천문학, 건축 등의 분야에서 탁월한 문화적 발전을 이루었다. 지금도 중앙아시아에 살고 있는 무슬림 민족들은 옛 티무르 왕조의 영화에 자부심을 느끼곤 한다.

　이상에서 본 바와 같이, 이슬람의 태동 및 초기 확장이 아랍 민족에 의해 이루어졌다면, 이후 역사에서는 이슬람 세계의 확장을 주도한 것은 비아랍계 민족들이었음을 알 수 있다. 비아랍계 민족들이 이슬람 세계의 확장과 문화 발전에 기여한 것이 분명하며, 특히 페르시아계 민족들과 튀르크계 민족들이 이슬람 문명사에 끼친 영향은 실로 크다. 또한 당대 기독교 세력들에 군사적으로 대항하여 이슬람의 확장을 이

[최전성기 티무르 제국 영토]

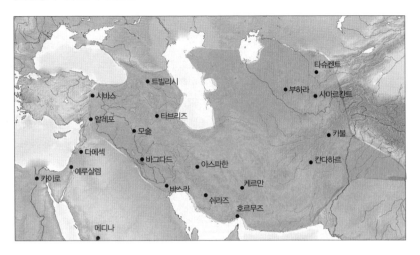

룬 것은 아랍 민족이 아닌 튀르크족이었다는 사실이 주목할 만하다.

오스만 제국(AD 1299-1922년)

아나톨리아반도(지금의 튀르키예)의 부르사(Bursa)에서 세력을 키우며 성장한 오스만 왕조는 중앙 아나톨리아반도에서 지배력을 확보하고 나서 14세기 중엽부터 발칸반도를 시작으로 유럽을 향해 세력을 확장해 나갔다. 1453년에는 당시 기독교의 중심으로 여겨지던 비잔틴 제국의 수도인 콘스탄티노플을 함락했다. 제국의 전성기에 중앙아시아, 페르시아, 레반트, 아라비아반도 및 북아프리카를 영토에 귀속시켜 명실상부 거대한 이슬람 제국을 형성하였고, 오스만 황제는 세계 모든 무슬림의 지도자로서 칼리프가 되었음을 선포했다(1517년).

하지만 16세기 후반부터 오스만 제국은 급격히 쇠퇴하기 시작했

최소한의 이슬람

다. 당시 르네상스 이후 가속화된 유럽의 근대화를 따라잡지 못하고, 기술 문명에서 뒤처졌기 때문이다. 오스만 제국은 오히려 이슬람의 전통 사고에 갇혀 있었고, "유럽의 병든 자"라는 별명을 들을 정도로 병폐가 심한 사회가 되었다. 결정적으로는 제1차 세계 대전(1914-1917년)에서 독일 편에 가담했다가 덩달아 패전국이 되어 광대하던 영토가 유럽 국가들에 의해 강제 분할되고 말았다. 결국, 1922년에 술탄제가 폐지되었고, 이로써 이슬람 세계의 중심이 역사에서 사라지는 결말을 맞이하게 되었다. 다만 무스타파 케말 아타튀르크(Mustafa Kemal Atatürk) 장군이 독립 전쟁을 통해 아나톨리아반도만은 지킬 수 있었고, 1923년에 마침내 튀르키예 공화국이 수립되었다.

[최전성기 오스만 제국 영토(AD 1683년)]

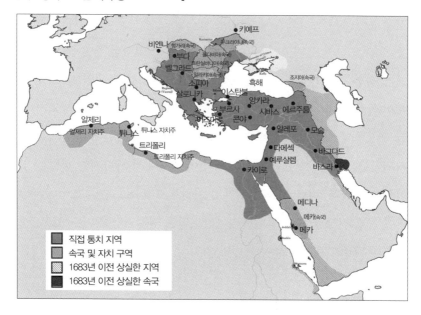

기타 지역에서의 이슬람 전파

오스만 제국이 이슬람이 발흥한 아라비아반도와 중동 지역을 중심으로 이슬람의 종주국으로 자처하던 기간에 페르시아 지역에서는 사파비(Safavi) 왕조(1502-1736년)가 시아파의 중심 세력을 이루었고, 인도 지역에서는 무굴(Mughal) 제국(1526-1857년)이 강력한 존재감을 드러내고 있었다. 또한 비록 제국이나 왕조를 이룰 정도로 세력을 규합하지는 못했지만, 이슬람이 세계 곳곳으로 퍼져 나갔다. 다양한 시점에 북부 아프리카와 아프리카 내륙, 인도, 동남아시아, 중국 등지에 이슬람이 전파되었고, 지금까지 존속해 오고 있다.

20세기 이슬람 세계의 근대화 과정

이슬람 세계의 역사 흐름을 이해하려면, 이슬람 세계와 유럽의 역학 관계에 주목할 필요가 있다. 이슬람 세계의 전개는 유럽 역사의 흐름과 상반되게 나타나기 때문이다. 유럽이 중세 암흑기를 거치고 있을 때, 아랍 세계는 오히려 헬라 철학을 비롯한 고전 학문을 받아들여 문명의 발달을 이루었다. 또한 이슬람 세력이 다양한 민족들을 융합하면서 군사력으로 기독교 세력을 물리치거나 그들과 경쟁할 수 있었고, 이로써 그들만의 안정과 발전을 이루었다. 그 결과, 압바시야 왕조(750-1258년) 시대부터 1683년에 최대 영토를 확보한 오스만 제국 시대에 이르기까지 이슬람 세계는 발전을 거듭하며 계속해서 영토를 확장해 나갈 수 있었다.

그러던 중 역사적으로 매우 중요한 사건 하나가 일어나는데, 유럽이 예루살렘을 탈환할 목적으로 일련의 십자군 전쟁을 시도하는 과정에서 이슬람 세계와의 군사 충돌뿐 아니라 문화 접촉까지 일어난 것이다. 이때 아랍어로 쓰인 수많은 고전 헬라 철학서들과 고도의 이슬람 문명이 중세 암흑기에 머물러 있던 유럽 세계에 유입되어 그들을 자극하고 깨우는 계기가 되었다. 이로써 유럽에서 르네상스 운동이 일어났고, 문화의 발전과 물질문명의 발달이 급속도로 이루어지게 되었다. 근대화를 이룬 유럽 민족들은 민족 국가로서 체제를 구축하고, 제국주의적 침략 경쟁에 들어가기 시작했다.

유럽이 르네상스 시대를 맞아 급속도로 발전해 나갔지만, 당시 이슬람 세계를 주도하며 통치하던 오스만 제국은 오히려 전통적 사고의 틀에 갇혀서 종교적 담론과 안일함에 빠져들었다. 17세기 이후 오스만 제국은 유럽과의 경쟁에서 점차 뒤처지게 되었고, 이후 급속히 쇠퇴해 갔다. 결국, 제1차 세계 대전에서 패전국이 된 오스만 제국은 유럽 세력에 의해 무너지고 말았다.

오스만 제국의 지배하에 있던 다양한 무슬림 민족들 역시 문화적 침체를 경험하며 자발적 근대화나 사회 발전을 이루지 못한 채 유럽 제국주의의 침략으로 자연스럽게 피지배자들로 전락하고 말았다. 이로써 유럽은 자발적으로 능동적인 근대화를 이루었지만, 이슬람 세계는 구조상 피지배자들로서 비자발적으로 수동적인 근대화를 이루어야 하는 처지에 놓이게 되었다.

이제 이슬람 세계의 근대화 과정을 살펴보고, 20세기에 일어난 주요 사건들을 중심으로 이슬람 세계가 당면한 현재를 살펴보고자 한다. 이에 앞서 한 가지 언급할 점은 명예를 중시하는 이슬람 문화를 고려할 때, 근대화 과정에서 이슬람 세계가 경험한 수모와 수치의 역사는 무슬림들에게 큰 충격을 안겨 주었다는 것이다. 이슬람 세계는 나름대로 역사적 수모를 극복하고 명예를 회복할 길을 찾아가고 있다. 그리고 수치스러운 현재 상황을 극복하기 위한 반작용의 하나로 현대 이슬람 근본주의 운동이 있음을 상기할 필요가 있다.

1922년 오스만 제국의 붕괴와 이슬람 세계의 식민지화

제1차 세계 대전에서 독일 편에 선 바람에 패전국이 된 오스만 제국은 영국과 프랑스를 필두로 한 서구 열강에 의해 영토가 분할되었다. 유럽 열강들은 아나톨리아반도 이외 지역을 식민지로 만들기 위해 세브르 조약(Traité de Sèvres, 1920년) 체결을 강요했다. 이 조약에 따라 발칸반도는 그리스에 할양되었고, 쿠르디스탄 지역은 쿠르드족에게 주어졌고, 아르메니아는 독립을 승인받았다. 그러나 이 조약은 튀르키예 국민의 민족주의를 자극했고, 튀르키예는 일련의 독립 전쟁을 치르며 아나톨리아와 발칸 지역과 남동부 쿠르디스탄 지역을 통합하고 난 후 1923년에 공화국을 수립했다.

[세브르 조약에 의한 오스만 제국의 영토 분할]

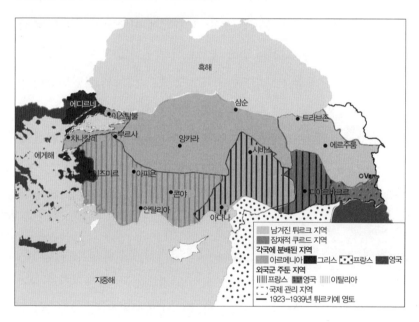

　이 과정에서 아나톨리아반도를 벗어난 지역에서 오스만 제국의 치하에 있었던 무슬림 민족들이 유럽 제국들의 식민 통치하에 들어가게 되었다. 그 결과, 지금의 요르단, 팔레스타인, 이라크 등은 영국의 식민지가 되었으며, 시리아와 레바논은 프랑스의 식민지가 되었다. 이집트

는 영국에 잠시 속했다가 1922년에 독립하였으며, 리비아는 이탈리아에, 튀니지와 모로코는 프랑스 식민지로 편입되었다. 다만 아라비아반도는 히자즈 왕국의 독립을 승인받음으로써 비교적 독자적인 상태를 이룰 수 있었다. 이와 같이 이슬람 세계에 속해 있던 무슬림 민족 대부분은 유럽 제국주의 통치 아래 놓이게 됨으로써 자주독립을 이루지도 자발적 근대화를 이루지도 못하게 되었다.

이슬람 세계 민족 국가들의 독립 과정

오스만 제국이 붕괴하고 난 1920-30년대에 이슬람 세계의 몇몇 국가들은 비교적 이른 시기에 민족 국가로서 독립하였다. 튀르키예는 독립 전쟁을 통해 공화국 수립(1923년)에 성공했고, 영국의 식민지였던 이집트가 독립했다(1922년). 이란은 1925년에 팔레비 왕조가 들어서면서 독립했고, 사우디아라비아는 오스만 제국의 지배에서 벗어나면서 무슬림의 정체성을 기초로 하는 이슬람 왕정 국가를 이루었다. 당시에 사우디아라비아는 유럽 열강들의 관심을 끌지 못했는데, 그들이 보기에 온통 사막뿐이었기 때문이다.

하지만 지정학적으로 중요한 위치에 있거나 경제적 유익이 있던 이슬람 지역, 특히 아랍 세계에서는 유럽 열강들의 식민 통치가 반세기 이상 지속되었다. 제2차 세계 대전이 발발하기 이전, 아랍 세계 곳곳에서 민중 봉기가 일어났으며 사회가 불안해졌다. 유럽 군대가 주둔하기에는 위험해 보였고, 결국 아랍 전 지역에서 유럽 군대가 철수함으로써 아랍 민족들은 식민 지배에서 벗어나 민족 국가로서 독립할 수 있게 되었다.

최소한의 이슬람

아래 도표는 각 나라가 독립한 시기와 이전 식민 지배국을 보여
준다.

[중동 및 북아프리카 아랍 국가들의 독립]

국가명	연도	이전 식민지 지배국	국가명	연도	이전 식민지 지배국
이라크	1932	영국	쿠웨이트	1961	영국
레바논	1946	프랑스	오만	1962	영국
시리아	1945	프랑스	알제리	1962	프랑스
이스라엘	1948	영국	예멘	1967	영국
튀니지	1956	프랑스	카타르	1971	영국
모로코	1956	프랑스	바레인	1971	영국
사이프러스	1960	영국	아랍에미리트	1971	영국

20세기에 이슬람 세계에 일어난 일련의 중요한 사건들

이슬람 세계의 대부분은 근대화 과정을 순탄하게 이루어 가지 못했
다. 오스만 제국에서 벗어나자마자 유럽의 식민지로 전락한 지역이 많
았으며, 비교적 일찍 독립한 나라들이라 할지라도 자발적으로 독자적
인 근대화를 이루지는 못했다. 제2차 세계 대전을 계기로 중동에서 여
러 나라가 독립을 이루었으나 그중 많은 국가가 군사 독재 상황에 놓
이게 되었다.

현대 이슬람 세계의 구성과 사상적 흐름을 이해하기 위하여 20세
기에 이슬람 세계에서 일어났던 핵심 사건들을 살펴보고자 한다.

1) 와하비즘과 이슬람 부흥 운동의 확산

순니 이슬람 부흥 운동이자 근본주의 운동인 와하비즘은 18세기 말 사우디아라비아를 중심으로 압둘와합(Abd al-Wahhab: 1703-1792년)에 의해 시작되었다. 그는 당시 아라비아반도의 무슬림 가운데 행해지던 민속 신앙적 요소들(성자 숭배 및 그들의 무덤을 방문하는 관습 등)을 정화하여 이슬람의 순수성을 회복하고자 했다. 단일신 교리를 강조한 그의 가르침을 따르던 무리들은 무와흐히둔(Muwahhidun)으로 불리었으며, 와하비즘은 후대에 이 개혁적 노력을 종파적 운동으로 지칭한 이름이다.

압둘와합은 이슬람 정화를 위한 신학적 틀을 잡기 위해 13세기 이븐 타이미야(1263-1328년)의 가르침에 의존했다. 타이미야는 초기 제3대 칼리프가 통치하던 시기를 이슬람의 원형으로 주장하며 당시로 돌아갈 것을 강조했던 인물이다[살라피(Salafi) 운동의 이름이 여기서 기원했다. 살라피란 "뒤로 혹은 과거로 돌아간다"라는 뜻의 아랍어에서 유래했다].[21]

1774년 압둘와합이 이븐 사우드(Ibn Saud: 1687-1765년)와 정교일치의 국가를 세우기로 결의했다. 이때 와하비즘이 종교의 축을 형성하게 되었다. 그 결과, 1932년 아라비아반도에는 사우디아라비아 왕국이 건국되었고, 와하비즘은 국가적 종교 이념으로 자리 잡게 되었다. 중동의 광대한 지역들이 서구 식민지로 전락한 상황에서 사우디아라비아는 비교적 이른 시기에 독립 왕국을 이루면서 서구 식민 지배에 저항하는 상징이 되었고, 이슬람 세계의 무너진 자존심을 회복시킬 수 있는

---

21 공일주는 살라피를 "무함마드와 그의 제자들과 이들의 제자들이 이해한 대로 꾸란과 순나에서 이슬람의 교리와 이슬람식 방식을 따르는 사람들"로 정의한다. 그의 저서, 《이슬람과 IS》, 서울: CLC, 2015. 386쪽을 참조하라.

하나의 대안으로 부상하였다. 와하비즘을 통한 이슬람 부흥 운동은 무슬림 민족들 가운데 설득력을 얻고 퍼져 갔으며 일면 그 정당성을 인정받게 되었다. 특히 1938년 사우디아라비아에서 유전이 발굴되자 경제적 재원을 한껏 공급받은 와하비즘은 전 세계에 이슬람 부흥 운동을 적극적으로 퍼뜨리기 시작했다.

하지만 역사적으로 사우디아라비아의 와하비즘은 몇 차례 중요한 도전에 직면해야 했다. 예를 들면, 1979년에 일어난 이란 혁명 당시 시아파의 호메이니(Khomeini)가 반서구 운동의 상징으로 급부상하였고, 이슬람 세계는 그를 영웅으로 치켜세웠다. 문제는 순니파 와하비즘이 시아파 무슬림은 올바른 무슬림이 아니라고 가르쳐 왔기 때문에 이란의 시아파 지도자들이 와하비즘에 반감을 품고 있었다는 것이다. 그런 이유로 호메이니는 사우디아라비아의 왕정이 진정한 이슬람이 될 수 없음을 강조했고, 더구나 그들이 이슬람의 원수로 여겨지는 미국과 정치적 우호 관계를 맺은 사실을 강하게 비판하였다. 그 영향으로 일부 무슬림이 폭동을 일으켜서 메카의 대모스크를 점령하고, 사우디 왕정을 몰아내려고 시도하기도 했다. 결국, 사우디아라비아 정부가 이들을 진압하고 안정을 찾는 데 성공하긴 했지만, 와하비즘은 신학적 측면에서 중요한 도전을 받게 되었고, 타격을 입었다. 이슬람의 원칙적 교리에 의하면, 왕정은 원형적 이슬람 공동체를 이루는 모델이 될 수 없다고 해석하는 무슬림 학자들이 많고, 대부분의 근본주의적 이슬람 운동은 왕정의 존재를 인정하지 않기 때문이다.

또 다른 도전은 와하비즘과 이슬람 근본주의 그룹들 사이의 연결고리 때문에 찾아왔다. 아프가니스탄에서 전개된 지하드에서 이 연결 고리가 현저하게 드러났다. 1979년 소련이 아프가니스탄을 침공하자 무슬림형제단(Muslim Brotherhood)의 지도자 압달라 아잠(Abdullah Yusuf Azzam)이 사우디아라비아 종교 지도자들과 연합하여 소련의 침공으로부터 아프가니스탄의 무슬림들을 지키는 지하드를 벌이는 것이 모든 무슬림의 의무라고 선포했다. 사우디아라비아 정부의 지원하에 35,000명이 넘는 무슬림 전사들이 아프가니스탄 전쟁에 투입되었고, 소련을 몰아내는 데 결국 성공했다. 이를 계기로 무슬림 지하드에 참여한 사람들이 세계 곳곳에 흩어졌고, 그들은 지하드를 실행하여 이슬람의 원형적 움마 공동체를 이루는 꿈을 실현할 수 있다는 자신감을 가지게 되었다. 이들 중 한 사람이 바로 오사마 빈 라덴(Osama bin Laden, 1957-2011년)인데, 그가 이끌었던 알카에다(al-Qāʻidah)는 2001년 9월 11일에 미국 본토에 테러를 가했다. 그동안 이슬람 근본주의 세력들을 지원해 왔던 사우디아라비아 정부는 서구에 테러를 자행한 그룹의 후원자가 되어 버린 것이다.

와하비즘은 1990년 걸프 전쟁에서 또 하나의 도전에 직면하였다. 이라크의 사담 후세인(Saddam Hussein)이 쿠웨이트의 유전을 노리고 침공하자 사우디아라비아가 미국에 군사 지원을 요청하여 이라크를 물리쳤다. 문제는 이슬람 국가를 표방하는 사우디아라비아가 무슬림의 침공을 막기 위해 비무슬림 군대의 도움을 받았다는 것이다. 이것은 와하비즘의 가르침에 부합하지 않는 것이다. 이 과정에서 과거 와하비즘으로부터 많은 재정 지원을 받았던 다수의 이슬람 부흥 운동 그룹이 와하비즘을 지지하던 데서 멀어지게 되었고, 그 연결 고리가 약해지게 되었다.

2001년 9·11 테러 공격 이후 와하비즘은 또 한 번의 위기와 혼란을 겪었다. 미국에 테러 공격을 한 사람들과 그 배후 조직의 지도자 오사마 빈 라덴이 모두 사우디 국적이었던 것이 문제가 되었다. 사우디아라비아 국왕을 비롯한 종교 지도자들이 테러 공격을 비난하며 그와 같은 살인이나 자살 폭탄 테러 행위는 이슬람의 참 가르침이 아니라며 폭력적인 지하드가 부당함을 선포했다. 일례로, 사우디아라비아 정부는 2014년 무슬림형제단을 불법 테러 조직으로 규정하고 와하비즘이 아닌 새로운 종교적 정체성을 강조하기 시작했다. 2017년 개혁적 지도자로서 새롭게 군림하기 시작한 빈 살만(Mohammed bin Salman) 왕세자는 지난 30년간 사우디아라비아의 근간이 되었던 보수적 와하비즘에 변화를 주고자 하며, "사우디 국민적 정체성"을 중심으로 한 사회 개혁을 시도하고 있다. 하지만 향후 와하비즘이 어떤 경로를 거치며 새로운 이슬람 정체성을 제시할지 지켜봐야 할 것이다.

돌이켜 보면, 와하비즘은 20세기에 걸쳐 이슬람의 부흥 운동을 주도했고, 다양한 근본주의 그룹들의 발생에 큰 영향을 주었다. 또한 현대의 이슬람 근본주의 운동에 기름을 붓는 역할을 한 것도 분명하다. 물론 현재 와하비즘이 다양한 이슬람 근본주의 운동 그룹들과 결별하거나 심각한 신학적 도전에 직면한 것이 사실이지만, 이슬람의 전 세계 확산과 부흥을 지원한 와하비즘은 막강한 석유 자본을 바탕으로 지금도 국제적 영향력을 행사하고 있다.

2) 다양한 이슬람 근본주의 그룹들

이슬람 부흥을 이루고자 하는 움직임은 20세기 현대 상황에 맞추어 어떤 형태의 이슬람 국가를 이루어야 하는가에 대한 고민에서 비롯되었다. 이슬람을 따르는 무슬림 공동체가 자본주의 또는 사회주의 체제를 그대로 수용해서는 안 된다는 경계심을 가지고 이슬람의 원리를 실천하여 형성할 수 있는 국가 체제를 찾으려고 고민한 지도자들이 있었다. 이집트의 라쉬드 리다(Sayyid Rashid Rida: 1865-1935년)가 대표적 인물인데, 그는 이슬람 세계의 수장 칼리프가 샤리아를 집행하고, 울라마(Ulema: 법학자)가 이슬람 경전을 연구하고, 법률의 적용을 감독하는 정교일치의 사회를 꿈꾸었다. 이 같은 그의 비전은 이후 나타나는 이슬람 부흥 운동에 영향을 주었고, 하산 알 반나(Hasan al-Banna: 1906-1949년)는 이를 기초로 1928년 이집트에서 무슬림형제단을 결성했다. 그는 "꾸란은 우리의 헌법이다"라는 구호를 강조하며 샤리아에 근거한 움마 공동체를 설립하는 비전을 제시했다.

동일한 시기에 파키스탄에도 이슬람 국가의 비전을 품고 사상적 영향을 끼친 인물, 마우두디(Abū al-A'lā al-Mawdūdī, 1903-1979년)가 있었다. 그는 많은 저술을 통해 현대 사회 구조에 적합한 이슬람 국가의 실현화를 제시했는데, 그가 제시한 비전에는 단일신(타우히드), 선지자와 칼리프 제도에 기초한 이슬람 국가의 설립이 포함되었다. 그의 비전은 샤리아를 통치 근간으로 삼는 신정 민주주의였지만, 그것을 현실적으로 어떻게 적용할 것인가에 관해서는 여전히 뜬구름 잡는 것 같은 주장으로 남아 있다.

무슬림형제단에 영향을 준 인물 중에 이집트의 이슬람 사상가 사이드 꾸뜹(Sayyid Quṭb, 1906-1966년)이 있다. 그는 샤리아에 의한 이슬람 국가의 통치를 강조하고, 공산주의, 민족주의, 세속적 민주주의 등을 모두

최소한의 이슬람

반이슬람적인 것으로 규정하며 배척해야 한다고 주장했다. 그는 평화적 포교를 통해 개인들을 무슬림으로 개종시켜야 하고, 필요하다면 군사적 지하드를 통해 강제적으로 개종시켜야 한다고 강조했다. 그의 사상은 20세기 후반부터 지금까지도 이슬람 근본주의자들의 사상적 기반이 되고 있다. 그는 정통 이슬람 종교 학교를 졸업하지 않았음에도 불구하고 정치학이라는 렌즈로 꾸란 전체를 해석하여 주석서를 저술하였는데, 이슬람 근본주의 운동가들이 이것을 교과서처럼 사용하고 있다.

20세기를 지나면서 이집트의 무슬림형제단은 정치적 격변을 수차례 겪었다. 그러나 1960년대부터는 교육, 의료, 구제 등을 통해 이집트 민중의 풀뿌리 삶에 지대한 영향을 미침으로써 민심을 얻었다. 오랜 시간에 걸친 민중 운동의 결과는 아랍의 봄 이후 이집트 군사 정권이 물러난 뒤 민주적 국민 투표를 통해 현실로 나타났다. 2012년 총선에서 무슬림형제단이 다수당이 되어 정권을 거머쥐며 무르시(Muhammad Mursi) 대통령이 집권하게 되었다. 무슬림형제단은 집권하는 동안 이슬람화를 급격히 추진했는데, 특히 샤리아에 기초하여 헌법을 개헌하려고 시도했다. 하지만 그런 급진적 움직임이 많은 국민의 반발을 불러일으켰고, 경제적 불안정과 사회적 혼란이 가중되면서 무슬림형제단의 통치는 군부 쿠데타로 1년여 만에 종결되었다. 이후 들어선 군사 정권이 무슬림형제단을 불법 단체로 규정함으로써 이후 수난을 겪고 있다. 국제적으로도 튀르키예와 카타르를 제외한 아랍 국가 대부분이 무슬림형제단을 테러 단체로 규정하고 있다.

동일한 사상의 흐름 속에서 이슬람 근본주의는 다양한 지역에서 지엽적 그룹들로 나타나곤 한다. 그중 가장 유명한 그룹이 바로 이슬람 국가(IS 또는 Islamic State in Iraq and Syria: ISIS)와 아프가니스탄의 탈리반(Taliban)이며, 그 외에도 소말리아를 중심으로 활동하는 알샤밥(Al Shabab), 나이지리아의 보코하람(Boko Haram) 등이 있다.

3) 유전의 발견이 중동 이슬람 세계에 가져온 변화

중동에서 처음 석유가 발굴된 것은 1900년대 초 이란에서였다. 이를 계기로 중동의 유전 발굴이 본격화되었다. 특히 1938년에는 사우디아라비아에서 엄청난 매장량이 확인되고 발굴이 시작되면서 사우디아라비아는 석유 자본으로 이전에 누리지 못하던 국제적 지위와 영향력을 얻게 되었다. 특히 와하비즘의 확산을 통해 전 세계에 이슬람 부흥 운동을 도모하였다. 이로부터 중동 이슬람 국가들의 유전 확보가 세계 강대국들의 최고 관심사가 되었고, 이 새로운 환경은 중동 국가들의 정치적 위상을 높이고, 국제적 영향력을 행사할 기회를 마련해 주었다.

산유국들이 국제 정치 면에서 영향력을 행사한 결정적인 사건은 1973년에 일어난 석유 파동이다. 이것은 이스라엘이 욤키푸르(Yom Kippur) 전쟁에서 승리하도록 지원한 미국을 응징하기 위해 이슬람의 산유국들이 유가를 인상하여 벌어졌던 사건이다. 배럴당 3달러였던 유가가 12달러로 올랐고, 1980년에는 급기야 30달러까지 치솟았다. 이로써 이슬람 세계가 석유를 무기로 국제 무대에서 자신들의 목소리를 높이고, 이슬람의 확산을 위해 노력할 수 있음을 전 세계에 확인시켰다. 유전의 발굴과 석유 자본으로 생긴 가장 중요한 변화는 이슬람 세

최소한의 이슬람

계가 이슬람을 전 세계로 확산시키고, 공공연하게 이슬람 부흥 운동을 지원하기 시작한 것이다.

4) 이스라엘 건국(1948년) 및 이슬람 세계의 반발

1517년부터 1917년까지 팔레스타인 지역은 오스만 제국의 통치 하에 있었다. 제1차 세계 대전이 끝나갈 무렵 영국의 외무수상 밸푸어 (Balfour)는 팔레스타인 땅을 유대인들에게 독립영토로 제공하는 것을 골자로 하는 밸푸어 선언을 발표했다(1917년). 그리고 1918년 오스만 제국의 붕괴와 더불어 팔레스타인 지역은 영국의 식민지로 전락했고, 밸푸어 선언이 가시화되었다. 하지만 아랍 민족들은 이 계획을 강력하게 반대했고, 팔레스타인 땅을 둘러싼 정치적·민족적 갈등치 수면 위로 떠올랐다.

시오니즘(Zionism)을 실현하기 위한 유대인들의 정치적 노력으로 결국 1948년 유대 민족의 이스라엘 국가가 창설되었고, 팔레스타인 사람들은 하루아침에 본토와 집을 떠나야 하는 난민으로 전락하였다. 이스라엘-팔레스타인 갈등은 전 이슬람 세계에 화약고 같은 역할을 했다. 이후 일련의 전쟁들이 발발했고, 이스라엘 국가 설립에 대한 반항으로 중동의 아랍 세계에는 아랍 민족의 결집과 통일을 호소하는 범아랍 민족주의 운동이 일어났다.

이스라엘과 팔레스타인의 갈등은 20세기 내내 폭력 사건을 숱하게 유발하는 요인이 되었다. 국제 정치적 해결책을 찾으려는 모든 노력은 수포로 돌아갔고, 현재도 적절한 해법은 찾기 어려운 상태다. 이스라엘에 대한 이슬람 세계의 반응은 대개 적대적이며 무슬림 대중 또한 적개심을 품고 있다. 하지만 최근 들어 이슬람 세계에서도 현실적으로 실리를 추구하는 몇몇 나라들이 이스라엘을 향한 정책 반응에서 다른 노선을 걷기 시작함으로써 아랍 국가들 사이에 균열이 나타나기 시작했다. 예를 들면, 이스라엘은 오만과 바레인과 같은 몇몇 걸프 아랍 국가들과 외교 관계를 맺었고, 심지어 사우디아라비아와도 긍정적인 외교를 시작하겠다는 포부를 공개적으로 밝히기도 했다.

미국 브루킹스 연구소(Brookings Institution)의 보고서는 걸프 아랍 국가들이 이스라엘과 국교 정상화를 도모하려는 뜻을 세 가지로 분석한다.[22] 첫째, 핵무기를 제조할 능력이 있는 시아파 이란의 팽창 정책에 위협을 느낀 사우디를 비롯한 걸프 아랍 국가들이 자국의 안전 보장을 위한 수단으로 이스라엘이 필요했다는 것이다. 이란을 견제하려면 이스라엘과의 접촉이 어느 때보다 절실하다. 둘째, 아랍의 봄 이후 국내적으로 발생하는 민중 봉기나 반정권적 움직임을 감시하고 조치할 기술력이 필요한데, 이 분야에서 손에 꼽히는 이스라엘의 정보 기술력이 필요하다. 셋째, 걸프 국가들은 산유국으로서 세계 시장에 석유를 안정적으로 공급하는 것이 매우 중요하므로 이스라엘을 지지하는 미국의 정치인들로부터 호의적 지지를 얻어 내는 것은 필수적이다. 이를 위해 걸프 아랍 국가들은 이스라엘과 국교 정상화를 이룸으로써 대외 경제의 이득을 얻으려 한다. 현대의 몇몇 아랍 국가들이 이슬람의 교

---

22 Omar Rahman, "What's behind the relationship between Israel and Arab Gulf states?" in *Brookings.edu*. February 20, 2024.
⟨https://www.brookings.edu/blog/order-from-chaos/2019/01/28/whats-behind-the-relationship-between-israel-and-arab-gulf-states/⟩

리적 명분에 의해서가 아니라 실리적인 이유로 이스라엘에 대한 정책을 변경하는 것은 흥미로운 일이지만, 과연 이것이 중동 전체의 주도적인 흐름이 될 수 있을까에 대해서는 여전히 의문이 남는다. 특히 이슬람 근본주의의 움직임을 보면, 이런 흐름을 그냥 내버려 두지는 않을 것이 분명해 보이기 때문이다.

실제로 2023년 10월 7일 하마스가 이스라엘을 공격하고, 많은 이스라엘 국민을 인질로 잡아갔다. 이후 이스라엘 정부는 가자 지역에서 지상전을 펼치며 압박하고 있으며 이 전쟁이 언제 마무리될지 알 수 없는 상황이다. 하마스가 이스라엘을 공격한 이유를 설명할 때, 빠지지 않는 내용은 사우디아라비아를 비롯한 중동 여러 나라가 이스라엘과 수교를 맺으려는 움직임을 보이자 하마스가 그들을 고립시키고 존재를 위협하는 것으로 느낀 나머지 선제공격을 가했다는 것이다. 팔레스타인 땅을 둘러싼 이스라엘과 아랍 세계의 갈등은 다양한 요인들이 복합적으로 얽혀 있으므로 해결책을 쉽사리 찾을 수 없다는 점이 가슴 아픈 현실로 남아 있다.

5) 아랍 민족주의

아랍 민족주의는 원래 오스만 제국의 통치 기간 중 튀르크 무슬림 민족의 통치에 대항하려는 의도를 가진 아랍 지도자들이 그들 민족의 자부심과 아랍 문명의 과거 영화를 회복하려는 노력으로 시작되었다. 오스만 제국 말기에는 제국으로부터 독립을 촉구하는 아랍 민족의 정치적 움직임으로 발전하였다. 이후 중동 아랍 세계가 영국과 프랑스의 식민지로 전락한 시기에는 아랍 민족의 반식민 봉기를 주장하는 사상을 뒷받침해 주기도 했다. 하지만 아랍 민족주의가 20세기 이슬람 세계에 가장 의미 깊게 영향을 미친 사건은 팔레스타인 땅에 정착한 유대인들이 이스라엘 국가가 선포한 것을 계기로 일어난 아랍 민족주의 운동이다.

1948년 이스라엘이 건국되자 팔레스타인 사람들은 난민으로 전락했고, 이를 본 아랍 세계는 아랍 민족의 하나 됨과 단결의 힘으로 대항할 것을 촉구하였다. 여기서 주의할 점은 이때의 아랍 민족주의는 무슬림뿐 아니라 기독교인도 참여하는 범아랍 민족주의의 특성이 있었다는 사실이다. 또한 당시 세계적으로 팽배하던 사회주의, 마르크스주의, 세속주의 등을 수용하는 사상으로 발전하였는데, 이집트의 나세르 대통령(Gamal Abdel Nasser: 1918-1970년)이 이 운동을 대표하는 지도자였다. 즉 아랍 민족주의는 이슬람이란 종교 정체성에 근거하기보다는 아랍계라는 인종 정체성에 기반하여 아랍 민족들을 통합하려는 사상이었다.

하지만 동일한 아랍어를 사용하고, 문화유산을 공유하는 아랍 민족이란 점에 기초하여 정치적 단결을 촉구하는 이 운동에는 한계점이 있었다. 아랍 국가들은 왕정이나 공화정 같은 다양한 정치 체제를 갖추고 있었으며 특히 이 시기에 독립하여 민족 국가를 이룬 나라들이 많았다. 국가라는 새로운 정체성을 갖게 된 민족들은 자국의 이익을 우선시해야 하는 상황에 놓였다. 이런 상황에서 아랍 민족 국가들이 단일 정치 조직으로 결집하는 것은 현실적으로 불가능한 일이었다. 오히려 이슬람의 종교 정체성을 기반으로 반이스라엘 정서를 자극하고 일어난 이슬람 근본주의 움직임이 아랍 민족주의를 대체하게 되었다. 결

최소한의 이슬람

정적으로 1967년 6일 전쟁에서 이집트가 이스라엘에 참패당함으로써 나세르 대통령의 입지가 흔들렸고, 아랍 민족주의 운동도 급속히 쇠퇴하였다.

[20세기에 발생한 주요 사건들]

연도	주요 사건
1979	이란의 이슬람 혁명
1979	캠프 데이비드에서 이집트의 사다트 대통령과 이스라엘이 협정을 맺음 – 이슬람 근본주의 운동의 본격화(사다트 대통령은 무슬림형제단 요원에 의해 암살당했다)
2001	알카에다 조직의 9·11 테러 공격
2003	미국의 이라크 침공: 사담 후세인 대통령이 제거됨
2011	아랍의 봄이 튀니지에서 시작하여 전 아랍 세계로 퍼져 나감
	– 시리아와 예멘의 내전 발발, 이로 인한 난민 발생
2012	무슬림형제단이 이집트 선거에서 승리하여 집권당이 됨
2013	이집트에서 군사 혁명이 일어나고, 군사 정권은 무슬림형제단을 불법화함
2014	ISIS가 이라크와 시리아를 점령함
2014	예멘에서 후티 반군과 전 대통령 살리히 사이에 내전이 시작됨
2017	ISIS의 점령지들이 탈환됨
2018	시리아 정부가 이란과 러시아의 군사 협조에 힘입어 내전을 극복하는 듯 보임
2018	사우디 왕정의 실권을 장악한 살만 왕세자가 부분 개혁을 시도하면서도 현 정권에 불응하는 자들에게는 가혹한 처벌을 가함[23]

---

23 Tim MacKintosh-Smith, *Arabs: A 3000-Year History of Peoples, Tribes and Empires*. New Haven, CT: Yale University Press. 2019. p.537-558.

2023	사우디아라비아와 이란 사이의 평화 협정에 관한 논의가 시작될 조짐을 보임: 이것은 순니파와 시아파 사이의 평화적 해결 모색으로 예멘의 내전이 종식될 수 있을 것이라는 기대감을 갖게 함.
2023. 10	하마스가 이스라엘을 공격하고, 다수의 인질을 잡아감: 이스라엘은 가자 지역에 지상군을 파병하여 전쟁을 전개하고 있음(2023년 11월 22일 현재)

현대 이슬람 세계의 근대화 과정에 대한 평가

역사 속에서 이슬람 세계는 초기에는 아랍 민족 주도의 확장으로 시작하여 후에는 비아랍 민족들이 주도하는 팽창을 경험하였다. 무함마드의 동료들인 칼리프가 통치하던 라쉬둔 칼리프 시대와 우마위야 왕조, 압바시야 왕조는 아랍 민족이 주도하는 이슬람 세계였다. 하지만 페르시아 민족과 튀르크족을 비롯한 비아랍계 민족들이 이슬람을 받아들이면서 다양한 민족이 이슬람 세계에서 중심 역할을 하게 되었다. 특히 셀주크 튀르크 제국과 오스만 튀르크 제국을 통해 튀르크 민족의 지도적 역할이 두드러졌고, 기타 민족들이 주도한 지역의 이슬람 왕국들도 그 존재감을 드러냈다.

하지만 이슬람 세계의 근대화 과정을 보면, 전체적으로 비자발적 근대화가 이루어졌음을 알 수 있다. 먼저는 오스만 제국에서 독립한 많은 이슬람 민족이 유럽 열강들의 식민지가 되면서 자주적 근대화를 이루지 못했다. 특히 오스만 제국의 붕괴 이후 이슬람 세계에는 지도력의 공백이 생겼고, 중심을 잃은 무슬림 민족들은 이슬람의 전통 교리와 민간 신앙이 팽배한 가운데 근대 사회로 나아가는 민족 국가의 비전을 제시하지 못했다. 식민지에서 뒤늦게 민족 국가로 독립한 국가들 대부분도 군사 독재 정권의 영향력 아래 들어가게 되었고, 근대 민족 국가로서의 발전을 온전히 이루어 내지 못했다.

　이 같은 이슬람 세계의 후발성과 서구 제국주의의 침략으로 다른 민족들의 지배하에 들어갔다는 수치심이 20세기에 들어와서 이슬람 세계의 자존심을 자극하였고, 명예 회복을 위한 노력을 시작하게 했다. 이를 위한 두 가지 방향이 있었는데, 하나는 범아랍 민족주의로서 반서구·반식민지 저항과 아랍 민족의 연합된 힘을 모아 아랍 민족의 과거 영광을 되찾으려는 움직임을 들 수 있다. 다른 하나는 이슬람 근본주의의 움직임으로 이슬람의 원형을 회복하는 것만이 서구의 타락한 구조에서 해방되고, 전 세계를 이슬람화할 수 있는 길이며 이슬람 국가들의 세계 지배권을 회복하는 길이라고 주장했다. 전자는 짧은 수명을 다하며 역사의 뒤안길로 사라졌으나 후자는 20세기를 거치며 그 명맥을 유지하며 국제적 정치 세력으로 자리 잡았고, 지금도 여전히 그 위세를 떨치고 있다.

　이러한 역사 흐름을 이해하면, 무슬림들이 서구에 왜 그렇게 강한 적개심을 드러내는지를 알 수 있다. 더 나아가 이슬람 근본주의자들이 왜 모든 종류의 비이슬람적 가치와 체제에 적대감을 느끼는지 이해할 수 있다. 지금까지 이슬람 세계가 경험해 온 역사는 현대 무슬림들의 사고와 감정에 그대로 영향을 미치고 있으며 서구를 비롯한 바깥세상을 바라보는 세계관을 지배하고 있다.

현대 이슬람 세계는
정치적으로 어떤 모습인가?

현대 이슬람 세계는 민족 국가들로 나뉘어 있다. 오스만 제국이 붕괴함으로써 전 이슬람 세계를 통치하던 술탄이나 칼리프가 사라졌고, 앞으로도 그런 이상은 현실화되기 힘들다. 왜냐하면 무슬림이 다수인 국가들 모두가 각자가 처한 상황에서 민족 국가로서 자국의 이익을 우선시하며 살고 있기 때문이다.

21세기 이슬람 세계가 당면한 가장 중요한 문제는 이슬람이란 종교와 부합하는 정치 체제를 갖추어 현대 상황에 적합한 근대화 및 현대화의 발전을 이루는 것이다. 과거에 "이슬람과 민주주의"란 주제가 활발하게 토의되던 시절이 있었다. "현대 사회와 국가 형성의 근간이 되는 가치 체제인 민주주의가 과연 이슬람이 지배하는 사회에 뿌리내릴 수 있는가"를 논한 것이다. 관점에 따라 다양한 답변이 있을 수 있다. 하지만 무엇보다 현상적으로 무슬림이 다수인 현대 국가들이 어떤 정치적 형태를 실현하고 있는지를 살펴보는 것이 유익할 것이다. 한마디로 현대 이슬람 세계에는 다양한 형태의 정치 제도가 존재한다.

민주주의적 공화국 국가들: 대통령제, 의회 중심제 및 절충 형태

이슬람 세계의 국가들 가운데 가장 일반적인 형태는 근대화를 거치며 국민 선거로 대표를 선출하는 공화국 체제다. 공화국 중에서도 대통령제를 채택한 나라로는 튀르키예, 이집트, 알제리 등이 있고, 의회 중심제를 갖춘 나라는 이라크, 레바논, 파키스탄, 방글라데시 등이 있다. 그 외에도 절충 형태로 공화국의 기저를 유지하는 나라로 카자흐스탄, 우즈베키스탄, 타지키스탄 등 중앙아시아 나라들과 튀니지, 팔레스타인 등이 있다.

이슬람 신정 체제의 공화국 형태

이란은 이슬람 공화국임을 표명하고, 대통령을 선출하지만, 실질적 권력은 종교계의 수장에게 있는 구조다. 1979년 이란 혁명 이후 이슬람의 수장이 최고 권력을 행사하며 이슬람 근본주의 사상을 국정의 근간으로 삼고 있다. 2022년 여성의 히잡 착용을 거부하는 민중 봉기가 큰 파문을 일으켰는데, 이는 민중이 이슬람의 전통적 통치와 국가 체제에 불만을 분출한 결과다. 그만큼 이란의 이슬람 신정 체제에 대한 국민의 반감은 무시할 수 없을 정도로 높지만, 이슬람 정권은 종교 경찰을 통한 무력 탄압으로 국가 체제를 현상 유지하고 있다.

왕정 이슬람 국가

역사상 많은 민족이 왕정을 거쳐 왔고, 이것은 근대 사회 이전에는 자연스러운 통치 체제였다. 이슬람 세계의 민족들 가운데는 지금도 여전히 왕정 체제를 유지하는 나라들이 있는데, 사우디아라비아, 오만, 바레인, 쿠웨이트, 카타르, 아랍에미리트, 요르단, 모로코 등 그 수가 적지 않다. 대부분의 왕정 국가는 산유국들로 막대한 석유 자본을 바탕으로 왕정 체제를 유지하고 있다. 하지만 이슬람 근본주의 운동이 전개되면서 교리적 이유로 왕정 국가들이 공격당하기도 했다. 무슬림 형제단이나 알카에다의 지도자들은 이슬람의 원형을 회복하는 데 있어서 교리상 왕정 체제는 정당한 구조가 될 수 없다는 이유로 왕정 국가들을 공격하곤 했다. 하지만 다른 측면에서는 왕정 국가의 대표격인 사우디아라비아가 세계적으로 이슬람 확산 운동을 전개하는 데 있어서 주요한 이슬람 근본주의 운동을 오랫동안 지원해 왔기에 그런 반발과 공격은 일부 무마되는 경향이 있다.

이슬람 근본주의자들에 의한 통치

이슬람 제국의 과거 영화를 회복하고, 이슬람의 가르침을 올바로 실천하고자 하는 근본주의자들은 현대 정치 체제는 부적합한 모형이라고 단정하며 부정한다. 그들은 이슬람을 온전히 실천하기 위해서는 샤리아로 통치하는 이슬람 지도자가 세워져야 하며 이슬람이 모든 삶을 지배하도록 만들어야 한다고 주장한다. 이런 비전을 이루기 위해서는 무력으로 점령해서라도 이슬람 국가를 현실화해야 한다는 주장과 노력이 일부 국가들 가운데 나타났다. 2014년부터 2017년까지 이라크와 시리아 지역에서 무력을 통한 정복으로 세워졌던 이슬람 국가가 그 일례이며, 아프가니스탄을 점령한 탈리반 정권 역시 이슬람 근본주의에 입각한 신정 정치를 실현하고자 시도한 결과다.

현대 무슬림 민족들의 구성 및 지역적 분포

퓨리서치센터가 보고한 자료에 따르면, 2022년 전 세계 무슬림 인구는 19.7억 명이며 이는 전 세계 인구의 25%를 차지한다. 또 이 자료는 이슬람을 세계 종교 중 가장 빠르게 성장하는 종교로 소개하는데, 무슬림 가정의 높은 자연 출산율을 그 이유로 설명한다. 물론 이러한 인구 예측 자료에는 단점이 있고, 그러한 주장을 이슬람포비아로 반응할 필요는 없다. 왜냐하면 무슬림 인구가 절대다수를 차지하는 이슬람 국가들에서뿐만 아니라 서구를 비롯한 무슬림 인구가 소수인 지역에서도 이슬람을 떠난 무신론자나 개종자들이 점차 늘어나고 있기 때문이다.

현대 무슬림으로 분류되는 민족들과 그들이 주로 어느 나라에 살고 있는가를 아는 것은 중요하다. 무슬림 하면 아랍인들만 떠올리는 것은 매우 제한적인 생각이다. 오히려 전 세계 무슬림 가운데 아랍계는 15%에 지나지 않으며 대다수는 비아랍계이기 때문이다. 또한 아랍 민족 안에도 비무슬림과 기독교인의 수가 무시할 수 없을 정도로 많다는 점도 기억해야 한다. 예를 들어, 이집트, 시리아, 레바논, 요르단, 팔레스타인 등지에서 아랍인의 정체성을 지닌 기독교인을 어렵지 않게 찾아볼 수 있다. 따라서 무슬림은 곧 아랍인이라는 생각은 오류이며 아랍인은 모두 무슬림이라는 생각도 오류다.

인종적 측면에서 본 주요 무슬림 종족

첫째, 아랍계 민족은 이슬람의 태동기부터 이슬람 세계의 중심부에 있었다. 현재도 아랍 민족은 아라비아반도를 비롯하여 레반트 지역, 이라크의 메소포타미아 지역, 이집트에서 북아프리카 서쪽 끝인 마그립에 이르기까지 퍼져 있다.

둘째, 튀르크계 민족은 중앙아시아에서 서쪽으로 이주하다가 이슬람 세력을 만나 이슬람으로 개종한 후 이슬람 세계의 확장 역사 속에서 주도적인 역할을 해 왔다. 11세기에 시작된 셀주크 튀르크 제국을 비롯하여 오스만 튀르크 제국에 이르기까지 튀르크 민족이 이슬람 세계의 발전과 확장에 미친 영향은 실로 크다. 현재 튀르크 무슬림 민족은 튀르키예를 비롯하여 중앙아시아 국가들, 곧 아제르바이잔, 투르크메니스탄, 우즈베키스탄, 카자흐스탄, 키르기스스탄 등과 중국의 위구르족 사이에 널리 퍼져 있다.

셋째, 페르시아계 민족은 압바시야 왕조로부터 급속도로 이슬람화되었으며 이슬람 제국의 형성 및 이슬람 학문과 사상의 발전에 크게 기여했다. 현재 이란을 중심으로 파키스탄, 아프가니스탄, 인도 그리고 중앙아시아의 타지키스탄에까지 다양한 지역에 분포되어 살고 있다.

넷째, 아시아의 다양한 민족들에 이슬람이 다양한 경로로 전파되었고, 현재 아시아는 무슬림 인구가 가장 많은 지역이다. 인도네시아의 자바족, 말레이족, 벵갈리족 등이 대표적이다.

다섯째, 아프리카의 다양한 민족들에 이슬람이 전파되었는데, 북아프리카 마그립 지역에 일찌감치 전파되어 알제리(3,420만)와 모로코(3,200만)를 중심으로 베르베르족 무슬림과 소수의 무슬림 종족이 존재한다. 또한 사헬 지역에는 니제르(1,510만), 부루키나파소(930만) 등지에 무슬림 민족이 다수 존재하고, 사하라 사막 남부의 아프리카 대륙에는 나이지리아(7,800만: 전체 인구의 50.4%)를 비롯한 다양한 나라에 무슬림 종족들이 존재한다.[24]

---

24 여기 언급된 무슬림 인구는 2009년 추정치이다.

지역적 측면에서 본 무슬림의 분포

퓨리서치센터의 2017년 자료를 보면, 무슬림이 가장 많은 지역은 중동이나 북아프리카(22.4%)가 아니라 아시아 태평양 지역(59.7%)이다. 특히 인도네시아, 파키스탄, 인도, 방글라데시 등 남아시아 지역에 전 세계 무슬림의 42%가 살고 있다. 이 네 나라가 무슬림 인구가 가장 많은 나라로 꼽히며 그다음으로 이집트, 나이지리아, 이란, 튀르키예 등이 있다.

[지역별 무슬림 인구 분포](자료: 2017년 퓨리서치센터)[25]

지역	2010년 인구(%)
아시아 태평양 지역	9억 8,642만 (59.7%)
중동과 북아프리카	3억 7,000만 (22.4%)
사하라 남부 아프리카	2억 4,842만 (15.0%)
유럽	4,347만 (2.6%)
북미	348만 (0.2%)
남미와 카리브해 지역	84만 (0.05%)
합계	16억 5,270만 (100%)

Pew Research Center's Forum on Religion & Public Life, "Mapping the Global Muslim Population" in *Pew Research Center*. October 7, 2009.

⟨https://www.pewresearch.org/religion/2009/10/07/mapping-the-global-muslimpopulation/⟩

25 Drew DeSilver and David Masci, "World's Muslim population more widespread than you might think" in *Pew Research Center*. January 31, 2017.

⟨https://www.pewresearch.org/fact-tank/2017/01/31/worlds-muslim-population-more-widespread-than-you-might-think/⟩

	2009년 무슬림 인구 추정치	전 국민 중 무슬림 인구 비중(%)	세계 무슬림 인구 중 비중(%)
인도네시아	202,867,000	88.2	12.9
파키스탄	174,082,000	96.3	11.1
인도	160,945,000	13.4	10.3
방글라데시	145,312,000	89.6	9.3
이집트	78,513,000	94.6	5
나이지리아	78,056,000	50.4	5
이란	73,777,000	99.4	4.7
튀르키예	73,619,000	~98	4.7
알제리	34,199,000	98	2.2
모로코	31,993,000	~99	~2

참고: 튀르키예와 모로코의 수치는 일반 인구 조사를 통해 얻어졌기 때문에 정확도에서 떨어지므로 ~로 표시하여 근사치를 표시한 것이다.

아랍의 봄과 이슬람 세계의 변화, 그리고 현재

21세기 들어 이슬람 세계에서 발생한 사건 중 가장 중요한 사건은 단연 "아랍의 봄"(Arab Spring)일 것이다. "아랍의 봄"이란 시민들이 '봄' 을 기다리는 마음으로 아랍 세계에 새로운 변화를 요구하며 민주화 운

---

26 Pew Research Center's Forum on Religion & Public Life, "Mapping the Global Muslim Population" in *Pew Research Cente*r, October 7, 2009.
〈https://www.pewresearch.org/religion/2009/10/07/mapping-the-global-muslim-population/〉

동에 참여한 사건을 가리킨다. 2010년 말 튀니지에서 한 청년의 죽음과 더불어 시작된 시민 봉기는 주변 아랍 국가들로 번져 갔다. 아랍의 봄이 이슬람 세계에 끼친 영향은 실로 크며, 향후 이슬람 세계의 나아갈 방향에 관해 던진 도전들 역시 매우 중요한 관심사이므로 이에 관해 살펴보고자 한다.

아랍의 봄, 그 시작과 정의

2010년 많은 아랍 국가가 오랜 기간 독재자들 치하에 살고 있었다. 하지만 경제적 상황은 어려웠고, 높은 실업률과 정치적 부정부패와 정권의 압제로 시민들의 삶은 피폐해졌다. 아랍 세계에 누적된 불만이 이미 균열을 일으키고 있었다. 이런 상황에서 2010년 말 한 튀니지 청년의 분신자살이 도화선이 되어 억눌렸던 민중의 분노가 불길처럼 일어났다.[27] 그 결과, 독재 정권은 물러날 수밖에 없었고, 시민혁명이 성공을 거두는 성과를 보였다.

민중 봉기의 불길은 알제리, 리비아, 이집트, 예멘, 시리아, 바레인 등 주변 아랍 국가들로 빠르게 번져 나갔고, 그 나라들에서 오랫동안 지배해 오던 독재 정권들이 하나씩 물러나게 되었다. 이 일련의 변화는 독재 정권하에 오랫동안 눌려 온 아랍 이슬람 세계가 크게 흔들리는 계기가 되었으며 아랍의 봄은 새로운 변화를 경험하는 큰 사건이었다.

---

27 분신자살을 한 청년의 사촌 형이 알자지라 신문과 한 인터뷰는 이 사건의 전말을 상세히 보여 준다.
Thessa Lageman, "Remembering Mohamed Bouazizi: The Man Who Sparked the Arab Spring" in *Al Jazeera*. December 17, 2020. ⟨https://www.aljazeera.com/features/2020/12/17/remembering-mohamed-bouazizi-his-death-triggered-the-arab⟩

아랍의 봄의 발생 원인

아랍의 봄이 일어난 원인에 대해서는 앞서 언급한 내부적 요인들을 들 수 있다. 오랜 정권의 부정부패, 경제 침체와 높은 실업률, 인권 탄압과 노동자들의 불만이 겹치면서 민중이 반정부 시위를 벌여 정권을 무너뜨리고 새로운 정치 체제를 요구한 것이다. 억압적인 권위주의에 눌려 살아온 민중이 힘을 합하여 민주화 항쟁을 통해 불의한 권력을 몰아낼 수 있다는 자신감을 얻는 의미 있는 사건이었다. 이와 같이 아랍의 봄은 전통적 권위주의에 대한 저항 운동이 아랍의 무슬림들 특히 청년들로 하여금 새로운 가능성을 찾고 기대하게 했다는 데 큰 의미가 있다.

아랍의 봄이 일어날 수 있었던 다른 요인은 소셜 미디어가 촉매제 역할을 한 덕분이다. 무선 전화기와 인터넷의 보급으로 청년들은 이미 새로운 세상을 향해 열려 있었고, 자신들이 사는 이슬람 세계가 매우 뒤처져 있음을 깨닫고 괴리감을 느끼고 있었다. 아랍의 봄에 관한 소식이 소셜 미디어를 통해 주변 국가들에도 순식간에 퍼져 나갔고, 페이스북이나 트위터 같은 소셜 미디어가 다양한 민중 봉기의 조직화에 활발히 사용되었다. 예를 들어, 2011년 4월 5일 당시 아랍 세계에 이미 2,700만 명이 넘는 사람이 페이스북을 사용하고 있었다고 하니 그 영향력이 실로 컸음을 알 수 있다.

아랍의 봄의 과정과 결과

아랍 국가들에서 일어난 민중 봉기의 결과는 다양하게 나타났다. 사우디아라비아와 같이 소규모 시위로 끝난 나라도 있고, 알제리, 요르단, 수단과 같이 대규모 시위로 정권이 변화한 나라들도 있었다. 더 나아가 튀니지에서는 기존 정부를 몰아내고 새로운 정권이 들어섰고, 이집트와 예멘은 정권 교체가 두 차례 이상 이루어지기도 했다. 가장 심각한 결과는 민중 봉기를 통해 정권 교체가 일어났지만, 혼란한 정국을 틈타 시리아, 예멘, 리비아 등에서 내전이 발생한 것이다. 또한 이라크의 시위 이후 혼란한 틈을 타 무력으로 이라크와 시리아 땅을 차지한 ISIS로 인해 매우 파괴적인 전쟁이 일어나기도 했다.

민주화와 사회 정의를 요구하며 봉기한 민중은 처음부터 뚜렷한 대안이 있었던 것은 아니다. 그로 인해 아랍의 봄은 뜻하지 않게 큰 대가를 치러야만 했다. 아랍 세계 전체에서 6만 명이 넘는 인명이 손실된 것이다. 특히 내전이 발생한 세 나라에서는 지금까지도 시민들이 고통당하고 있고, 지금은 마무리되었지만 2014년부터 2017년까지 ISIS와의 전쟁으로 수많은 사람이 희생되었고, 여전히 많은 사람이 고통 가운데 살고 있다.

그럼에도 불구하고 아랍의 봄은 아랍 세계에 새로운 각성을 일으켰다. 민중이 용기를 내어 철옹성같이 무너지지 않을 것만 같았던 군사 독재의 오랜 권위에 맞서 한목소리로 저항 운동을 펼쳤고 실질적인 변화를 일으켰다. 불의한 권력이 무력으로 탄압할 때, 그에 저항하여 민중의 힘을 보여 줄 수 있다는 데서 자신감을 찾은 것이다. 대부분의 나라는 지금도 현대적 국가로 변화하기 위한 과정에 있고, 이 여정의 끝은 아직도 요원해 보이는 것이 사실이다. 사회 구조와 국민의 인식 속에 오랫동안 뿌리내려 온 전근대적 사고와 후진적 사회 구조를 극복하는 데는 그만큼 오랜 시간이 걸릴 수 있기 때문이다.

아랍의 봄 이후 아랍 및 이슬람 세계의 향방

아랍의 봄이 불러온 가장 큰 변화는 이슬람 세계를 지배하던 모든 종류의 권위에 시민들이 맞서 도전하고 저항할 수 있는 열린 생각과 용기가 생겼다는 것이다. 즉 민중이 힘을 합하면 권위주의적 독재 정권을 밀어낼 수 있다는 자신감을 얻은 것이다. 그런데 이런 저항하는 용기는 종교 영역에도 적용되어 이슬람의 전통적 권위에 저항하는 움직임이 나타나기 시작했다. 이슬람의 종교적 권위에 전통적으로 순응하며 살아온 무슬림 중 청년들과 지식인들이 이슬람은 사회 개혁과 변화를 요구하는 청년들의 기대에 부응하지 못한다고 주장하기 시작했다. 즉 전통적 통념에 사로잡혀 있는 이슬람의 지도자들은 이슬람 세계의 변화 요구에 설득력 있는 대답과 적절한 해결책을 제시하지 못한다는 것이다. 따라서 많은 젊은이와 지식인들이 이슬람의 전통적 권위에 의심을 품게 되었고, 이런 불만을 소셜 미디어상에 공개적으로 표출하게 되었다. 이슬람의 문제점과 모순들에 관해 소셜 미디어에 도전적 질문들을 던지고, 공개적으로 토론하는 일이 일어났다.

적지 않은 청년들이 이슬람을 공개적으로 비평하기 시작했고, 때로는 학술적이고 합리적 논증을 통하여 이슬람의 모순과 부당함을 직접적으로 언급하기도 했다. 이런 견해들이 소셜 미디어를 통해 급속하게 퍼져 나감으로써 젊은이들의 큰 호응을 얻게 되었다. 더 나아가 이슬람을 떠나는 탈무슬림들이 온라인상에서 그룹을 형성하고, 무신론자들의 포럼을 만들거나 반이슬람적 내용으로 소셜 미디어를 채워 가기도 했다. 실제로 이집트에서는 가장 권위 있는 이슬람신학교인 아즈하르대학교 교수들이 이집트 청년들 가운데 일어나는 무신론을 염려하며 대책을 강구해야 한다는 주제로 TV 공개 토론회를 열기도 했다.[28] 청년들 가운데 무신론자들이 늘어나는 현상은 북아프리카의 다른 아랍 국가들에서도 나타나고 있음을 여러 보고서에서 확인할 수 있다.[29]

아랍의 봄이 향후 이슬람 세계에 어떤 영향을 남길 것인가를 예측하기는 아직 이르다. 계속 내전 중인 나라가 있고, 정권 교체가 일어났지만 사회·정치적으로 안정을 이루기까지는 긴 시간이 필요해 보이는 나라들도 있다. 외적으로는 정부가 변화하였지만, 실질적인 변화는 일어나지 않은 나라도 많다. 아랍 무슬림 국가들이 민중이 가진 힘의 중요성에 관해 각성하기는 했지만, 향후 사회적·국가적 발전을 이루어 민중이 기대하는 목표를 실현하기까지는 험한 길이 남아 있고, 그 결과가 과연 어떻게 나올지는 아직 알 수 없는 형국이다. 그래서 아랍의 봄은 아직 오지 않았고, 아랍 세계는 여전히 겨울을 지나고 있다고 보는 편이 옳을지도 모르겠다.

---

28 공일주, 《이슬람과 IS》, 서울: CLC, 2015, 42-47쪽.

29 Hasan Suroor, "Why Are Young Muslims Leaving Islam?" in *The Telegraph Online*, September 11, 2019, 〈https://www.telegraphindia.com/india/why-are-young-muslims-leaving-islam/cid/1704203 〉; Kate Hodal, "Arab World Turns Its Back on Religion—and Its Ire on the US" in *The Guardian*, June 24, 2019, 〈https://www.theguardian.com/global-development/2019/jun/24/arab-world-turns-its-back-on-religion-and-its-ire-on-the-us?CMP=share_btn_url〉; Ahmed Benchemsi, "Invisible Atheists: The Spread of Disbelief in the Arab World" in *The New Republic*, April 24, 2015, 〈https://newrepublic.com/article/121559/rise-arab-atheists〉

현대 세계에서 이슬람의 확장은
어떻게 이루어지는가?

현대 이슬람 세계가 성장하는 가장 큰 이유는 출산에 따른 자연적 성장이다. 이슬람은 세계 곳곳으로 확산해 가고 있는데, 대표적으로 2016년 유럽 통계를 보면, 무슬림이 전체 인구의 4.9%를 차지하고 있다. 서유럽 국가 중 무슬림 인구가 가장 많은 나라는 프랑스로 572만 명이며, 그다음으로 독일(495만 명), 영국(413만 명), 이탈리아(287만 명) 등이 있다. 각 나라의 무슬림이 전체 인구에서 차지하는 비중은 스웨덴(8.1%), 벨기에(7.6%), 네덜란드(7.1%), 오스트리아(6.9%), 영국(6.3%), 독일(6.1%) 순으로 나타난다.[30]

무슬림 인구가 비이슬람 세계로 확산되는 다양한 경로를 살펴보면, 첫째는 이민이다. 무슬림의 이민으로 이슬람이 세계 곳곳으로 확산해 나간다. 튀르키예 출신의 무슬림이 독일에 노동자로 이주하기 시작한 이래 현재 독일에는 3백만 명에 가까운 튀르크 무슬림들이 살고 있다. 프랑스는 과거 식민지로 통치하던 민족들을 이민으로 받아들이면서 무슬림 인구가 급속도로 증가했다. 2010-2016년 사이에 유럽에서 출산에 의한 자연 증가로 늘어난 무슬림 인구는 292만 명인데, 이민에 의한 증가는 348만 명이나 되었다.[31]

---

30 Conrad Hackett, "5 Facts about the Muslim Population in Europe" in *Pew Research Center*. November 29, 2017.
    〈https://www.pewresearch.org/fact-tank/2017/11/29/5-facts-about-the-muslim-population-in-europe/〉

31 Ibid.

두 번째 경로는 아랍의 봄 이후에 급속히 늘어난 난민을 들 수 있다. 시리아와 예멘 등 내전이 발생한 나라들에서 많은 무슬림이 세계 곳곳으로 이주하게 되었고, 이들이 비이슬람권 국가의 무슬림 인구 증가를 유발하였다. 또 유학이나 비즈니스를 통한 무슬림의 지리적 이동 또한 확산 이유로 들 수 있다.

주목해야 할 세 번째 경로는 개종이다. 전 세계 많은 나라에서 무슬림으로 개종하는 사람의 수가 무시할 수 없는 추세로 증가하고 있기 때문이다.

현대 무슬림들의 종교적 성향의 다양성을 이해하기

현대 이슬람 세계의 무슬림은 동질적이지 않다. 자신의 정체성을 무슬림으로 소개할지라도 그들 삶의 성향을 보면 편차가 크다. 현대 무슬림들은 사고와 행동 방식에서 다양성을 드러내는데, 그들을 정형화하여 하나의 범주로 묶어 설명하는 것은 어쩌면 지나친 단순화일 수 있다.[32] 그러나 몇 개의 의미 있는 범주로 나눠 볼 수는 있다. 이는 무슬

---

32 이집트 기독교 출신의 이브라힘(A. S. Ibrahim)은 세 가지 구분법을 사용한다. 첫째, 명목적/문화적(nominal/cultural) 무슬림, 둘째, 신실한/실천하는(devout/practicing) 무슬림, 셋째, 극단적/급진적 무슬림(Extreme/radical). 또한 저명한 중동학 및 이슬람 학자 에스포지토(John Esposito)는 무슬림을 다음 네 가지 범주로 구분한다. 첫째, 현대적 무슬림(Modernists), 둘째, 이슬람주의 무슬림(Islamists), 셋째, 보수주의 무슬림(Conservatives), 넷째, 전통적 무슬림(Traditionalists). 여기서 보듯이 무슬림을 구분하는 명칭이 무엇인가보다는 각 명칭을 어떤 특성들로 구분하는가를 이

림을 이해하는 데 필수적이다.

현대 무슬림 지도자들에게 주어진 "현대 사회 구조와 근대화된 세상 가운데 이슬람을 어떻게 실현할 것인가"라는 큰 과제를 해결하려면, 무슬림 그룹을 두 개 축으로 사분하여 범주화해 볼 필요가 있다. 세로축은 현대화된 세상의 체제 속에 순응하는 정도, 즉 정교분리(政教分離)의 인정 여부이고, 가로축은 이슬람의 실현을 위한 무력 사용의 허용 여부다. 이 두 축을 기준으로 다양한 무슬림을 범주화하면, 아래 도표와 같이 나타낼 수 있을 것이다.

[현대 무슬림의 다양성 이해를 위한 범주화]

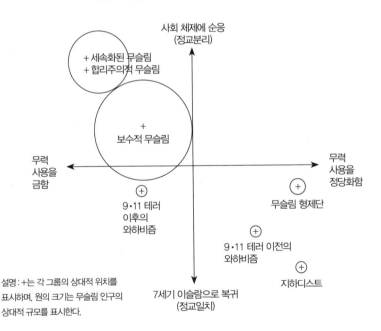

해하는 것이 더 중요하다. – A. S. Ibrahim, *Reaching Your Muslim Neighbor with the Gospel*. Wheaton, IL: Crossway, 2022. p.24-27.

최소한의 이슬람

현대 무슬림을 8개 그룹으로 나누어 각각의 특징을 살펴보자.

세속화된 무슬림(Secular Muslims)

오늘날 무슬림 중에는 실제 이슬람에 관해서는 아는 바가 없고, 알려고도 하지 않는 젊은이가 많다. 무슬림으로 태어나서 이슬람 사회에 살고 있기에 자신을 무슬림으로 생각하지만, 그들이 말하는 이슬람은 문화의 한 부분으로서의 종교일 뿐이다. 이들은 종교 다원주의적 사고를 갖고 있으며 타 종교와 이슬람을 대등한 위치에 둔다. 꾸란을 비롯한 종교적 문서들은 현대적 적합성을 갖고 있지 못하며, 단지 과거 아랍 부족 사회 당시에 출현했던 고문서 이상의 의미를 두지 않는다. 이슬람과 정치가 분리되어야 한다는 사고에 기초하여 샤리아에 의한 국가 통치를 거부한다. 그리고 무력 사용을 통한 이슬람 확산을 비난한다. 이들의 주된 관심사는 현대 사회에 순응하여 부와 안정을 이루며 사는 것이고, 서구 국가들의 발전과 서구적 가치를 선호한다.

합리주의적 무슬림(Rationalist Muslims)

합리주의적 사고에 기초하여 이슬람 사회의 현대화를 도모하는 무슬림들이다. 이들은 현대 사회의 가치들, 곧 평화, 인권, 종교 간 대화와 공존, 사회 정의, 비폭력, 종교의 자유 등을 강조한다. 정치 이데올로기화된 형태의 이슬람이나 극단적으로 폭력화된 이슬람 운동을 거부한다. 정교분리를 강조하며 ISIS나 칼리프제를 비합리적인 것으로 간주하여 거부한다.

기본적으로 이들은 이슬람을 새로운 해석과 적용을 통해 현대 사회에 적합한 종교로 거듭나게 해야 한다고 생각한다. 7세기 아라비아반도에서 태동한 이슬람은 당시 상황에 맞는 종교였던 만큼 현대에는 지금 상황에 맞는 이슬람을 다시금 정의하고, 구체적 실현 방안을 찾아야 한다고 주장한다. 이를 위해 꾸란과 하디스에 대한 전통적 해석을 부정하고, 이슬람의 경전들을 재해석하고 적용해야 한다고 주장한다. 또한 경전들이 현대적 상황에 맞지 않는다면, 적합성을 상실한 옛것으로 간주하여 과감히 포기해야 한다고 말한다. 이들은 이슬람에 관한 전통적 해석과 결론들을 비판하고 거부하며, 역사비평학적 연구 결과들을 다양한 측면에서 사용하기도 한다.

이들 중 일부는 이슬람 내부로부터의 개혁을 주장하기도 한다. 이들도 이슬람을 문화로서의 종교로 정의하고, 종교 다원주의적 사고를 받아들인다. 이슬람 사회의 발전을 위해서는 서구적 가치들을 받아들여야 한다고 강조하며 샤리아에 의한 통치나 무력 사용을 통한 이슬람의 확산을 거부한다. 이들은 자신들이야말로 참된 무슬림이라고 주장하면서 다양한 측면에서 이슬람의 현대화를 위해 진지한 연구와 고민을 해 나가고 있다.[33] 이 범주에 속하는 무슬림은 주로 서구 사회에서 찾아볼 수 있으며 전 세계 무슬림 중에서 비중이 그리 크지 않아 보이지만, 갈수록 더욱 증가할 것으로 보인다.

---

[33] 일면 이들은 이슬람 내부로부터의 종교 개혁 그룹이라 볼 수 있다. 예를 들어, 미국의 개혁 그룹이 선언한 내용을 다음 링크에서 찾아볼 수 있다. - "Our Declaration" in *Muslim Reform Movement*. ⟨https://muslimreformmovement.org/first-page-posts/declaration/⟩

최소한의 이슬람

보수적 무슬림(Conservative Muslims)

이슬람 사회의 대부분은 보수적 무슬림이다. 여기서 '보수적'이라 함은 이슬람의 전통적 해석을 개인적으로 받아들여 자기 삶에 적용하고, 무슬림으로서의 기본 종교 생활을 실천하며 살아간다는 의미다. 앞서 두 그룹이 이슬람을 문화적 차원의 종교로 보았다면, 보수적 무슬림은 신앙적 종교로서 진지하게 받아들인다. 이들은 이슬람의 전통적 내러티브를 수용하고, 특히 종말의 심판과 구원 문제에 관한 전통적 해석을 믿음으로써 경건한 무슬림으로 살아가기를 목표로 삼고 있다. 꾸란과 하디스를 매우 중시하며 전통적 해석을 의심 없이 수용한다.

가치관의 측면에서도 이들은 서구보다는 이슬람에 더 가까우며, 문화적으로는 종교 다원주의적 생각을 할 수 있으나 신앙적 차원에서는 종교 다원주의적 사고를 거부한다. 즉 이슬람만이 구원의 종교라고 확신한다. 사회적으로 샤리아에 의한 통치도 문제없다고 생각한다. 즉 샤리아가 반영되는 사회여도 괜찮고, 샤리아가 아닌 다른 법제로 다스려지는 사회여도 상관없다는 생각이다. 국가 체제에 관해서는 별 관심이 없는 것으로 보인다. 즉 공화정이든 이슬람 신정체제든 상관없다고 생각한다. 하지만 무력 사용을 통한 이슬람 확산에 대해서는 보수적 무슬림의 대다수가 동의하지 않으며, 세계와의 평화로운 공존을 중시하면서도 이슬람이 전 세계에 전파되어 우월성을 드러내기를 기대한다.

9·11 테러 이전의 와하비즘(Pre-9·11 Wahhabism)을 추종하는 무슬림

앞에서 설명했듯이 와하비즘은 사우디아라비아를 중심으로 일어난 이슬람 쇄신 운동인데, 9·11 테러 사건을 계기로 그 안에서 의미심장한 변화가 일어났기에 9·11 테러 이전과 이후로 나누어 설명할 필요가 있다. 와하비즘은 기본적으로 7세기에 실현되었던 이슬람의 복원을 최고 가치로 여기고, 정치와 종교가 일치된 이슬람 공동체 국가를 추구한다. 따라서 와하비즘을 추종하는 무슬림은 이슬람을 정교일치 체제로 규정하며 모든 무슬림이 정치적 움마 공동체의 구성원이 되어야 한다고 주장한다. 이들은 종교 다원주의를 거부하며 이슬람의 확산을 위하여 포교 활동을 적극적으로 해야 하는데, 필요하다면 무력의 사용도 용인할 수 있다고 말한다. 꾸란과 하디스를 이슬람의 최고 권위로 인정하되 문자적으로 해석하고, 현대 사회에도 적용 가능하다고 믿는다. 따라서 샤리아에 기초한 이슬람 통치 체제를 구축할 필요가 있다고 믿는다.

9·11 테러 이후의 와하비즘(Post-9·11 Wahhabism)을 추종하는 무슬림

9·11 테러 및 일련의 사건들을 경험하면서 와하비즘을 확장해 오던 사우디아라비아가 큰 도전에 직면한다. 9·11 테러를 일으킨 핵심 멤버들이 사우디아라비아 국적의 사람들이었고, 오사마 빈 라덴이 이끄는 알카에다도 오랫동안 지원해 왔기 때문이다. 사우디아라비아는 산유국으로서 서방 국가들과 좋은 관계를 유지해야 하는 처지다. 하지만 와하비즘을 등에 업은 국제 테러가 계속 일어나자 서구 세계와의 관계에 큰 문제가 생기게 되었다. 따라서 9·11 테러 이후의 와하비

즘은 기존의 모든 요소를 그대로 유지하되 무력 사용을 통한 이슬람의 확산만큼은 부정하는 입장을 취하게 되었다. 이를 계기로 이슬람근본주의 단체들 중 과격한 그룹들과는 약간의 거리를 두게 되었다. 2017년부터 사우디아라비아의 실권을 갖게 된 빈 살만 왕세자는 와하비즘이란 용어조차 거부하며 그들이 추구하는 이슬람을 국제 사회에 새롭게 제시하고자 노력하고 있다. 하지만 와하비즘이 사우디아라비아 국가 건립의 근간이 되어 왔으므로 얼마나 큰 변화를 일으킬 수 있을지 의문이다.

무슬림형제단 무슬림(Muslim Brotherhood Muslims)

근본주의 무슬림을 무슬림형제단과 지하디스트로 구분하는 것은 이들이 가진 이념적 알맹이는 동일하지만, 현실적 실천 방식이 다르기 때문이다. 무슬림형제단은 근본주의 사상을 그대로 수용한다. 정교일치를 이상적 국가 체제로 여기고, 샤리아에 의한 통치를 꿈꾼다. 이슬람의 확산을 위해 필요하다면 무력의 사용도 용인할 수 있다고 믿는다. 이런 사고의 배후에는 꾸란과 하디스의 문자적 해석이 있다. 단지 이들이 살고 있는 현실은 현대적 국가 체제이며 이런 현실을 어느 정도 받아들여서 이에 적합한 이슬람 실천을 강조한다. 예를 들면, 이집트의 무슬림형제단은 오랜 기간 비영리 민간 조직으로서 사회봉사와 조직화를 통해 그 존재감을 견실하게 세워 왔다. 한때 정당으로서 그 존재를 드러내고, 2012년 민주화 선거를 통해 정권을 잡기도 하였으나 이슬람화의 성급한 시도로 인해 1년여 만에 정권을 잃고, 현재는 이집트 정부로부터 불법 테러 조직으로 낙인찍힌 상태다. 무슬림형제단의 모든 무슬림이 바로 다음에서 설명할 지하디스트와 같은 부류로 볼 수 없기에 분리하여야 한다.

지하디스트 무슬림(Jihadist Muslims)

지하디스트 무슬림들은 7세기 이슬람 공동체 사회를 이상향으로 삼고, 그것을 실현하기 위해서라면 당장 무력 전쟁도 불사하는 극단적 근본주의 무슬림이다. 알카에다나 ISIS와 같은 조직에 가담하여 전쟁에 참여하거나 테러를 자행하기도 한다. 이 부류에 속하는 무슬림들은 숫자상 전 세계 무슬림 중에 극소수에 불과한데, 미디어를 통해 이들의 영향력이 지나치게 과장된 측면이 있다. 이런 이유로 사람들이 무슬림 하면, 지하디스트를 떠올리게 된 것이다.

탈(脫)무슬림

이슬람 세계를 벗어나 이슬람에 등지는 무슬림이 점점 많아지고 있다. 이들의 대부분이 "조용한 탈출"을 시도하지만, 어떤 용감한 이들은 소셜 미디어에 자신이 이슬람을 떠나는 이유를 공개적으로 밝히기도 한다. 이때 이슬람의 문제점을 직접 비판하기도 하는데, 이슬람의 근원이 되는 경전 꾸란과 하디스에서 볼 수 있는 비합리적이고 비논리적인 내용들과 그 속에 상충하는 내용 등을 논리적으로 지적하며, 심지어 이슬람에서 금기시하는 무함마드의 도덕성에 관한 비평도 주저하지 않는다. 또한 자신들과 같은 부류의 사람들을 격려하고 보호하기 위한 조직을 만들고, 소셜 미디어를 통해 그들의 주장들을 알림과 동

시에 인권 보호를 위해 공동의 노력을 기울이기도 한다.[34]

이슬람을 떠난 탈무슬림들은 대부분 무신론자가 된다. 이슬람이 진리가 아님을 깨닫고, 신이 없다는 결론에 도달하는 경우가 많기 때문이다. 하지만 유신론적 가치관에서 평생을 살던 이들이 무신론적 세계관을 접하면서 큰 혼란을 겪기도 한다. 이슬람의 율법적 도덕률에 매여 살다가 갑자기 자유를 얻게 된 이들은 도덕적으로 해이해지거나 삶의 의미를 상실하기도 한다. 이들 중 소수는 다른 종교에서 참 진리를 찾으려고 새로운 여정을 시작하기도 하고, 그들 중 일부는 예수 그리스도의 복음을 듣고 그리스도를 주님으로 영접하기도 한다. 무슬림 배경에서 그리스도를 따르는 자들(Followers of Christ)이 된 이들을 비엠비(BMBs: Believers from Muslim-background)라 부른다.

[무슬림의 다양성을 구분 짓는 특성들]

	이슬람 특성	정치와 종교	무력 사용	종교 다원주의	꾸란과 하디스	가치관
세속화된 무슬림	문화로서의 종교	정교 분리	부정	인정	권위 경시, 무관심	현대 서구적 가치
합리 주의적 무슬림	문화로서의 종교	정교 분리	부정	인정	권위 경시, 재해석	현대 서구적 가치
보수적 무슬림	신앙으로서의 종교	무관	부정	부정	권위 중시, 전통적 의미	이슬람적 전통 가치

---

34 탈무슬림들의 조직이 여러 나라에서 만들어졌는데, 다음에서 그 목록을 찾아볼 수 있다. - "List of ex-Muslim organisations" in *Wikipedia*.
⟨https://en.wikipedia.org/wiki/List_of_ex-Muslim_organisations⟩

9·11 테러 이전 와하비즘	정치적 종교	정교 일치	인정	부정	권위 중시, 문자적 해석	근본주의 이슬람
9·11 테러 이후 와하비즘	정치적 종교	정교 일치	공식 적으 로는 부정	부정	권위 중시, 문자적 해석	근본주의 이슬람
무슬림 형제단 무슬림	정치적 종교	정교 일치	인정	부정	권위 중시, 문자적 해석	근본주의 이슬람
지하디스트 무슬림	정치적 종교	정교 일치	인정	부정	권위 중시, 문자적 해석	근본주의 이슬람

최소한의 이슬람

4장

7세기 초 이슬람 기원은 역사적 사실인가?

: 이슬람 기원에 대한 역사비평학적 평가

2장에서 이슬람의 전통적 내러티브에 기초한 이슬람의 기원을 소개한 바 있다. 무슬림들은 이 내러티브를 역사적 사실로 간주하여 이슬람의 기원을 설명하고, 그들 믿음의 근간으로 삼았다. 또 이 기초 위에서 이슬람의 신학적 체계와 샤리아를 점진적으로 수립해 왔다. 이슬람의 전통적 내러티브는 비무슬림들에게도 수용되어 일반적으로 많은 이슬람 관련 서적과 일반 역사 서적들에서 무비평적으로 반영되고 있다. 한국에 소개된 이슬람 서적의 대부분도 전통적 내러티브에 기초하고 있으며 이러한 현상은 기독교 교회들이나 선교계에도 크게 다르지 않다. 무슬림들에게 복음을 전하려는 선교사들이나 교회들도 대부분 이 전통적 내러티브를 무비평적으로 받아들여서 그들이 주장하는 대로 이슬람을 이해하고 있다고 해도 과언이 아니다.

그런데 여기서 우리는 중요한 질문을 던져야 한다: "무슬림들이 의심 없이 역사적 진실로 받아들이는 이슬람의 전통적 내러티브가 과연 얼마나 신뢰할 만한 것인가? 또한 그 주장들의 근거가 되는 원천 자료들은 얼마나 신뢰할 수 있는가?" 만일 이 두 가지 질문에 긍정적인 답을 할 수 없다면, 이슬람의 전통적 내러티브를 다시금 검토해 봐야 하며, 이슬람의 기원과 초기 역사에 대해서도 새로운 대안적 설명이 필요할 것이다.

이 장에서는 이슬람의 전통적 내러티브를 무조건 수용하기보다는 이슬람의 기원에 관한 전통적 내러티브가 얼마나 역사적으로 검증될 수 있는 것인가를 살펴보고자 한다. 이를 위하여 이슬람학과 꾸란학에서 역사비평학이 적용된 학문적 시도들을 소개한 다음, 이슬람의 기원에 관한 역사비평학적 연구의 결과들을 고찰해 볼 것이다. 특히 이슬람이 7세기 초엽에 아라비아반도를 중심으로 시작된 종교 운동이었음을 뒷받침하는 역사적 근거들이 충분한가에 대해 주목할 것이다. 역사비평학적 연구로 제기되는 많은 질문들을 검토한 다음, 설령 가설적이라 하더라도 이러한 비평학적 연구들에 근거하여 제시된 이슬람의 기원에 관한 대안적 설명에는 어떤 것들이 있는지를 소개할 것이다. 이러한 연구 결과들이 전통적 관점을 벗어나 새로운 관점으로 이슬람을 볼 수 있도록 한다는 점에서 그 의미가 매우 크다고 할 수 있다.

역사비평학과 이슬람학

이슬람에 대한 역사비평학적 접근

역사비평학은 고대 문헌들에 대한 연구 방법론으로 고대 문서들의 이면에 있는 당시 세계를 이해하도록 돕는 학문이다. 특히 성경이나 꾸란과 같은 고대 문서들이 그것이 기록되었던 역사적 상황에서의 본래 의미를 찾고, 이를 통해 원저자와 원수신자들이 살던 시대의 정황을 재구성할 수 있도록 한다. 성경 연구에 있어서 현대적 본문의 의미를 발견하려면 먼저 원시대의 정황을 재구성하고, 그 시대에 본문이 가졌던 의미, 즉 원저자와 원수신자들이 이해했던 의미(authorial intent)를 찾아야 한다. 꾸란의 이해에 있어서도 마찬가지로 본문 연구를 통하여 무함마드가 살았던 시대의 정황을 재구성하고, 원시대의 상황에서 가졌던 의미를 파악하는 것이 우선되어야 한다. 따라서 역사비평학은 성경에서뿐만 아니라 꾸란 연구에서도 정당하고 유익한 접근이라 할 수 있다.

역사비평학적 방법론이 고대 문헌 연구에 던지는 가장 큰 도전은 역사적 · 고증적 검증을 거치지 않은 전승들에 근거한 전통적 해석을 거부한다는 것이다. 종교적 전통에 의해 수용되어 내려오던 전통적 해석을 무조건 수용하기보다는 역사적으로 확인되고 검증된 자료들에 근거하여 고대 문헌들을 재해석하고, 당시의 역사적 상황을 재구성하려 한다. 꾸란의 해석에 있어서 무슬림들이 일반적으로 믿고 의심 없이 받아들이는 내용들을 비평적 시각에서 질문하고, 꾸란 본문의 역사적 · 언어학적 · 문법적 · 문학적 근거들을 수립하여 꾸란의 의미를 발견해야 함을 강조한다. 이런 이유로 전통적 해석을 무조건적, 무비평적으로 수용하는 무슬림들은 역사비평학적 접근법을 꺼리며 다소 급진적인 결론에 불편함을 느끼기도 한다.

하지만 꾸란이나 하디스와 같은 고대 문헌들에 대한 역사비평학적 접근은 정당한 연구 방법론으로 반드시 필요하다. 역사비평학을 통해 연구한 성경학자 중 성경의 전통적 해석과 기독교의 신학적 결론들을 거부하는 학자들을 자유주의 신학자라 부른다. 하지만 복음주의 교회는 이러한 역사비평학적 논의를 거친 후에도 신학적으로 복음주의 전통에서 흔들림 없이 근간을 지켜왔으며, 성경에 대해 더욱 깊은 이해와 신학 및 신앙적 성숙을 이루어 왔다. 이슬람의 경전인 꾸란과 전통적 내러티브를 뒷받침하는 자료들(하디스, 시라, 아스밥 알누줄[35], 고전 주석서)도 역사비평학적 접근을 통해 역사적 신뢰성에 관한 검증 과정을 거쳐야 한다. 그래야만 이슬람의 전통적 교리와 가르침이 정당한 것으로 수용될 수 있기 때문이다.

1970년대 수정주의자들[36]

이슬람학과 꾸란학에 역사비평학적 접근을 시도한 것은 그리 오래되지 않았다. 1970년대 유럽 학자들이 역사비평학적 관점에서 이슬람의 자료들을 본격적으로 다루기 시작했다. 완스브로(John Wansbrough: 1928-2002년)를 필두로 수정주의자들(revisionists)이라 불렸던 일련의 이슬람학자들이 이슬람의 전통적 내러티브의 전면적 수정이 불가피하다는 결론을 내렸다. 이들은 종교학자라기보다는 순수한 역사학자들이었다. 그들의 우선 목표는 이슬람과 무함마드와 꾸란의 역사적 기원을 밝히는 것이었다.

전통적 무슬림 학자들이 이슬람의 역사적 기원을 설명하기 위해서 사용하는 기본 자료들 중에서 각 분야에서 오래된 것들을 중심으로 정리하면 다음과 같다.

---

35 아스밥 알누줄(asbāb al-nuzūl)은 꾸란의 특정 구절들이 알라에게서 무함마드에게로 내려진 상황들을 기록한 정황 보고다.

36 역사비평학자들 중에서도 수정주의자들의 제안이 너무 급진적이라고 생각하는 일부 학자들은 현대에 발견된 다양한 자료들을 바탕으로 절충적 견해를 피력하기 시작했는데, 이들을 "신전통주의자"(Neo-traditionalists)라고 부른다. 수정주의자 및 신전통주의자와 그들의 주장에 관한 상세한 설명은 다음 자료를 참조하라. – 황원주, "현대 꾸란학의 서구 학계 동향과 선교학적 시사점", 〈아랍과 이슬람 세계〉(제6집), 중동아프리카연구소, 2019, 9-52쪽.

자료명	저자 / 편집자
무함마드의 전기(시라)	이븐 이스학(767년 사망)이 시라를 저술했다고 알려졌지만, 그의 시라는 현존하지 않으며 현재 무슬림이 사용하는 시라는 그로부터 70년 후에 이븐 히샴(833년 사망)이 재편집하고 추가한 것이다.[37]
꾸란 고전 주석서	무까틸(767년 사망)와 알따바리(932년 사망) 등
이슬람 법학 저술들	아부 하니파(Abū Hanīfa, 767년 사망)와 말리크 이븐 아나스(Mālik ibn Anas, 795년 사망) 등
하디스의 편집	압달라 빈 아운('Abd Allāh bin 'Awn, 768년 사망)과 이븐 라쉬드(Ma'mar ibn Rāshid, 770년 사망) 등
이슬람 이전의 시문들 편집	알무팟달 알답비(al-Mufaḍḍal al-Ḍabbī, 787년 사망)
아랍어 문법 체계적 정리	시바와이히(Sībawayhi, 796년 사망)

목록에서 보는 바와 같이 이슬람의 전통적 내러티브가 문서들로 기록된 시점은 빨라야 무함마드 사후 150년이 지난 시점인 압바시야 왕조의 초기로 780년경이다. 시간적으로 동떨어진 시기에 이 문서들이 제작되었다는 점도 주목할 만한 사항이지만, 지리적 거리 또한 간과할 수 없는 요소다. 압바시야 왕조의 수도가 이라크의 바그다드였으므로 아라비아반도로부터 지리적으로 멀리 떨어져 있었고, 문화적으로도 상당한 거리가 있던 상황에서 이 문헌들이 제작되었음을 알 수 있다. 따라서 이러한 자료들이 7세기 초엽 이슬람의 기원과 초기 역사를 얼마나 정확하게 밝혀 주는가에 의구심을 품게 된다.

---

37 Alfred Guillaume, *The Life of Muhammad: A Translation of Ishaq's Sirat Rasul Allah*. Oxford: Oxford University Press, 1955.

최소한의 이슬람

이러한 이유로 수정주의자들은 꾸란과 하디스를 비롯한 이슬람의 전통적 기록들이 무함마드 사후 최소 150-200년 후에 기록되었으므로 그동안 많은 변용과 과장이 덧붙여지고 심지어 신화적 변형까지 이루어졌으리라고 봤다. 더 후대(무함마드 사후 300년 이후)에 쓰인 시라와 고전 주석서들도 검증할 수 없는 수많은 전승을 기초로 기록되었기 때문에 그 진위성을 깊이 의심했다. 따라서 이슬람의 전통적 내러티브를 구성하는 자료들을 통해서는 이슬람의 태동에 관한 역사적 진실을 파악할 수 없다고 주장한다.

결국 수정주의자들은 다음 두 가지 자료를 대안적으로 사용해야 하며, 이것을 통해 전통적 내러티브의 자료를 평가해야 한다고 강조한다. 하나는 이슬람 전통 자료에 포함되지 않는 7-8세기 문서들로 비무슬림들이 기록한 것이다. 아랍 부족들이 예루살렘과 시리아를 비롯한 팔레스타인을 침략했을 때 공격을 받은 자들의 관점에서 기록한 헬라어·아람어·아르메니아어 문서들이 지금까지 전해지는데, 이 자료들은 팔레스타인 지역의 당시 국제 정황을 보여 준다. 다른 하나는 7-8세기에 해당하는 화폐, 비문학 등의 고고학적 증거들이다. 이상의 자료들이 이슬람의 전통적 내러티브를 뒷받침하는 자료들과 충돌할 때, 수정주의자들은 7세기의 문헌, 고고학적 증거, 비문학적 자료 등을 더 권위 있는 자료로 사용해야 한다고 주장한다.

수정주의자들의 견해에도 편차가 존재하는 것이 사실이지만, 이들이 던지는 비평적 관점과 결론은 주목할 만한 가치가 있다. 이들이 내린 결론들은 혁신적이기도 하고, 이슬람 세계의 정서상 위험해 보이기도 한다. 예를 들면, 완스브로는 꾸란이 기록된 시점이 오스만 칼리프 시기(650년경)가 아니라 압바시야 왕조 시기(800년대)였다고 주장했다. 즉 꾸란은 알라로부터 주어진 계시라기보다는 압바시야 왕조 때 제국의 융합을 위해 정치적 이데올로기를 수립해야 할 필요성에 의해 기록된 것이란 것이다. 이런 주장을 대중 무슬림이 쉽게 받아들일 수 없는 것은 당연한 일이고, 나아가 급진적 무슬림들은 이를 신성모독으로 여기며 관련 연구 학자들을 위협하기도 한다.

분명히 인지해야 할 것은 수정주의 학자들은 이슬람의 종교적 색채나 진리 여부를 판단하려는 의도가 없는 순수한 역사학자들이라는 점이다. 또한 이들이 사용하는 학문 연구 방법론은 매우 적절하고 정당한 것이기에 이들의 연구 결과들을 통해 이슬람에 관한 새로운 관점을 고려하는 것은 매우 유익하다. 이들이 발표한 연구 결과들은 현재에도 논의가 진행 중인 것들이 많으며 다양한 주제들에 대해서 확정적 결론이 내려졌다고 볼 수 없다. 지금도 새로운 역사적 증거들이 발견되면서 이슬람의 기원과 역사에 관한 이해의 폭을 넓혀 가고 있다. 따라서 수정주의자들의 연구를 통해 제시되는 이슬람 이해의 새로운 관점은 여전히 주목할 만한 가치가 있다. 복음주의적 입장에서도 이러한 연구 결과들을 통해 이슬람을 더 깊이 이해할 수 있고, 또 다양한 유익을 얻을 수 있다.

수정주의자들이 제기하는 역사비평학적 질문들

이슬람의 역사적 기원과 뿌리를 연구하는 과정에서 수정주의자들이 역사비평학적 접근을 통해 던지는 대표적인 질문들은 다음과 같다.

첫째, 이슬람의 전통적 내러티브가 주장하는 이슬람의 시작에 관한

최소한의 이슬람

모든 내용은 역사적 사실로 증명될 수 있는가? 이슬람이 발흥한 시대 혹은 그 후 100년 동안(7세기 초-8세기 초) 아랍족이 기록한 역사적 문헌들이나 비문들을 통해 입증할 수 있는가? 동시대의 주변 민족들은 과연 아랍족과 이슬람의 발흥에 관해 어떻게 기록하고 있는가?

둘째, 무함마드라는 인물이 역사적으로 존재했다는 사실을 뒷받침하는 근거들로 이슬람 태동 직후 혹은 1세기 안에 해당하는 증거들은 무엇인가? 전통적 내러티브에서 말하는 것처럼 그의 생애와 업적들을 입증하는 역사적 자료들은 과연 존재하는가? 주변 민족들의 기록 가운데 무함마드에 관한 언급이 남아 있는가? 무함마드를 최초로 언급한 이슬람의 기록은 무엇이며 그를 어떻게 묘사하고 있는가?

셋째, 꾸란이 무함마드가 알라로부터 받은 와히를 기록한 경전이란 주장을 뒷받침할 근거는 무엇인가? 꾸란이 무함마드가 낭송한 것들을 그의 동료들과 그들의 제자들이 암송한 것과 부분적으로 기록한 것을 모아 편집함으로써 세상에 나오게 되었다는 주장은 입증할 수 있는가? 꾸란의 내용이 구전 전승을 통해 완전하게 보존되었다는 것을 입증할 수 있는가?

넷째, 현존하는 꾸란이 오스만 칼리프 시대에 기록된 것임을 입증하는 역사적·사본학적 근거는 충분한가? 현존하는 꾸란 사본 중 오스만 본은 존재하는가? 이슬람 역사에 다양한 독경법이 있어 왔고, 그 공인된 독경법으로 서로 다른 꾸란의 인쇄본이 만들어졌는데, 과연 어느 독경법에 근거한 꾸란 인쇄본이 오스만 본이라고 주장할 수 있는가? 더 나아가 "천상에 기록된 판"과 동일한 꾸란은 어떤 인쇄본이며, 그것을 뒷받침할 근거는 무엇인가?[38]

다섯째, 하디스에 기록된 수많은 전승 이야기를 역사적 사실로 신뢰할 근거는 무엇인가? 가장 권위 있다고 하는 순니 하디스가 최소한 4-5개 되는데, 이들을 더 권위 있게 여기는 근거는 무엇인가? 하디스의 내용 사이에 상충하는 세부 사항들이 존재하고, 심지어 일부 내용은 꾸란과도 상충하는데, 이것을 어떻게 받아들여야 하는가? 또한 순니파가 인정하는 하디스와 시아파가 인정하는 하디스 사이에는 차이가 있는데, 이것을 어떻게 평가해야 하는가?

여섯째, 기타 원자료 중 시라, 아스밥 알누줄, 고전 주석서 등은 역사적으로 최소한 이슬람 태동 이후 250-300년이 지난 시점에 기록된 자료들이다. 이 내용들을 통해 이슬람의 기원과 무함마드의 생애를 이해하는 것이 과연 가능한가? 다양한 자료들에는 전통적 내러티브에서 전하는 내용과 상충하는 내용도 존재하는데, 이것을 어떻게 이해해야 하는가?

이상의 질문들이 보여 주는 바와 같이, 역사비평학적 접근은 이슬람의 전통적 내러티브의 기초로 인정되던 모든 자료의 역사적 진위성을 재고하게 한다. 그리고 대안적 자료들을 찾고, 그에 근거하여 이슬람의 역사적 기원과 발전을 재구성하려고 시도한다. 이러한 논의는 현재도 활발히 진행 중이고, 새로운 자료의 발견과 함께 연구가 더욱 풍성하게 이루어지고 있다.

---

38 꾸란과 연관된 셋째, 넷째 주제에 관해서는 다음 자료를 참조하라. - 황디모데, "온전한 복음의 기초인 성경의 빛 아래에 비추어 본 꾸란", 〈한국선교KMQ〉(2022년 겨울호)(통권 84호), 한국선교KMQ, 2022, 144-164쪽.

이 장에서는 대표적 수정주의 학자들의 연구 결과를 선별적으로 살펴보되 위에 언급한 첫 논점, 즉 이슬람의 기원이란 주제에 주목하여 살펴보고자 한다.

이슬람 기원에 관한 역사비평학적 연구들

아랍족과 관련된 7세기의 역사 자료들은 이슬람의 태동을 증거하는가?

고고학과 언어학의 자료들, 곧 당시의 기록 문서들, 동전 및 비문 기록 등을 살펴보면, 7세기 초중엽(610-650년)에 아라비아반도를 중심으로 일어난 이슬람의 태동과 종교적 확장을 알 수 있는, 아랍어로 된 증거들은 발견되지 않는다. 이슬람 전승에 따르면, 꾸란은 7세기부터 부분적으로 기록되어 왔다고 하므로 이슬람의 태동에 관한 기록이 충분히 남아 있을 수 있다. 하지만 실제로는 꾸란과 관련한 당시 기록은 거의 찾아볼 수 없으며, 설령 발견된 사본이 있다고 하더라도 그 연대가 명확하지 않다.[39] 즉 전통적 내러티브에 근거한 이슬람의 기원은 현존

---

39 2015년 버밍엄대학교 도서관에서 두 장의 양피지에 기록된 꾸란 사본이 발견되었다. 이 사본의 연대기를 측정한 결과, 568년에서 645년 사이에 제작된 것으로 나타났다. 당시 현존하던 꾸란 사본들보다 더 오래된 사본이어서 세간의 주목을 받았다. 그러나 이 추정 연도는 전통적 내러티브에 의해서도 몇 가지 중대한 문제점을 가진다. 전통적 무슬림의 주장에 따르면, 꾸란의 계시가 처음 주어진 시기는 610년이고, 꾸란이 기록으로 집대성된 해는 적어도 650년경(제3대 칼리프 오스만 당시)이다. 568년은 이슬람이 태동하기도 전이기에 불가능하며, 645년이란 시점도 오스만 코덱스가 만들어지기 전이므로 이 사본이 오스만 코덱스 자체는 아니라고 봐야 한다. 이와 같이 꾸란 사본의 연대 측정이 얼마나 정확한 시점을 제공하는가에 대해서는 신뢰도가 낮다는 점을 인정해야만 한다. 기술적으로 판단하더라도 양피지에 기록된 꾸란의 연대 측정을 위해서 가죽을 기준으로 삼으면, 동물이 죽은 시점을 가리키는 경우가 될 것이며, 잉크를 기준

하는 자료들로는 입증하기 어렵다. 7-8세기에 중동 아라비아반도를 중심으로 중요한 사건들이 연달아 일어난 것은 역사적으로 증명되는 사실이지만, 그것을 기록한 아랍어 문헌은 존재하지 않는다.

오히려 현존하는 7세기 역사 자료 중 아랍족과 관련한 가장 오랜 자료는 헬라어 문서들이다. 620-740년 사이에 저술된 비아랍어 자료들을 모아 연구한 호이랜드(Robert Hoyland)는 일차 자료를 보면 632-634년경 아랍족이 시리아를 침략하고 정복함으로써 지배층으로 부상했음을 알 수 있다고 말한다. 그런데 흥미로운 사실은 이 자료들이 아라비아반도에서 이주하여 침략한 무리들을 언급할 때, '아랍족'이란 민족적 정체성만을 언급할 뿐 '이슬람' 혹은 '무슬림'과 같은 종교적 정체성으로는 언급하지 않는다는 것이다. 또한 그들의 지도자를 언급할 때, 무함마드란 이름이 아닌 "사라센들 가운데 나타난 거짓 예언자"라는 모호한 호칭을 사용한다. 이 자료에서 "거짓 예언자"로 표현한 이유로 "(하나님이 보내신) 선지자는 칼로 무장하고 나타나지 않는다"라는 점을 언급한다.[40]

으로 삼으면 고대 염료의 식물성 재료들이 어우러져서 사용되었기 때문에 원재료들이 존재하던 시점을 알려 줄 것이다. 일반적으로 그 시점은 사본이 실제 기록된 때보다 훨씬 더 앞선 시점일 가능성이 높다. 따라서 탄소 측정법을 통해 꾸란 사본의 기록 시점을 정확히 알아내기란 매우 어려운 문제가 아닐 수 없다. 더구나 버밍엄 사본은 양피지 두 장에 불과하므로 연대 측정을 위한 충분한 근거를 제시하지 못한다는 단점도 있다.

40 호이랜드는 자신의 저서에서 무함마드의 이름이 처음 명시적으로 언급된 자료로 보이는 부분을 소개한다(p.120). 634년에 아랍의 침략으로 로마 군대가 물러나고 많은 팔레스타인 사람(유대인, 기독교인, 사마리아인 등)이 살상된 전쟁을 언급하는 과정에서 침략자들을 "무함마드의 아랍인들"(Arabs of Muhammad: tayyaye d-Mhmt)이라고 표현한 것에서 그 근거를 찾는다. 하지만 이 일회적 표현 자체가 무함마드의 존재와 7세기 초엽 아라비아반도에서 이슬람이 시작되었음을 증명하기에는 턱없이 부족할 뿐이다. -Robert G. Hoyland, *Seeing Islam as Others Saw It*. New

최소한의 이슬람

7세기에 시리아와 팔레스타인 지역을 점령한 아랍족의 확장에 관해 연구한 유대인 학자 네보(Yahuda Nevo)와 코렌(Judith Koren)은 모든 역사적 자료를 근거로 호이랜드와 유사한 결론을 내린다. 즉 아랍족의 세력 확장이 이슬람의 종교적 동기에 의해 유발된 전쟁이 아니었다는 것이다. 오히려 아랍족은 비잔틴 제국으로부터 동부 지역을 위탁받아 관할 통치하도록 권한을 부여받았다고 주장한다. 이것이 비잔틴 제국의 정책의 하나였으므로 아랍족에 의한 통치가 비교적 빠른 속도로 이루어졌음을 보여 준다.[41]

이슬람의 역사적 기원을 밝힘에 있어서 꾸란이 사용하는 언어적 특성들과 호칭에 주목한 시카고대학교의 돈너(Fred Donner) 교수는 초기 아랍족의 확장이 이뤄진 시기에는 무슬림이란 종교적 그룹의 호칭이 사용되지 않았다는 사실에 주목했다.[42] 오히려 '신실한 단일신론자들'을 가리키는 "무으미눈"(Mu'minūn)이 훨씬 더 보편적으로 사용되었다는 것이다. "단일신을 믿는 자들" 안에는 무함마드를 추종하던 무슬림뿐 아니라, 단일신론자인 경건한 유대인들과 기독교인들이 포함되었다고 주장한다. 돈너는 초기 아랍족의 확장 시기에 이슬람이란 종교적 정체성이 구분되어 나타나지 않는다는 점을 강조하면서 이슬람이 7세기 중엽에 아라비아반도를 중심으로 시작되었다는 이슬람의 전통적 내러티브에 도전한다.

Jersey: The Darwin Press, 1997. p.57.

41 Yahuda D. Nevo and Judith Koren, *Crossroads to Islam: The Origins of the Arab Religion and the Arab State*, Amherst, NY: Prometheus Books, 2003, p.17-50.

42 Fred Donner, *Muhammad and the Believers: At the Origins of Islam*, Cambridge: Harvard University Press, 2012. p.56-89.

이슬람의 전통적 내러티브를 뒷받침하는 현존하는 무슬림 자료 중 가장 오래된 것은 9세기 초 혹은 10세기에 기록된 것들이다. 따라서 7-8세기에 이슬람이 태동하여 확장되었다면, 왜 이 사실이 역사적 기록으로 남아 있지 않은가에 대해 합리적 의심이 들 수 있다. 무함마드가 그토록 중요한 인물이고, 이슬람에서 절대적 위치를 차지하는 이름이라면 왜 7세기 초엽과 중엽에 그 이름이 조각이나 문서에서 언급조차 되지 않았을까? 비평학자들은 여러 복합적인 이유를 들어 이슬람의 태동 시기가 7세기 초는 분명히 아니었을 것으로 생각한다. 즉 전통적 내러티브에서 말하는 이슬람의 기원을 부정하는 것이다.

초기 아랍족은 어떤 종교 성향의 사람들이었는가?

위에서 살펴본 바와 같이 7세기 말 이전에 시리아와 팔레스타인 지역을 침략하여 지배층이 된 아랍족이 무슬림이었다는 사실은 어떤 아랍어 자료에도 나타나 있지 않으며, 비무슬림들의 기록들에도 보이지 않는다. 즉 7세기 중엽 팔레스타인 지역으로 확장해 온 아랍 부족들은 이슬람의 종교적 동기로 아라비아반도에서 시리아와 팔레스타인으로 움직인 것이 아니며, 당시 이슬람은 아직 종교로서 공식 출현조차 하지 않았다고 잠정 결론을 내린다. 그렇다면 과연 이 시기의 아랍족은 어떤 종교 성향을 가진 자들이었을까? 즉 이슬람이 태동하기 전, 무슬림으로 불리기 이전의 그들은 어떤 사람들이었는가에 대해 학자들은 여러 가지 가설을 제시한다.

이 주제에 관한 가장 영향력 있는 연구로 크론(Patricia Crone)과 쿡 (David Cook)의 연구를 검토할 가치가 있다. 광범위한 중근동 언어 자료와 고고학적 자료들을 바탕으로 이슬람의 기원을 연구한 두 학자는 7세기 시리아와 팔레스타인 지역을 침략한 아랍족은 자신을 가리켜 "하갈의 후손들"(Hagarenes)이란 호칭을 사용했음을 밝혔다.[43] 이들의 주장에 따르면, 처음 침략한 아랍족은 여종 하갈과 이스마엘을 통해 아브라함과의 영적 유대감을 찾고자 한 단일신론자들이었다. 이런 연결 고리를 통해 이들은 예루살렘 성지의 지배권이 정당함을 주장하려고 했으며, 그래서 하갈의 후손들이라 스스로 불렀다는 것이다. 하가리즘 (Hagarism)은 이러한 초기 아랍 침략자들의 종교적 운동을 지칭하는 단어다.

이들의 연구에 따르면, 이슬람은 유대적 메시아 사상에 영감을 받은 아랍 민족 운동의 결과로 7세기 후반(622년을 이슬람력 원년으로 삼는 전통적 주장인 7세기 초가 아니라)에 팔레스타인 지역에서 일어난 신흥 종교다. 이 과정에서 무함마드는 유대주의적 메시아에 상응하는 인물로서, 아랍족의 종교적 지도자 혹은 메신저의 권위를 가진 인물로 묘사되었다. 이것은 아랍족들이 팔레스타인을 침략하여 유대인들과 기독교인들을 지배하게 되면서 아랍 민족이 정치적 지배층으로 자리 잡을 수 있도록 종교적·사상적 근거를 제공한다. 당시 아랍족은 유대교처럼 단일신 신앙을 받아들이되 자신의 문화적 정체성에 적합한 형태로 수정했다. 이 과정에서 이슬람은 타우히드라는 절대적인 단일신론과 무함마드

---

43 이들이 사용한 역사적 자료는 중근동의 다양한 언어들, 즉 아랍어, 아르메니아어, 콥틱어, 헬라어, 히브리어, 아람어, 라틴어, 시리아어(수르얀어) 등이 포함된다. —Patricia Crone and Michael Cook, *Hagarism: The Making Of The Islamic World*. London: Cambridge University Press, 1977. p.3-15.

라는 메신저를 두드러지게 강조했던 것이다. 이 같은 연구 결과에 근거하여 크론과 쿡은 무슬림이라는 정체성과 이슬람의 종교적 정체성은 7세기 후반에 이르러서야 형성되었다고 설명한다. 이들의 결론은 이슬람의 기원에 대한 전통적 내러티브의 수정이 불가피함을 보여 준다.

크론과 쿡의 주장은 매우 파격적이었으며 무슬림학자들뿐만 아니라 많은 서구 학자 사이에서도 쉽게 수용되지 않았다. 왜냐하면 이슬람의 전통적 내러티브에 너무 오랫동안 젖어 있었고, 모든 이슬람 이해가 그것에 기초해 왔기 때문에 그 기초를 허물고 새로운 가설의 결론을 수용하기가 어려웠다. 그러나 크론과 쿡이 사용한 많은 역사 자료는 이슬람의 기원을 밝히려는 학자들에게 새로운 관점을 제시했다. 이들의 도전을 받아들인 이슬람 학자들은 기존에 익숙하던 이슬람의 전통적 자료들에서 벗어나 더 광범위한 자료들을 사용해야 할 필요성에 동의했다. 그러한 자료들에 대한 역사비평학적 연구를 한 네보와 카렌 그리고 돈너 역시 초기 아랍족들의 종교적 성향에 관하여는 크론과 쿡의 주장과 유사한 결론을 내렸으므로 그들의 결론을 단순한 추론으로 간주할 수만은 없다.

수정주의자들이 공통으로 강조하는 점을 요약하면 다음과 같다. 7세기 중엽 팔레스타인 지역으로 이주하여 정착한 아랍 부족들은 아랍 침략자들이었고, 종교적으로는 단일신론을 표방했다. 이 점을 지지하는 한 가지 중요한 증거를 꾸란에서 찾을 수 있다. 꾸란을 읽어 보면, 꾸란의 독자 혹은 청중이 이미 유대교와 기독교에 관한 상당한 지식을 갖고 있었음을 알 수 있다. 왜냐하면 성경의 인물들을 언급할 때, 마치 독자들이 그들에 관해 이미 알고 있다는 듯이 인물 설명이나 역사적 배경 설명을 하지 않기 때문이다. 구약과 신약의 성경 인물들을 상기시키는 차원에서 언급하는 경우가 대부분이다. 이 점은 꾸란의 배경이 다신주의자들 혹은 우상 숭배자들이 주로 살던 아라비아반도가 아니라 유대교인과 기독교인이 많이 살고 있던 팔레스타인 지역이었음을 보여 준다. 그리고 이슬람의 주요한 변증 대상이 단일신론자인 유대인과 기독교인이었다는 사실이 설득력을 더한다. 이것은 이슬람이 태동하던 당시 종교적으로 이슬람을 거부하며 변론하던 사람들이 이교도적 다신주의자인 아랍 부족들이었다는 이슬람의 전통적 내러티브의 주장과 상충한다. 7세기 중엽 확장을 이룬 아랍족은 이슬람이란 종교적 동기에 의해 이주한 무슬림이 아니었다는 것이 역사적 · 고고학적 문헌들에서 뒷받침되는 셈이다.

이슬람은 아라비아반도에서 시작되었는가?

전통적 내러티브는 이슬람이 무함마드가 메카와 메디나를 중심으로 활동한 아라비아반도에서 발흥했다고 말한다. 하지만 앞에서 언급한 바와 같이 7세기 말 이전에 기록된 아랍어 문서나 비문이나 동전은 아라비아반도에서 발견되지 않았다. 만일 아랍 무슬림들이 대상 무역에 종사했고, 활발한 경제활동을 했다면 그 흔적들이 남아 있어야 한다. 그러나 현존하는 자료들은 전통적 내러티브를 뒷받침해 주지 못한다.

오히려 꾸란의 내용을 살펴보면, 이슬람의 발흥 지역이 아라비아반도가 아니라는 증거들을 찾을 수 있다. 첫째, 꾸란의 몇몇 구절은 꾸란의 청중이 살던 지리적 위치가 아라비아반도가 아님을 보여 준다. 예를 들면, 37장 137-138절은 롯에 관한 내용을 언급하면서 꾸란의 청중이 "매일 아침과 저녁으로 (알라의 심판으로) 멸망 당한 그 도시들(소돔과 고모라)을 통과하며 다닌다"라고 언급한다. 이것이 사실이라면 꾸란의 청중이 살던 지역이 메카나 메디나가 있는 아라비아반도가 아니라 고대 소돔과 고모라가 있었던 사해 근처, 즉 남부 팔레스타인이었다고 보는 것이 타당해 보인다.

둘째, 꾸란에서 언급된 과일과 식물 중에는 아라비아반도에서 재배되지 않는 것들이 있다. 주로 대추야자, 올리브, 포도, 무화과, 석류, 바나나 등이 언급되는데(16:11; 17:90-91; 36:33-34 등), 지리적 환경을 고려할 때 대추야자를 제외한 다른 과일들은 아라비아반도에서 재배할 수 없는 것들이다. 구체적인 한 예로, 메카 꾸란으로 알려진 6장 141-142절은 대추야자, 올리브, 석류 등의 과일을 수확하는 계절에는 메카 사람들뿐 아니라 가난한 사람들도 먹을 수 있게 베풀라고 명령한다. 이 구절은 과일을 재배하여 수확하고 나눠 먹던 사람들이 아라비아반도에 살던 사람들이 아니었음을 보여 주는 증거다.

또한 가장 오래된 기도처 건물 안에 있는 끼블라의 방향을 고고학적인 증거로 들 수 있다. 모스크 내부에는 끼블라를 가리키는 작은 구조물, 미흐랍이 있다. 지금도 모스크 내부에 설치된 미흐랍을 보고 그 방향으로 기도하는데, 바로 메카가 있는 쪽을 가리키는 방향이다. 그런데 초기 이슬람 모스크들의 끼블라를 고고학적으로 연구한 깁슨(Dan Gibson)은 끼블라의 방향이 계속 바뀌어 왔음을 증명해 냈다. 특히 초기 모스크의 상당수가 요르단에 있는 페트라란 도시를 향하고 있음을 밝했다.[44] 예를 들면, 가장 오래된 우마위야 왕조 시대의 모스크들에서 끼블라는 메카가 아닌 아라비아의 북서부, 즉 예루살렘 혹은 팔레스타인을 가리키고 있다. 지금의 이라크의 쿠파 지역에서 638년경에 세워진 모스크는 서쪽을 향하고 있다. 이곳에서 메카를 가리키려면 남쪽을 향해야 한다. 이집트에서 가장 오래된 아므르 이븐 알아쓰('Amr ibn al-'Āṣ) 모스크의 끼블라는 북쪽으로 과도하게 치우쳐 있는 것을 후대에 바로잡았다는 무슬림의 기록이 있기도 하다.[45]

실제로 꾸란 2장 142-144절은 끼블라의 방향이 바뀐 것을 언급하고 있다. 하지만 원래 어느 방향이었고, 새로운 방향은 정확히 어디를 향했는지는 구체적으로 기록하고 있지 않다. 끼블라가 초기 모스크 건축에서 일관성 있게 메카를 향하지 않았음을 알 수 있는 대목이다. 이상의 모든 근거를 고려할 때, 7세기 중엽 아랍족이 팔레스타인과 시리아를 침공한 직후에는 이슬람의 종교적 정체성이 아라비아 지역에서 아직 확립되지 않았다고 보는 것이 타당하다. 그리고 이후 이슬람이란 종교적 틀이 세워지는 과정에서 그 배경이 아라비아반도로 바뀌었을 가능성이 크다는 주장이 설득력 있게 들린다.[46]

---

44 깁슨은 고고학적 조사에 근거하여 이슬람의 발흥과 무함마드의 활동지가 아라비아반도가 아닌 페트라였다고 주장한다. -Dan Gibson, *Let the Stones Speak: Archeology Challenges Islam* Saskatoon, Canada: Canbooks, 2023.

45 Patricia Crone and Michael Cook, *Hagarism: The Making Of The Islamic World*. London: Cambridge University Press, 1977. p.23-24, 173에서 재인용.

46 전통적 무슬림 학자들은 크론과 쿡이 주장하는 바와 같이 끼블라가 북아라비아나 예루살렘을 가리킨다는 것을 부정한다. 그들은 초기 이슬람 모스크들을 만든 무슬림이 끼블라를 정할 때, 천문학적 지식을 사용하되 지역마다 다른 기준을 사용한 것 같다고 추정한다. 예를 들면, 이라크의 모스크는 겨울철 석양을 기준으로 삼았고, 이집트의 모스크는 겨울철 일출을 기준으로 삼았다는 것이다. 그러면서도 이슬람 초기에 무슬림들은 끼블라를 정확하게 파악할 만

이슬람의 발흥이 아라비아반도를 배경으로 이루어졌음을 부인하는 또 하나의 근거는 메카에 관한 고고학적 증거와 관련이 있다. 크론은 여러 가지 역사적 자료들과 고고학적 증거를 통해 메카가 6-7세기에는 무역로의 중심 도시가 아니었다는 것을 밝혔다.[47] 이슬람 태동 이전 혹은 초기 이슬람 당시 메카가 무역로의 중심에 있었음을 뒷받침할 역사적 근거가 없기 때문이다. 아랍족 혹은 꾸라이쉬족이 무역 상인으로서 활동했다거나 메카가 7세기 초 국제 무역의 중심이었다는 증거는 아라비아 외부 민족들의 기록에도 전혀 나타나지 않는다. 더구나 6-7세기 당시 남부 아라비아와 시리아를 연결하는 육상 무역로는 해상 무역로에 비하면 그 중요성이 미미했다. 이슬람 자료들을 보더라도 아랍족이 시리아로 수출하는 품목은 예멘의 향수를 제외하고는 대부분 저렴한 가죽, 의류 또는 유제품 등이었기에 메카가 국제 무역의 중심이었다는 주장은 무리다. 메카가 국제 무역의 중심이 아니었고, 종교적 중심지도 아니었다면 이슬람의 전통적 내러티브를 부정할 만한 또 하나의 이유가 된다.[48]

한 지식이나 도구들을 갖고 있지 못했다는 점을 인정하며 이로 인해서 끼블라가 항상 메카를 향하지는 않았던 점을 시인한다. - "The Qibla Of Early Mosques: Jerusalem Or Makkah?" in *Islamic Awareness*, November 03, 2001. 〈https://www.islamic-awareness.org/history/islam/dome_of_the_rock/qibla.html〉

47 Patricia Crone, *Meccan Trade and the Rise of Islam*. Piscataway, NJ: Gorgias, 1987.
48 사우디아라비아는 이슬람의 성지 순례의 중심인 메카를 지속적으로 개발하고 확장하는 프로젝트를 진행하고 있다. 만일 메카가 6-7세기부터 국제 무역의 중심지였다면, 건설 프로젝트가 진행되는 가운데 상당히 의미심장한 고대 유물들이 발굴되었어야 한다. 하지만 7세기까지 거슬러 올라가는 유물들이 땅속에서 발굴되지 않고 있다는 점은 7세기 초엽으로 알려진 이슬람 기원보다는 그것을 부정하는 크론의 주장을 뒷받침해 주는 증거라고 볼 수 있다. 변증론자 스미스(Jay Smith)의 논증을 참고하라. - "04-Mecca, Interestingly, Is Not a Very Old City! Al

무함마드가 역사적 인물이라는 고고학적 증거가 있는가?

이슬람의 태동기로 알려진 7세기 유물 중에 무함마드에 관한 기록은 흔적도 보이지 않는다. 그가 지도자로서 그토록 중요한 인물이었다면, 그의 이름이나 생애를 기록한 문서든 비문이든 고고학적 자료가 남아 있을 법한데도 이상하리만치 찾아볼 수 없다. 무함마드에 관한 당시 최초의 기록은 691년경 압둘말리크(685-705년)의 명령으로 예루살렘에 세워진 바위 돔(일명 황금 돔)에서 발견되었다. 내부에 새겨진 문장 속에 무함마드라는 이름이 있었던 것이다. 그러나 이름만 언급되었을 뿐, 그의 생애와 활동에 관한 정보는 보이지 않는다. 또한 압둘말리크가 697년경 동전을 만들면서 이슬람의 신앙 증언인 샤하다와 유사한 문장을 새겨 넣었는데, 여기서 무함마드가 알라의 메신저로 언급되었다. 하지만 이 두 가지를 제외하고는 이슬람력 1세기에 속한 문헌들이나 조각들에서는 무함마드의 생애와 활동을 알 만한 어떤 기록도 존재하지 않는다.

이슬람의 전통적 내러티브는 무함마드의 생애에 관한 내용을 사후 200년이 지난 뒤 이븐 히샴(833년 사망)이 기록한 시라에 전적으로 의존하고 있다.[49] 9세기 초에 기록된 시라가 무함마드의 생애 및 활동과 종교적 가르침을 얼마나 정확하게 전달할지 의구심을 가질 수밖에 없다.

Fadi & Jay Smith CIRA series" in *PfanderFilms*. May 23, 2018. ⟨https://www.youtube.com/watch?v=EM6ukHF8eu8⟩

49 전통적 내러티브에 따르면, 시라를 편집한 인물로 주흐리(737년 사망)와 이븐 이스학(767년 사망)이 있었는데, 이들의 저술은 남아 있지 않다. 다만 이븐 히샴이 이븐 이스학의 시라를 바탕으로 재편집하여 만든 시라가 지금까지 전해져 무함마드의 전기와 이슬람 역사를 증거하는 자료로 사용되고 있다.

일반 논리학에서는 증거 자료가 희소하거나 없다는 점에 근거하여 주장을 펼치는 것은 논증이 약하다고 간주한다. 하지만 이 경우에는 무함마드에 관한 역사적 증거의 부재에 근거한 의심은 정당해 보인다. 왜냐하면 이슬람에서 무함마드의 중요성이 절대적으로 크기 때문이다. 따라서 7세기 말 이전에 그에 대한 기록과 고고학적 증거들이 충분하지 않다는 점은 그의 역사성을 의심할 만한 여지를 준다고 하겠다. 7세기 말이 되어서야 이슬람과 무함마드에 관한 용어들이 나타나는 것을 어떻게 설명해야 할지 전통적 무슬림 학자들은 설득력이 있는 이유를 제시해야 할 것이다.

"바위 돔" 건축물은 이슬람 초기 역사에 관한 전통적 주장을 뒷받침하는가?

691-692년경에 압둘말리크의 명령으로 세워진 바위 돔은 이슬람의 이름으로 만들어진 첫 번째 종교 건축물이다. 이 건축물은 역사비평학적 연구에 있어서 이슬람의 태동과 꾸란에 관한 매우 중요한 단서들을 제공한다.

첫째, 압둘말리크는 왜 이 기념비적인 건축물을 예루살렘에 지었는가? 전승에 따르면, 무함마드는 히즈라 1년 전인 621년에 기적적인 방법으로 메카에서 예루살렘으로 와서 현재 바위 돔이 자리한 바위에서 출발하여 천상을 방문했다고 한다. 특별히 밤에 천상을 방문한 이 사건을 가리켜 미으라즈(Mi'rāj)라고 한다. 압둘말리크가 신성한 이곳에 바위 돔을 짓게 한 이유라고 무슬림들은 설명한다. 그러나 바위 돔 내부에 새겨진 문장들 가운데 어디서도 무함마드의 천상 방문과 관련한 내용은 찾아볼 수 없다. 만일 무함마드의 미으라즈 사건이 바위 돔 건축의 계기라면, 이에 대한 언급이 반드시 있어야 할 텐데 없다.

또한 7세기 말 우마위야 왕조 시대에 정치·경제적 중심지는 다메섹이었고, 아랍 부족들의 종교적 중심지는 페트라였다. 더구나 무함마드에 의해 이슬람이 시작되었던 가장 중요한 장소가 메카와 메디나다. 그런데도 압둘말리크는 왜 바위 돔을 굳이 유대인과 기독교인이 주로 거주하던 예루살렘에 지었을까? 가장 합리적인 추론은 당시 정치적 대립 관계에 있었던 비잔틴 제국의 종교인 기독교에 맞서기(polemic) 위한 목적으로 예루살렘 중심에 바위 돔이라는 이슬람 건축물을 세웠다는 것이다. 다음에 언급하는 몇 가지 근거들이 이러한 추론을 강하게 뒷받침한다.

둘째, 바위 돔의 팔각형 구조는 일반 모스크나 다른 이슬람 건축물에서는 발견되지 않는 형태다. 이것은 바위 돔이 당시 존재하던 로마 비잔틴의 건축물 구조를 본뜬 것일 가능성을 보여 준다. 예루살렘과 베들레헴 사이에 세워진 카티스마 교회(Church of the Seat of Mary)가 팔각형 구조인 것에 주목할 필요가 있다. 1992년에 발굴되어 세상에 처음 공개된 이 교회는 에베소 공의회(431년)가 열린 후인 5세기 중엽에 지어진 것으로 알려졌다. 에베소 공의회는 마리아를 신학적으로 "신을 낳은 자"라는 뜻의 테오토코스(theotokos)로 규정하여 교회의 정통 교리 가운데 자리 잡게 한 중요한 사건이다. 그 후에 비잔틴 제국에서 공식적인 마리아 기념 교회로서 처음 지어진 건축물이 바로 카티스마 교회로 7세기 말에도 예루살렘 근처에 굳건히 자리하고 있었다.

바위 돔은 카티스마 교회와 두 가지 측면에서 밀접한 관계가 있다.

먼저 두 건축물의 구조가 팔각형으로 유사한 형태다. 그러나 더 중요한 것은 바위 돔 내부에 새겨진 문구다. 그 내용을 요약하면 다음과 같다.

> … 알라 하나 외에 다른 신은 없고 그에게는 동등한 자가 없다. … 무함마드는 알라의 종이며 그의 메신저다. … 성서의 사람들이여! 너희의 종교를 과장하지 말라. … 알마시흐 곧 마르얌의 아들 이싸는 알라의 메신저에 불과하며, 그(알라)가 마르얌에게 넣어 준 그의 말씀이며, 그(알라)로부터 온 루흐(영)에 불과하다. 그러므로 알라를 믿고 그의 메신저들을 믿어라. 그리고 셋이라고 하지 말아라. 멈추는 것이 너희를 위해 더 나을 것이다. 알라는 하나다. … 알라여, 당신의 메신저요 당신의 종인 이싸를 축복하소서. 그가 태어난 날, 그가 죽는 날, 그리고 다시 살아날 그날을 축복하소서. …⁵⁰

내용을 살펴보면, 카티스마 교회가 상징적으로 보여 주는 예수 그리스도의 신성과 "신을 낳은 자"로서 특별한 존재임을 드러내는 마리아에 관한 내용을 정면으로 부정하고 있음을 알 수 있다. 바위 돔의 문구는 예수의 신성과 하나님의 아들 됨을 강하게 반박한다. 또한 알라는 태어나거나 누구를 낳지도 않음을 분명히 선포하며 마르얌이 특별한 신적 존재가 됨을 반대한다. 그리고 삼위일체론과 같은 기독교 신학의

---

50 처음 건축된 바위 돔의 내부 및 외부 벽에 새겨진 문구들은 다음 자료를 참조하라. - "The Arabic Islamic Inscriptions On The Dome Of The Rock In Jerusalem, 72 AH / 692 CE" in *Islamic Awareness*, November 12, 2005. 〈https://www.islamic-awareness.org/history/islam/inscriptions/dotr〉

최소한의 이슬람

핵심 교리를 부정한다. 압둘말리크가 이 같은 변증적 문구를 바위 돔의 내부에 새겨 넣도록 한 이유가 무엇인지 주목해 봐야 할 것이다.

이상의 내용을 종합해 볼 때, 바위 돔은 당시 예루살렘을 중심으로 형성되었던 비잔틴 제국의 종교 세력인 기독교에 대항하려는 목적으로 세워진 이슬람의 상징적 건축물이다. 이 건축물을 통해 삼위일체와 예수 그리스도의 신성, 하나님의 아들을 모두 부정하는 새로운 종교로서 이슬람의 신앙적 기초를 명시적으로 선포한 것이다. 압둘말리크는 이러한 노력을 통해 우마위야 왕조의 정치적 안정을 도모하고, 제국으로서의 면모를 갖추기 위해 아랍족의 종교적·사상적 토대가 필요하던 차에 이슬람이란 종교 체계를 수립한 것이 아닌가 하는 추정을 해 볼 수 있다. 이런 설명은 수정주의 학자들(크론과 쿡, 네보와 코렌 등)의 주장과도 일맥상통한다.

셋째, 바위 돔의 문구가 꾸란에 던지는 매우 중요한 도전들이 있다. 바위 돔의 문구와 꾸란의 구절을 비교하다 보면, 이상한 점을 발견하게 된다. 둘은 정확하게 일치되지 않으며, 심지어 이슬람에서 가장 중요한 신앙 증언인 샤하다와도 정확하게 일치하지 않는다.

[바위 돔 내부 벽의 문구]

알라 하나 외에 다른 신은 없고, 그에게는 동등한 자가 없다.

(lā ilāha illā llāh waḥdahu lā sharīka lahu)

[바위 돔 외부 벽의 문구]

알라 그 외에 다른 신은 없고, 그에게는 다른 동등한 자가 없다. 무함마드는 알라의 메신저다.

(lā ilāha illā llāh waḥdahu lā sharīka lahu Muḥammad rasūl Allah)

[샤하다]

알라 외에 다른 신은 없고, 무함마드는 알라의 메신저다.

(lā ilāha illā llāh wa Muḥammad rasūl Allah)

위에서 보듯이 현대의 이슬람 샤하다와 바위 돔의 문구는 비슷한 듯 보이지만, 정확하게 일치하지는 않는다. 바위 돔의 "하나/그 외에"를 의미하는 와흐다후(waḥdahu)라는 표현과 "그에게는 다른 동등한 자가 없다"(lā sharīka lahu)라는 문구는 샤하다에는 나타나지 않는다. 만일 샤하다가 그토록 중요한 이슬람의 신앙 고백으로 자리 잡고 있었다면, 바위 돔의 문구를 기록할 때 당연히 정확하게 일치하도록 썼을 것이다. 하지만 이런 중대한 차이를 나타내는 것을 볼 때, 바위 돔 건축물이 만들어질 당시(692년)까지도 샤하다는 중요한 신앙 증언으로 자리매김하지 않았음을 알 수 있다.

더구나 바위 돔의 문구 중에는 꾸란의 일부 구절로 보이는 내용도 있지만, 그 둘의 내용 또한 정확히 일치하지는 않는다. 예를 들면, 이싸에 관한 내용이 담긴 바위 돔의 문구와 꾸란 19장 32–33절을 비교해 보면 그 차이를 명백히 확인할 수 있다.

[꾸란 19:32-33]

그(알라)는 나의 어머니를 존경하게 하였고 나를 비참한 반역자로 만들지 않으셨다. 내가 태어난 날, 내가 죽는 날, 그리고 내가 다시 살아날 그날에 평화가 있게 하소서.

[바위 돔의 문구]

알라여, 당신의 메신저이자 당신의 종 마르얌의 아들 이싸를 축복하
소서. 그가 태어난 날, 그가 죽는 날, 그리고 그가 다시 살아날 그날 평
화가 들게 하소서.

가장 큰 차이는 화자로, 대명사가 3인칭과 1인칭으로 다르게 표현
되었다.[51] 그런데 바위 돔의 이싸 관련 문구 다음 내용은 꾸란의 수라
19장 34-36절과 정확하게 일치한다. 이것은 무엇을 말하는가? 바위
돔을 지을 당시 꾸란이 정경으로 표준화되어 있었고 책으로 존재했다
면, 당연히 꾸란의 구절(19:32-33)을 그대로 인용했을 것이다. 꾸란이 갖
는 권위에 의존하는 것보다 더 강력한 선언은 없었을 것이기 때문이
다. 그런데 꾸란의 구절과 다른 문구가 들어가 있는 것을 보면, 당시에
꾸란은 아직 표준화되지 않았거나 정경화되지 않은 상태였을 것으로
추론할 수 있으며 이는 충분히 합당해 보인다. 연대기적 순서를 굳이
정하자면, 꾸란이 기록된 책으로 확정되기 이전에 바위 돔 내부의 문
구가 만들어졌다고 보는 것이 더 타당할 것이다.

꾸란이 7세기 중엽(650년경)에 성문화되었음을 뒷받침하는
역사적 근거들은 무엇인가?

이슬람의 전통적 내러티브는 7세기 중엽(650년경) 오스만 칼리프 시
대에 꾸란이 성문화되어 경전으로 인정받아 당대 이슬람 세계의 주요

---

51 꾸란 19장 15절은 야흐야(세례 요한)에 관한 내용인데, 3인칭 대명사를 사용하였으며 바위 돔의
   문구와 동일하게 쓰였다. 하지만 그다음 내용부터는 완전히 달라진다.

도시들로 사본이 보내어졌다고 말한다. 하지만 비평학자들은 이를 뒷받침할 만한 고고학적·사본학적 근거를 발견하지 못했다고 강조한다. 사본학적 근거는 일단 보류하더라도, 7-8세기의 역사적·문헌적·고고학적 자료들을 고려한다면, 7세기 중엽에 꾸란이 편집되고 성문화되었다는 이슬람의 전통적 주장이 쉽사리 받아들여지진 않는다.

비평학자들은 서로 다른 이유로 다음과 같은 결론을 내리는데, 그 내용을 살펴보는 것이 의미 있을 것이다. 첫째, 이슬람과 무함마드에 관한 명백한 언급이 문헌적으로 나타나는 가장 오래된 자료는 우마위야 왕조의 압둘말리크가 지은 바위 돔에 새겨진 문구들(691-692년경)과 동전들(693년경)이다. 650년경에 꾸란이 성문화되어 이슬람 제국의 주요 도시들에 전해졌다는 전통적 내러티브가 사실이라면, 무함마드와 이슬람과 꾸란에 대한 언급이 우마위야 왕조 이전부터 존재했을 것이고, 아라비아반도를 비롯한 전 아랍 세계에서 당연히 그 흔적들을 발견할 수 있었을 것이다. 그러나 흥미롭게도 역사적 관련 자료나 증거는 어디서도 발견되지 않는다.

둘째, 바위 돔의 문구들은 이상하리만치 꾸란과 유사하면서도 정확히 일치하지는 않는다. 만일 바위 돔이 건축되기 이전에 꾸란이 성문화되었다는 전통적 내러티브가 사실이라면, 아마도 건축가들은 꾸란의 권위를 인정하며 관련 구절들을 그대로 새겨 넣었을 것이다. 알라가 내려 준 와히이니만큼 어떤 다른 문구보다도 더 강력한 권위가 있는 꾸란의 구절들을 그대로 기록하는 편이 나았을 것이기 때문이다. 그러나 둘을 비교해 보면, 바위 돔의 문구들이 꾸란의 구절들보다 앞서 기록되었을 것으로 보인다. 이것은 바위 돔이 건축될 때까지도 꾸란이 성문화된 경전으로 존재하지 않았음을 증명한다.

셋째, 현대 비평학적 꾸란학의 리더인 완스브로는 초기 무슬림이 샤리아를 제정하는 과정에서 법적 논증을 펼칠 때, 꾸란 구절들을 직접 언급하지 않았다는 점에 주목한다. 만일 꾸란이 초기부터 무슬림의 손에 있었다면, 꾸란의 다양한 구절들이 모든 법제의 근거로써 인용되고 사용되었을 것이다. 그런데 꾸란 구절들이 법적 논증에 인용되지 않았다. 또한 완스브로는 꾸란의 다양한 고대 사본의 본문에서 차이점이 다수 발견된다는 사실을 주목하면서 압바시야 왕조 시대에도 꾸란은 안정된 경전으로 존재하지 않았을 것이라고 주장한다. 모든 근거를 종합하여 고려할 때, 완스브로는 꾸란이 경전으로 완성된 시점은 이슬람의 전통적 내러티브가 말하는 것보다 훨씬 이후였을 가능성이 크다고 주장한다.[52]

넷째, 꾸란의 편집 시기와 직접 연관된 것은 아니지만, 언어학적 특성에 관한 비평학적 연구들은 꾸란과 관련한 전통적 내러티브에 중요한 도전을 던진다. 꾸란의 아랍어 단어들의 어원을 연구했던 제프리(Arthur Jeffery)는 1937년에 출판한 《The Foreign Vocabulary of the Qur'an》(꾸란의 외래어)이라는 책에서 꾸란의 수많은 어휘가 순수한 아랍어가 아닌 중근동의 주변 언어들로부터 차용되었다고 밝혔다.[53] 심지

---

52 John Wansbrough, *Qur'anic Studies: Sources and Methods of Scriptural Interpretation*. Oxford, UK: Oxford University Press, 1977. xxi-xxiii, p.49-52, 202. _____. *The Sectarian Milieu: Content and Composition of Islamic Salvation History*. London Oriental Series XXXIV. Oxford: Oxford University Press, 1978; Reprint, Amherst, NY, 2006. p.32-49, 114-119.

53 Arthur Jeffery, *The Foreign Vocabulary of the Qur'an*. (Baroda, India: Oriental Institute, 1938); Reprint, Leiden: Brill, 2007.

어 이슬람의 핵심 용어인 알라, 꾸란, 나비, 쌀람 및 수많은 성경 인물의 이름들조차도 비아랍어에서 차용된 어휘들임을 증명했다. 또한 꾸란에는 순수 아랍어에서는 쓰이지 않던 단어들도 존재하는데, 이들은 페르시아어나 남부 아라비아나 에티오피아의 고대 언어로부터 기인한 것들이다. 꾸란 105장의 석청을 가리키는 씻질(sijjīl)을 예로 들 수 있다.[54] 이 같은 언어학적 연구들에 따르면, 7세기에 아라비아반도에서 거주하던 아랍족의 언어는 현재 우리가 알고 있는 이슬람의 체계적인 종교 교리와 사상을 표현할 만큼 발전된 언어가 아니었다고 볼 수 있다.[55]

꾸란을 언어학적으로 연구한 룩센베르그(Luxenberg: 필명)는 꾸란에 쓰인 단어들은 시리아 기독교인들이 사용했던 수르얀어의 영향을 강하게 받았다고 말하면서 수많은 증거를 제시한다.[56] 아랍어로 이해하고 해석한 고전 주석가들조차도 특정 단어의 어근과 의미를 정확히 알지 못한 채 추론을 통해 구절들을 해석함으로써 잘못된 결론을 제시했다고 비판한다. 즉 수르얀어 단어가 아랍어화 되어 꾸란에 반영되었는데, 그 어원을 정확히 알지 못했던 고전 주석가들이 잘못 해석했다는 것이다. 잘 알려진 예를 하나 들자면, 일반적으로 꾸란에서 낙원에 존재한다는 "후르 아인"(hūr 'in)(44:54; 52:20; 55:72; 56:22)에 대해 무슬림 주석

---

54 황원주, "꾸란 105장 주석을 통해 본 꾸란 해석 과정에 대한 비평적 분석", 〈아랍과 이슬람 세계〉(제7집), 중동아프리카연구소, 2020, 94-146쪽.

55 이를 뒷받침하는 근거로 아랍어 문법을 체계적으로 저술한 시바와이히(796년 사망)가 압바시야 왕조의 사람이었다는 것을 언급하기도 한다.

56 Christoph Luxenberg, *The Syro-Aramaic Reading of the Koran: A Contribution to the Decoding of the Language of the Koran*, Berlin: Hans Schiler, 2007.

최소한의 이슬람

가들은 "큰 눈을 가진 뽀얀 피부의 처녀들"로 해석한다. 그러나 룩센베르그는 사실 후르 아인은 고대 아람어로 쓰인 기독교 문서들에서는 포도를 가리키는 단어였음을 알아냈다. 그렇게 본다면 꾸란이 약속한 것은 낙원에서 성적인 즐거움을 주는 처녀들이 아니라 강이 흐르고 포도가 열린 아름다운 낙원을 묘사하는 것으로 보아야 한다.[57] 하지만 극단적 이슬람 근본주의자들은 지하드를 수행하다가 전사하면 낙원에서 후르 아인을, 곧 아름다운 여인들을 보상으로 얻게 될 것이라고 해석한다.

룩센베르그는 7세기 당시 중동에서 문화적인 종교 의례를 위해 널리 사용되었던 고대 아람어가 당시 아랍 부족들에게 영향을 주었을 것이며 자연스럽게 꾸란의 기록 과정에도 큰 영향을 끼쳤을 것이라고 말한다. 이런 주장은 꾸란이 7세기 중엽 순수한 아랍어, 특히 꾸라이쉬 부족의 아랍어로 기록되었다는 것을 부정할 만한 중요한 근거가 된다. 이상의 요소들을 종합하여 볼 때, 꾸란이 7세기 중엽(650년경) 오스만 칼리프 시대에 집대성되고 성문화되었다는 전통적 내러티브는 심각한 도전에 직면하고 있음을 알 수 있다.

이슬람의 종교적 정체성은 언제 수립되었는가?

7세기 초엽에 무함마드를 중심으로 이슬람의 교리 체계가 선포됨과 동시에 이슬람이 발흥되었다는 주장은 현존하는 역사적 자료들을 기초로 살펴보면 근거가 없다. 자료들을 보면, 7세기 말(690년경) 압둘말

---

57 Ibid., p.252-265.

리크가 시리아를 통치하던 우마위야 왕조 시대에 이르러서야 이슬람이나 무함마드 같은 단어들이 등장한 것으로 보인다.

또한 이슬람의 전통적 내러티브를 뒷받침하는 문서들이 기록된 시점은 실제로 압바시야 왕조 초기(780년경) 이후다. 무함마드가 사망한 632년 이후 이슬람의 교리 체계와 신학이 정립되기까지 약 150년의 시간이 소요되었다는 뜻이다. 이런 점에서 역사비평학자들은 전통적 내러티브에 의구심을 품고, 이슬람의 초기 역사에 관해 도전적 질문들을 많이 던지고 있다. 현존하는 역사적 자료들을 기반으로 하여 이슬람의 초기 역사를 정립하는 새로운 관점이 필요하다.

그렇다면 역사비평학자들은 이슬람의 기원과 그 배경에 대해 어떤 견해를 보이는가? 대부분의 학자는 이슬람이 처음부터 체계화된 종교로서 나타난 것이 아니라, 일정한 기간을 지나면서 시대적인 필요에 따라 종교적·사상적 정체성을 정립해 왔다는 점에 동의한다. 지금까지 제시된 견해 중 가장 주목할 만한 가설은 두 가지인데, 역사상 두 시점에 주목하여 이슬람의 태동 및 정체성 확립을 설명하고 있다.

첫째는 우마위야 왕조의 압둘말리크 왕에 의해 이슬람의 기초가 만들어지고, 공식적인 선언이 이루어졌다는 가설이다. 크론과 쿡은 그 시점을 바위 돔이 건축된 692년경으로 제시한다. 이 가설에 따르면, 634-638년 사이에 아랍 부족들이 시리아와 팔레스타인을 침략했을 때만 하더라도 이들의 종교적 성향은 이슬람보다는 오히려 유대교적 단일신론에 가까운 형태였다. 침략을 주도한 아랍족은 강한 군사력을 바탕으로 유대인과 기독교인을 다스리는 지배자로 군림하게 되었으나 처음부터 이슬람의 포교라는 종교적 목적과 무슬림으로서의 정체성을 가졌던 것은 아니라는 것이다. 당시의 역사적 자료들은 침략자인 아랍족이 자신을 가리켜 "무으미눈"(믿는 자들) 혹은 "무하지룬"(이주자들: 아라비아반도 사막에서 팔레스타인 지역으로 이주한 자들이란 뜻)이라 밝혔다고 기록하고 있다. 이는 매우 중요한 근거다. 이들은 종교적인 다양성을 허용하면서도 단일신 사상을 강조했다는 사실도 밝혀졌다.

팔레스타인을 점령한 아랍 부족들 사이에 얼마간 전쟁과 혼란이 일어났을 때, 갈등을 해결하고 정치적 안정을 이룬 것이 무아위야 가문이다. 이들은 후일 우마위야 왕조를 수립하여 통치 체제를 구축한다. 우마위야 왕조 초기에는 비잔틴 제국의 문화와 행정 질서를 그대로 이어받아 통치했으며, 기독교인들을 행정 관료로 등용하기도 했다. 또한 비잔틴의 주화를 그대로 사용했으며 우마위야 왕조의 주화를 동일한 양식으로 만들기도 했다. 안정적으로 정착하여 중앙집권적으로 통치하기 위한 인적 자원이나 경험이 없었으므로 이러한 과도기적 상황은 불가피했을 것으로 보인다.

하지만 우마위야 왕조의 압둘말리크가 점차 피지배자들인 유대인과 기독교인을 차별하기 시작했고, 정치적으로 적대 관계에 있던 비잔틴 제국의 종교인 기독교에 맞설 아랍족 고유의 정치적·종교적 이데올로기가 필요했다. 이러한 정치·사회적 필요에 따라 아랍족에게 고유한 정체성을 제공하면서도 단일신론에 기초한 종교를 수립하게 되었는데, 그것이 바로 이슬람이었다.

이와 동일한 맥락에서 돈너는 우마위야 왕조의 압둘말리크왕의 통치 시기에 아랍 부족들이 이슬람의 종교적 정체성을 강조하기 시작하였고, 이때부터 "무슬림"이 "믿는 자들"의 무리에서 유대인과 기독교인을 밀어내게 되었다고 주장한다. 즉 압둘말리크가 통치하던 때에 비로소 아랍족들 사이에 이슬람이란 종교적 정체성이 강조되기 시작했다는 것이다.

기독교와의 차별화를 도모하며 아랍주의를 표방하던 압둘말리크는 아랍어를 공용어로 만들었고, 동전에도 기독교의 문양 대신 이슬람의 문양을 넣기 시작했다(693년). 압둘말리크가 만든 동전 중에서 처음 것들에는 당시 비잔틴 주화에서 많이 볼 수 있던 십자가 문양과 칼리프의 화상을 새겨 넣었다. 그러나 이슬람의 정체성을 점차 강조하면서 동전에서 십자가 문양이나 왕의 화상을 모두 없앤 후 대신 이슬람의 샤하다를 새겨 넣기 시작했다(697년경). 이 같은 동전의 변화는 압둘말리크왕 시대에 이슬람이 일종의 진화적 발전을 계속해 왔다는 점을 보여 준다. 왕위 초기에는 이슬람이 정형화된 형태로 존재하고 있지 않았을 가능성이 매우 크다. 만일 이슬람이 7세기 초엽에 완성된 형태로 전파되었고, 우마위야 왕조 시대에 제국으로서 세력을 펼치는 상황이었다면, 제국 초기부터 동전에 십자가 문양이나 칼리프의 화상 따위는 새기지 않았을 것이기 때문이다.

[동전의 시대적 변화들]⁵⁸

디르함(691년 이전)의 한 면에는 칼리프의 형상과 샤하다가,
다른 면에는 반쪽짜리 십자가가 새겨져 있다.

압둘말리크 중기(692년경)의 디나르 앞뒷면에는
칼리프의 형상과 샤하다가 새겨져 있다.

압둘말리크 후기(697년경)의 디나르는 모든 형상을 제거하고,
샤하다 문구만을 새겼다.

58 Wijdan Ali, "Umayyad Coins (661-750 CE)" in *Muslim Heritage*. January 18, 2004. 〈https://muslimheritage.com/umayyad-coins-661-750ce/〉

이슬람의 기원에 관한 두 번째 가설은 이슬람의 정체성 및 체계화는 압바시야 왕조 초기에 이루어졌다고 보는 것이다. 크론과 쿡의 스승이었던 완스브로는 이슬람과 꾸란의 기록 시기를 압바시야 왕조의 초기, 구체적으로는 8세기 후반이나 9세기로 보았다. 압바시야 왕조가 시작되고 나서야 비로소 이슬람이 경전을 갖춘 체계적인 종교로 자리 잡았다는 것이다. 실제로 압바시야 왕조가 우마위야 왕조를 몰아내고, 다양한 비아랍 민족들을 아우르며 거대한 제국을 이루었기 때문에, 제국의 통치 근간을 마련하기 위해 종교적 이데올로기가 필요했다. 즉 정치적 목적을 위해 정당성을 찾는 과정에서 이슬람이 독자적인 종교로 체계화되었다는 것이 완스브로의 주장이다.

특히 꾸란에 대해서는, 이슬람이 유대교 및 기독교의 다양한 종파들과 갈등을 겪는 과정에서 제국의 법제를 확립하기 위한 목적으로, 즉 샤리아를 뒷받침하기 위한 목적으로 꾸란이 기록되고 편집되었다고 주장한다. 완스브로는 꾸란의 집대성 시기를 이처럼 늦게 보는 이유로 샤리아를 제정하는 과정에서 꾸란의 구절들이 언급되지 않았음을 지적한다. 즉 샤리아를 제정할 때, 꾸란의 구절들을 언급하면 쉽게 해결되었을 텐데도 그렇지 않았다는 것이다. 결국, 꾸란이 이때까지도 성문화되어 있지 않았다는 결론에 도달하게 된다.[59]

이슬람의 기원과 꾸란의 출현을 압바시야 왕조 초기로 보는 완스

---

59 John Wansbrough, *Qur'anic Studies: Sources and Methods of Scriptural Interpretation*, Oxford, UK: Oxford University Press, 1977. xxi-xxiii, p.49-52, 202. _____. *The Sectarian Milieu: Content and Composition of Islamic Salvation History*. London Oriental Series XXXIV. Oxford: Oxford University Press, 1978; Reprint, Amherst, NY, 2006. p.32-49, 114-119.

최소한의 이슬람

브로의 견해가 다소 급진적으로 보일 수 있다. 그래서 역사비평학자들 사이에서도 동의를 널리 얻지는 못하고 있다. 그의 생전에는 발견되지 않았던 새로운 증거들이 이슬람의 기원을 압바시야 왕조보다 앞선 시기로 당기고 있다. 이슬람과 꾸란의 기원에 관한 완스브로의 급진적 결론은 그 정당성을 상실하고 말았지만, 그가 제시한 역사비평학적 방법들과 방대한 연구 자료들을 바탕으로 한 박식함은 여전히 후대 역사비평학자들에게 큰 영향을 주고 있다.

역사비평학적 연구 결과가 이슬람의 기원 이해에 주는 시사점

역사비평학적 연구들이 이슬람의 기원과 초기 역사에 관해 던지는 질문들은 매우 근원적이고 도전적이다. 이 연구들은 일반적으로 수용해 오던 이슬람의 전통적 내러티브를 부정하고 더 나아가 대안적 설명을 통해 새로운 관점에서 이슬람의 출발점을 밝히려고 한다. 물론 비평학적 연구들이 모두가 동의할 수 있는 최종적 결론을 제시한다고 할 수는 없다. 비평학자들 사이에도 공존하지 못할 상충하는 결론이나 견해가 존재하기 때문이다. 하지만 전통적으로 무슬림들이 주장해 오던 이슬람의 내러티브를 수용하지 않을 정당한 근거들을 제시했다는 점에서 무슬림들로 하여금 그들의 종교 기원의 근거를 재검토하도록 격려했다는 의미가 있다. 더 나아가 꾸란의 기원과 내용에 관한 연구 및 새로운 관점의 평가가 필요하다는 점을 보여 준다.

5장

7세기 초 이슬람의 기원을 뒷받침하는
자료들은 신뢰할 만한가?

: 이슬람 전통적 자료들에 대한 역사비평학적 평가

지금까지 역사비평학적 연구를 통해 이슬람의 전통적 내러티브가 말해 온 이슬람의 기원에 관한 여러 의문점을 살펴봤다. 이제 전통적 내러티브를 구성하는 데 기초가 되는 역사적 자료들을 역사비평학적 방법으로 검토해 보고자 한다.

먼저 기억해야 할 사실은 흥미롭게도 꾸란 자체가 무함마드의 생애와 이슬람의 기원에 관해 직접적인 내용은 제공하지 않는다는 것이다. 사복음서가 예수님 당시의 시대적 배경과 정치·사회·종교적 상황 및 예수님의 삶과 가르침을 분명하게 보여 주는 것과는 매우 대조적이다.

무슬림들이 이슬람의 기원을 설명하기 위해서는 꾸란이 아닌 다른 역사적 자료들에 의지해야만 하는데, 그 안에는 하디스, 시라, 정황 보고 및 고전 주석서 등이 포함된다. 이 자료들을 역사비평학적으로 검토하여 봄으로써 전통적 내러티브의 신뢰성을 검증할 수 있다. 만일 이 자료들이 역사적 신뢰성을 얻지 못한다면, 이것들에 기초하여 세워진 이슬람의 기원과 초기 역사는 신빙성이 없다고 할 것이다.

이 장에서는 하디스, 시라, 정황 보고 등을 역사비평학적으로 평가하고, 꾸란에 관한 평가는 그 자체로 매우 중대한 사안이므로 다음 장에서 따로 다루겠다.

최소한의 이슬람

하디스에 관한 역사비평학적 평가

하디스의 권위와 중요성

꾸란이 이슬람에서 절대적 권위를 갖는 경전이지만, 꾸란 다음으로 권위 있는 것은 하디스다. 꾸란은 알라로부터 내려온 무오한 와히라고 주장하는데, 하디스는 꾸란과 같은 권위를 가진 와히는 아니다. 즉 꾸란처럼 절대 무오한 방법으로 모든 문자가 암송되어 전달된 것이 아니라 의미 중심으로 전달된 것이므로 인간적 오류가 포함되어 있음을 인정한다. 따라서 일반적으로 하디스는 꾸란의 절대적 권위에는 미치지 못하는 것으로 여겨진다.

꾸란이 추상적이고 시적인 표현들로 가득 차 있다면, 하디스는 무함마드의 생애에서 일어난 구체적 상황들을 담은 내러티브로 되어 있기에 상대적으로 이해하기가 쉽다. 또 꾸란의 난해한 본문을 이해하는 데 하디스가 해석적 단서들을 제공하므로 꾸란 해석에서 매우 중요한 자료로 간주된다. 하디스는 무함마드의 언행을 구체적으로 언급하고 있으므로 무슬림의 실질적 삶과 행동을 규율하는 모본이 된다. 기도하기 전에 몸을 씻는 우두으 방식, 이슬람식 기도 살라트를 수행하는 방식, 노예들에게 자비를 베푸는 것의 중요성에 이르기까지 하디스는 무슬림의 일상생활과 깊이 연관되어 있다.

이런 이유로 하디스는 율법 샤리아를 제정하는 과정에서 절대적인 역할을 했다. 이와 관련해 브라운(Jonathan Brown)은 다음과 같이 기술한다.

이슬람 신학 및 법제의 전체 체계는 주로 꾸란에서 기인하지 않았다. 무함마드의 순나는 꾸란 다음으로 두 번째 권위 있는 자료이지만, 훨씬 더 상세한 살아 있는 경전이기에 후대의 무슬림 학자들은 선지자를 일컬어 '두 가지 계시(저자 주: 와히라는 의미)를 가진 자'로 언급하곤 했다.[60]

하지만 이슬람의 역사 초기부터 무슬림 학자들 사이에 하디스를 샤리아의 근거로 삼는 것에 관한 논쟁이 많이 있어 왔다. 즉 하디스를 이슬람의 샤리아를 수립하는 근거로 삼는 것을 반대하는 무슬림 지도자들이 있었는데, 가장 큰 이유는 다양한 하디스가 무함마드의 역사적 사건과 진실한 언행을 참으로 전달하고 있는지를 확신할 수 없었기 때문이다.

압바시야 왕조 당시 이맘 중 한 명인 알샤피이(al-Shāfi'ī, 767-820년)는 이런 갈등을 가라앉히고, 무함마드를 본받아야 하는 무슬림은 하디스를 통해 배우고 순종해야 함을 강조함으로써 하디스의 권위를 인정하도록 만들었다. 그러나 그도 역시 하디스에서 거짓 보고를 가려내고, 참된 것만을 골라야 함을 인정했는데, 분별의 기준으로 다음 원리들을 제시했다.

첫째, 다수의 전수자가 공히 동일한 내용을 전하고 있는가? 이런 보고들은 무타와티르(mutawatir) 하디스라 하여 중요하게 여기는데, 문제는 이런 하디스의 종류가 실제로 극소수에 불과하다는 것이다. 둘째, 보고의 전수자들이 형성하는 연결 고리인 이스나드가 끊어지지 않고

---

60 Jonathan Brown, *Misquoting Muhammad: The Challenge and Choices of Interpreting the Prophet's Legacy*. London: One World, 2014. p.18.

연속되는가? 셋째, 이스나드에 나타나는 전수자들은 모두 신뢰할 만한 경건한 자들인가?

알샤피이는 이런 엄격한 기준을 가지고 참된 하디스를 골라서 편집해야 한다고 말했다. 그러나 이슬람의 초기부터 하디스의 역사적 진실성과 권위에 대한 강한 의심이 초기 무슬림 지도자들 사이에 존재했음을 이슬람 역사가 말해 주고 있다.

하디스의 전승 과정 및 편집에서의 원천적 문제점

하디스에 대한 비평적 견해는 이슬람 역사 초기부터 이미 있어 왔고, 그 비평적 시각은 현대 무슬림들 특히 소수의 이슬람 개혁가 가운데도 존재한다.[61] 이슬람 초기에 무슬림 지도자들이 가졌던 문제점들에 더하여 역사비평학적 관점에서 하디스에 존재하는 많은 문제점을 살펴보자.

첫째, 하디스의 늦은 편집 시기는 그 역사적 진위에 강한 의심을 하게 한다. 하디스는 이슬람 초기부터 거의 200년 이상 구전으로 전달되었고, 이슬람력 3세기가 되어서야 편집된 기록으로 나타났다. 즉 하디스는 실제 무함마드의 생애로부터 너무 오랜 후에 기록되었다. 무슬림들은 특정 하디스가 구전된 과정을 이스나드가 밝히고 있으므로 믿을 만하다고 주장한다. 그러나 200년보다 더 오랜 후에 기록된 모든 내용

---

61 이슬람 초기에는 무으타질라 학파와 아흘리칼람이라 불리는 변증 신학파가 하디스의 문제점들을 제기했다. 현대 소수의 무슬림 학자도 이슬람 내부로부터 개혁을 주장하는데, 세이드 아흐멧 칸과 무함마드 익발 등이 있다. –Daniel Brown, *Rethinking Tradition in Modern Islamic Thought*. Cambridge, UK: Cambridge University Press, 1996. p.6-42.

이 무함마드 당시 역사적으로 발생한 사건과 언행들을 정확하게 기록한 것이라는 주장은 증명할 수 없다.

원래 하디스(ḥadīth, 복수는 aḥadīth)라는 말은 무함마드의 언행을 하나의 이야기로 구전되어 오던 것을 기록한 전승을 가리킨다. 이런 전승들을 모아서 편집한 책을 통칭 하디스라고 부른다. 하디스는 한 명의 저자가 기록한 한 권의 책이 아니라 특정 편집자가 다양한 사람들에게서 듣고 수집한 전승들을 모으고, 선별하여 책으로 엮은 것들이다. 보통 편집자의 이름을 따서 "아무개의 하디스"라 부른다. 예를 들면, 순니파에서 가장 권위 있는 것으로 여기는 알부하리의 하디스는 페르시아인 학자 알부하리(810-870년)가 약 60만 개가 넘는 전승들을 모은 뒤 그중 약 7,500개를 모아 97개 장으로 편집한 것이다. 7,500개 전승에서 중복된 내용을 제외하면, 약 2,600개의 전승을 찾아볼 수 있다고 한다.

[13세기 맘루크 시대에 이집트에서 제작된 알부하리 하디스의 사본(왼쪽)과 879년에 기록된 이븐 한발의 샤리아 사본(오른쪽)]

순니파에서 신뢰받는 하디스는 알부하리의 하디스 외에 5개 정도

최소한의 이슬람

가 더 있다. 편집자들을 보면, 알하자즈(Muslim ibn al-Ḥajjāj, 822-875), 아부 다우드(Abu Dawud, ?-889), 자미이 알티르미디(al-Tirmidhi, 편집 시기 864-884), 알나사이(Sunan al-Nasā'ī, 829-915), 이븐 마자흐(Ibn Mājah, 824-887) 등이다. 시기적으로 가장 이른 것은 846년경에 편집된 알부하리의 하디스이고, 제일 마지막은 알나사이(915년 사망)의 하디스다. 따라서 순니파가 가장 권위 있게 여기는 하디스들의 편집 연대는 846-910년 사이이며, 이것은 무함마드 사후 약 210-280년이 지난 시점이다.

순니 하디스의 주요 편집자들은 이슬람 원년으로부터 220년 이상 흐른 시기인 압바시야 왕조 시대에, 그리고 지리적으로는 아라비아반도에서 멀리 떨어진 메소포타미아라고 하는 전혀 다른 사회 구조에서 살던 사람들이었다. 이들이 9-10세기에 편집한 모든 전승이 7세기에 아라비아반도에서 살았던 무함마드의 실제 언행을 모두 올바로 기록했다고 증명하는 것은 불가능한 일이다. 예수님의 복음서 저자들이 주후 1세기 안에 예수님에 관한 모든 기록을 남겼고, 그 기록의 진실성을 동시대 사람들이 확증해 주었던 사실과 비교하면, 하디스의 역사적 신빙성은 의심의 여지가 많을 수밖에 없다.

둘째, 이슬람의 역사 기술에 따르면, 무함마드 사후에 시간이 갈수록 무슬림들 사이에 회자하던 전승의 수가 통제할 수 없을 정도로 증가하게 되었다. 따라서 참된 하디스와 거짓 하디스를 구분해 내는 작업이 필요하게 되었다. 알부하리의 증언이 얼마나 많은 전승이 경쟁적으로 존재했는지를 보여 주는데, 60만 개가 넘는 전승을 검토하고서 7,500개 정도로 추려 냈다고 하니 얼마나 많은 전승이 우후죽순으로 생겨났었는지 알 수 있다.

여기서 심각하게 대두된 문제는 당시 존재했던 수많은 경쟁적 전승 사이에서 어떤 것들이 역사적으로 진실한가를 어떻게 구분해 낼 것인 가였다. 알부하리는 나름대로 기준을 세워서 신뢰할 수 있는 참된 전승 들만 구분해 내려고 했다고 하지만, 결국 자의적 판단에 따라 선별했으 므로 절대적인 권위가 있다고 말할 수는 없다는 문제가 있다. 알부하리 자신이 신적 계시를 받아서 하디스를 선별하고 기록했다고 할 수 없기 때문이다. 인간적 판단이 개입되었다는 점을 인정해야만 한다.

셋째, 하디스 편집자들은 이스나드를 통해 전승의 중간 전달자들 을 명시하려고 했고, 전승의 고리가 무함마드 혹은 그의 동료들까지 거슬러 올라가면 권위가 있는 것으로 간주했다. 그러나 전승의 고리에 는 최소한 서너 명 이상의 중간 전달자가 나타나는데, 그들의 권위와 자질은 전달자로서 신뢰할 만한가 하는 문제가 존재한다. 중간 전달자 중에서 누가 신뢰할 만하고, 누가 아닌가를 구분하는 것도 편집자들이 인위적으로 판단할 따름이기 때문이다. 하디스 학자들이 이스나드를 강조할 때, 무함마드의 생애에 근접했던 처음 전달자를 매우 중요하게 생각하고, 그들의 이름에 주목하지만 이후 전승의 연결 고리에 나타나 는 인물들에 대한 세부 정보는 거의 없으므로 이스나드가 갖는 문제점 은 여전히 존재한다.

하디스를 역사비평학적으로 연구한 샤흐트(Joseph Schacht)는 이스나 드가 완벽할수록 오히려 그 하디스는 후대에 기록된 것이라고 주장한 다.[62] 이븐 한발(Ahmad ibn Hanbal, 855년 사망)은 그가 편집한 3만 개의 하디

---

62 Joseph Schacht, *The Origins of Muhammadan Jurisprudence*. Oxford: Oxford University Press,

스 중에서 1,710개가 이븐 압바스(무함마드의 동료, 687년 사망)로부터 기원했다고 주장했는데, 이븐 압바스는 하디스학에서 매우 권위 있는 전수자로 간주된다. 하지만 이븐 한발보다 50년 앞선 시기에 살았던 하디스 저자들은 이븐 압바스가 무함마드로부터 9개 혹은 10개의 전승만을 들었다고 주장했다. 후대로 갈수록 자신들이 만들어 낸 하디스가 더욱 권위 있게 보이도록 이븐 압바스와 같은 이름을 도용한 일이 많았음이 드러나는 대목이다.[63] 완스브로 역시 하디스가 내부적인 모순들, 익명성, 자의적 성격 등의 문제점을 가지고 있으므로 거부되어야 한다고 주장했다. 특히 하디스 전수자들이 어떤 인물이었는가에 관한 개인 정보가 충분하지 않기 때문에 판단을 내리는 것 자체가 무의미하다고 했다. 심지어 후대의 하디스 조작자들에 의해 꾸며진 이름일 가능성도 있다고 봤다.[64]

샤리아 제정 과정에서 나타난 하디스의 문제점

이슬람 사회가 발전하면서 종교적 기반에 기초한 샤리아가 제정되었는데, 이는 무슬림과 비무슬림의 삶을 전체적으로 통제하는 중요한 기본 틀이었다. 샤리아는 네 가지의 권위 있는 주요 원천에 근거하여 제정되었는데, 중요성의 순서는 꾸란, 무함마드의 언행인 순나, 논리적 추론인 끼야스(qiyās), 그리고 무슬림 공동체의 공감대인 이즈마아

1950. p.40-57, 152-175.

63 Patricia Crone, *Roman, Provincial and Islamic Law: The Origins of the Islamic Patronate*. Cambridge: Cambridge University Press, 1987. p.33.

64 John Wansbrough, *Qur'anic Studies: Sources and Methods of Scriptural Interpretation*. Oxford, UK: Oxford University Press, 1977. p.40.

('ijmā') 순이다. 그런데 꾸란에는 무슬림의 삶에 관한 구체적인 지시가 거의 없으므로 그다음 권위를 갖는 순나가 매우 중요하다. 특히 순나는 하디스 안에 포함되어 전달되었는데, 이슬람 역사 초기부터 하디스 자체의 권위를 의심하는 지도자들이 있었기 때문에 순나에 대한 논란도 불가피하게 발생했다. 이것은 샤리아를 제정하는 과정에서 무슬림 학자들 사이에 잦은 충돌을 유발하게 되었다.

예를 들면, 꾸란의 해석과 이슬람의 교리를 형성하는 과정에서 인간의 이성적 판단을 중시했던 무으타질라 학파는 9-10세기 사이에 이라크의 바스라와 바그다드를 중심으로 활동하던 이슬람 학파다. 이들은 위에서 기술된 하디스의 전승 과정에 존재하는 원천적 문제점들 때문에 하디스에 근거한 이슬람 법 제정 자체를 반대했다. 하디스는 그저 추측에 근거한 저작물에 불과하고, 꾸란은 완전한 것이기에 꾸란의 해석과 샤리아 제정에 하디스와 같은 부차적인 자료는 필요하지 않다고 주장했다. 무슬림의 삶에서 무함마드의 언행인 순나를 본받는 것이 중요하고, 이를 위해 이슬람법을 제정하는 것이 필요함을 인정하면서도 오직 꾸란에만 기초해서 샤리아를 만들어야 한다고 주장했다. 현대에도 일부 무슬림 학자들은 하디스의 권위를 인정하지 않고, 오직 꾸란만을 이슬람의 종교적 권위로 인정하여 이슬람 개혁을 이루어야 한다고 하는데, 이들은 전 이슬람 세계에서 소수에 불과하다.

무으타질라 학파는 심지어 하디스가 변증을 위한 이념적 도구로 남용될 가능성이 있다고 믿었다. 만일 다수의 무함마드의 동료들로부터 비롯되어 다양한 이스나드를 통해 전달된 하디스, 즉 무타와티르인 경우에는 그 내용이 신빙성 있다고 주장했다. 하지만 이 정도의 신빙성을 가지는 무타와티르는 겨우 8-9개 정도에 불과하다고 강조했다. 또한 무으타질라파의 이브라힘 알 나잠(775-845년)은 심지어 무타와티르조차도 신뢰할 수 없다고 했는데, 그 이유는 하디스들 사이의 모순과 내용적 비합리성 때문이었다. 사람들이 가진 기억의 한계와 편견에 기초하여 전달된 하디스의 내용을 어떻게 신뢰할 수 있느냐고 의심한 것이다.

이슬람 역사의 일면을 보면, 하디스가 샤리아 제정 과정에서 얼마나 결정적인 역할을 했는지를 확인할 수 있다. 무으타질라 학자들은 이슬람의 신학적 학파들과 법학파 그룹들이 정적들과 견해가 다른 학파들을 물리치려고 의도적으로 하디스를 악용하여 변증적 논리를 펼쳤다는 점을 지적했다. 즉 하디스의 오용 가능성이 너무나 큼을 우려했다는 것을 보여 준다.

실제로 역사비평학자들은 샤리아를 만들어 가는 과정에서 필요한 경전의 근거를 마련하기 위해 하디스가 후대에 추가적으로 기록되고 편집되었을 가능성이 있다고 설명한다. 이슬람법 제정에 관한 연구로 선구자적 기여를 한 샤흐트(Joseph Schacht)는 수많은 하디스가 알샤피이 때부터 기록되고 회자되기 시작했다고 한다. 알샤피이는 이슬람의 모든 법은 경전에 기초해야만 한다는 주장을 한 첫 번째 인물로 꾸란과 하디스의 중요성을 처음으로 명백히 강조한 인물이다.[65]

중동학자 루이스(Bernard Lewis)도 초기 이슬람의 신학적 체계와 법체

---

65 Joseph Schacht, *The Origins of Muhammadan Jurisprudence*. Oxford: Oxford University Press, 1950. p.6-57.

제를 수립하는 과정에서 가장 손쉬운 방식은 메신저 무함마드의 행동이나 말을 언급하는 것이었기에 자신들의 주장에 권위를 부여하기 위해 하디스를 조작했을 가능성이 충분히 있다고 설명한다.[66] 무슬림 학자 칸(Syed Ahmed Khan)과 노마니(Shibli Nomani)도 하디스가 조작되거나 왜곡되는 이유로 정치적 갈등, 종파적 편견이나 우월성, 혹은 텍스트의 원래 표현들보다는 숨겨진 의미를 도출해 내기 위한 목적 등을 꼽았다.[67] 하디스가 정치적 목적을 위해 사용되거나 조작되었다는 역사적 증거로 브라운(Daniel Brown)은 다음 내용을 소개한다.

> 오마르는 무함마드의 언행을 체계적으로 기록하지 못하게 했다. 하지만 우마위야 왕조 때에는 당시 그들의 적이었던 알리를 공격하고, 왕조의 시작인 무아위야를 지지하기 위해 조작된 하디스를 정치 세력이 사용했다. 우마위야 왕조의 대를 이은 압바시야 왕조는 심지어 후대에 지배하게 될 통치자의 통치를 예언하는 하디스를 유포하기도 했다.[68]

대표적인 순니 법학파는 하나피(Hanafi), 말리키(Maliki), 샤피이(Shafi'i), 및 한발리(Hanbali) 학파가 있다. 이 네 법학파가 자신들의 꾸란 해석과 샤리아 제정을 주장하기 위해 그것을 뒷받침할 다양한 하디스

Bernard Lewis, *The End of Modern History in the Middle East*. Stanford: Hoover Institute, 2011. p.79-80.

Daniel Brown, *Rethinking Tradition in Modern Islamic Thought*. Cambridge, UK: Cambridge University Press, 1996. p.114에서 재인용.

Ibid, p.86.

182

최소한의 이슬람

를 조작해 냈을 가능성이 크다. 또한 상반되는 법 제정을 위해 상충하는 하디스의 내용을 근거로 삼는 일도 있었다는 점에서 하디스의 객관적 권위를 인정하기는 더욱 어렵다. 샤흐트는 하디스의 기원 자체가 이런 필요에 의해 후대에 의도적으로 나타난 것이므로 하디스 사이의 모순된 내용이나 동일한 사건에 대한 상이한 기록들이 존재한다는 것도 지적했다.

하디스에 관한 이슬람 초기 무슬림 지도자들의 증언

현대 무슬림 학자들 사이에는 하디스의 문제점을 인정하는 학자들도 있다. 이들은 이슬람의 개혁파들 혹은 보수적 부흥가들인데, 샤리아의 중요성을 강조하면서도 하디스의 비합리성과 그 내용의 문제점들을 지적한다. 따라서 전체 하디스를 비평적으로 재검토하되 샤리아의 총체적 체계 속에서 재평가하고 선별할 것을 제안한다. 이들은 공통적으로 꾸란의 우선적 권위를 강조하는데, 무슬림을 향한 알라의 가이드는 꾸란만으로도 충분하며 하디스는 꾸란의 권위 아래 재평가되어야 한다고 주장한다.

이런 주장을 뒷받침하는 근거로 제시되는 내용 중 한 가지는 이슬람 초기 무슬림 지도자들이 하디스를 의심했다는 기록들이다. 이슬람의 근본주의적 부흥을 주장한 파키스탄 무슬림 학자 마우두디는 하디스의 내용을 무비평적으로 받아들여서는 안 된다고 강조했다. 그는 심지어 하디스의 기원이 된 무함마드의 동료들과 지인들 사이에서도 서로 거짓말쟁이라 비난하고 분쟁을 일삼는 일이 있었음을 기억해야 한다고 경고했다.

이븐 오마르는 아부 후라야를 거짓말쟁이라 불렀고, 아이샤는 아나
스가 살았던 당시 무함마드의 유일한 아들이었음에도 불구하고 전승
을 전달하는 것을 보고 비난했으며, 하산 이븐 알리는 이븐 오마르와
이븐 알주베이르를 거짓말쟁이들이라고 불렀다.[69]

한마디로 하디스의 내용을 무비평적으로 수긍하지 말아야 함을 주
장한 것이다. 역사 비평학자인 호이랜드는 동일한 맥락으로 이슬람 초
기 지도자들이 하디스에 관해 언급한 것들을 소개한다.

> 나는 압둘라 이븐 오마르(693년 사망, 두 번째 칼리프 오마르의 아들, 그의 아버지
> 는 2,630개 이상의 이야기를 전한, 두 번째로 많은 하디스 전승자로 알려져 있다)와 1년
> 을 함께 머물렀지만, 그가 선지자로부터 어떤 것도 전달받는 것을 본
> 적이 없다.
> 나는 자비르 이븐 자이드(720년 사망)가 "선지자께서 말씀하시길…"이
> 라고 말하는 것을 들은 적이 없는데, 여기에 있는 젊은 사람 하나는
> 한 시간 안에 그런 방식으로 스무 번 이상 말하고 있다.[70]

이상의 내용처럼 전승들에 근거하더라도 이슬람 역사 초기부터 하
디스의 진위성에 관련된 수많은 논쟁과 갈등이 있었음을 알 수 있다.
초기 지도자들조차 하디스의 진실성에 의구심을 품었다면, 후대로 갈

---

69 Ibid, p.114-115에서 재인용.

70 Robert G. Hoyland, *In God's Path: The Arab Conquest and the Creation of an Islamic Empire*.
Oxford: Oxford University Press, 2015. p.137.

최소한의 이슬람

수록 하디스가 다양한 내용이 미화되고 과장된 것은 물론 정치적 이유
와 샤리아 제정을 위한 목적으로 조작되고 추가되었을 가능성이 충분
하다는 결론을 내릴 수 있다.

하디스의 내용과 관련된 문제점들

하디스에 기록된 내용은 분량도 많지만, 내용 면에서도 실로 방대
하고 주제가 매우 다양하다. 하디스에서 발견되는 많은 문제점 중 몇
가지만을 범주별로 소개하고자 한다.

1) 논리적 모순으로 보이는 사례

다음의 두 하디스에서 나타나는 논리적 모순은 무으타질라 학파 사
람들이 지적한 것으로 알려져 있다.[71]

> 누구든지 겨자씨 무게만큼의 교만이 그의 마음에 있다면 낙원에 받
> 아들여지지 않을 것이다. 또한 누구든지 겨자씨 무게만큼의 믿음을
> 가진 자라면 지옥 불에 들어가지 않을 것이다(티르미지 27권 104; 이븐 마자
> 37권 74; 사히흐 무슬림 1권 172-173; 아비 다우드 34권 72 등 대부분의 주요 하디스가 이
> 내용을 기록한다).
>
> 이슬람의 샤하다를 고백하는 믿음을 확증하는 종들 가운데 그 상태
> 로 죽으면, 심지어 그가 살인을 하거나 도둑질을 했더라도, 그는 낙원
> 에 들어가지 않을 자가 없다(사히흐 무슬림 1권 179).

---

71 Alfred Guillaume, *Islam*. Aylesbury, UK: Penguin Books, 1978. p.106-107.

두 하디스에 따르면, 알라는 살인과 도둑질을 약간의 교만보다 덜 심각하게 여기는 것 같다. 이슬람의 샤하다를 고백하는 자는 살인이나 도둑질을 하더라도 구원받지만, 겨자씨만 한 교만이 그 마음에 있는 자는 지옥 불에 들어간다고 말하기 때문이다.

또 다른 사례로 무함마드가 서서 소변을 보았는가, 앉아서 보았는가를 두고 하디스들이 상반된 내용을 증거한다. 후다이파는 "나는 알라의 메신저가 몇몇 사람들의 기분을 상하게 하며 거기서 서서 소변을 보는 것을 보았다"(알부하리 46권 32)라고 기록했고, 오마르는 "알라의 메신저는 내가 서서 소변을 누는 것을 보고 말했다. '오마르야, 서서 소변을 보지 말아라.' 그 후로 나는 서서 소변을 보지 않았다"(이븐 마자 1권 42)라고 기록했다.

무함마드가 살라트를 하기 전에 행하는 정결 의식인 우두으를 어떻게 했는가에 대해서도 하디스의 기록들이 서로 다른 내용을 전해 준다. 무슬림들이 살라트를 행하기 전에 우두으를 행하는 것은 매우 중요한 일이므로 무함마드의 방식을 정확히 따라야 하는데, 하디스가 서로 다른 증거를 보여 준다.

이븐 압바스는 "메신저(무함마드)는 신체 부위들을 단 한 번만 씻으며 우두으를 행했다"(알부하리 4권 23)라고 전했고, 압달라 이븐 자이드는 "메신저는 그 신체 부위들을 두 번 씻음으로 우두으를 행했다"(알부하리 4권 24)라고 전했으며, 홈란은 "그(무함마드)에게 물을 가져왔을 때, 그는 손을 세 번 씻은 뒤, 오른손으로 물을 떠서 그의 입을 헹궜으며, 코에 물을 넣은 뒤 코를 풀었다. 그 후에 그는 얼굴 및 그의 팔을 팔꿈치까지 세 번 씻었고, 그의 젖은 손을 가지고 머리 윗부분을 닦았으며, 마지막으로 그의 발을 발목까지 세 번 씻었다"(알부하리 4권 25)라고 전했다.

이처럼 무함마드가 우두으를 할 때 몸을 한 번 씻었다는 기록과 두 번 혹은 세 번 씻었다는 기록이 동시에 나타나는데, 이런 논리적 모순이 하디스의 권위와 신뢰성을 무너뜨린다고 볼 수 있다.

2) 꾸란의 내용과 상반되는 하디스의 사례들

더 심각한 문제는 꾸란과 상충하는 내용이 하디스에 공공연하게 나타난다는 것이다. 많은 예가 있지만, 그중 몇 가지만 소개한다.

꾸란 24장 2절은 간음한 자들에게 100대의 채찍 형을 명하고 있지만, 다음 하디스는 100대의 채찍 형과 함께 돌로 쳐 죽일 것을 명령하고 있다.

> 우바다 이븐 알사미트가 전하길, 알라는 결혼한 남자와 결혼한 여자와 더불어 간음을 행했을 때, 그리고 결혼하지 않은 남자가 결혼하지 않은 여자와 간음을 행했을 때, 각각 어떻게 처벌해야 하는지를 알려 주셨다. 결혼한 사람들의 경우에는 100대의 채찍 형을 주고 돌을 던져 죽여야 한다. 그리고 결혼하지 않은 사람들의 경우 그 형벌은 100대의 채찍 형과 1년 동안 공동체로부터 축출하는 것이다(사히흐 무슬림 29권 19).

꾸란 73장 1-5절과 73장 20절에는 무함마드가 밤에 오래 기도하고 추종자들에게 꾸란을 낭송하도록 알라의 명령을 받는 내용이 있다. 하지만 일부 하디스는 무함마드가 밤에 그의 부인들과 잠자리를 함께

하곤 했음을 언급한다. 이런 내용은 오히려 무함마드의 신성한 권위를 떨어뜨리는 역할을 한다.

아나스가 말하길, 메신저는 하룻밤에 그의 부인들 모두를 방문하곤 하였는데(잠자리를 가졌음을 의미함) 그에겐 아홉 명의 부인이 있었다(알부하리 67권 6).

까타다가 전하길, 아나스 이븐 말럭이 말하길, 메신저는 낮과 밤에 돌아가며 그의 모든 부인들을 방문하곤 했는데 그에게는 열한 명의 부인이 있었다. 나는 아나스에게 물었다. "메신저가 과연 그럴 만큼 힘이 있었는가?" 아나스가 답하길, "우리는 메신저가 서른 명 남자의 힘을 가지고 있었다고 말하곤 했다." 그리고 사이드는 까타다의 권위에 근거하여 말하길, 아나스는 열한 명이 아니라 아홉 명의 부인이 있었다고 했다(알부하리 5권 21).

이처럼 하디스에는 꾸란의 권위에 반하는 내용도 실리므로 그 권위를 인정하기가 어려운 것이다.

3) 과학과 모순되거나 미신적 내용이 담긴 사례

하디스에 나오는 다음과 같은 내용들은 다분히 미신적이며 비과학적이다. 무슬림 학자들 역시 이런 내용 때문에 하디스의 권위에 강한 의심을 나타낸다.

아잔(이슬람의 기도 시간을 알리는 소리)이 울리면 사탄은 아잔을 듣지 않기 위하여 도망을 가면서 코로 바람을 일으킨다(알부하리 10권 6).

어떤 남편이 부인에게 잠자리를 같이하자고 했는데, 부인이 거절하는 경우 천사들이 그 여자 위에 아침까지 저주를 퍼부을 것이다(알부하리 67권 127).

천사들은 개가 있거나 그림들이 붙어 있는 집에 들어가지 않는다(알부하리 77권 165).

고열은 지옥불의 열기에서 오는 것이니 물로 열을 낮추어라(알부하리 59권 74).

내가 낙원을 보았는데 그곳에 있는 자들 대부분은 가난한 자들이었다. 그리고 불타는 지옥을 보았는데 그곳에 있는 사람들 대부분이 여자들이었다"(알부하리 67권 132).

너희는 왼손으로 먹지 말라. 왜냐하면 사탄은 왼손으로 먹느니라(사히흐 무슬림 38권 138; 이븐 마자 29권 18).

누구든지 아침에 일곱 개의 아즈와 대추야자('Ajwa dates: 아라비아 반도나 사하라 사막 등에서 나는 검은색 대추야자 종류 - 저자 주)를 먹으면 그는 그날 동안 마법이나 독에 해를 받지 않을 것이다(알부하리 76권 91).

역사비평학적 도전에 대한 정통 무슬림 학자들의 반응

하디스의 역사성과 내용에 의구심을 품는 무슬림 학자들과 현대의 역사비평학자들의 비평에 대하여 정통 무슬림 학자들은 아래와 같이 대응한다.

첫째, 전승의 연결 고리인 이스나드를 신뢰할 수 있느냐의 문제에 대하여 그들은 당시 아랍인들은 구전 문화권에서 살았으므로 기억력이 탁월했다고 말한다. 따라서 구전에 의한 전승 방법은 믿을 만하다고 설명한다. 둘째, 역사적으로 거짓된 하디스가 존재했음을 인정하면서도 과거 하디스 학자들의 노력으로 거짓된 것들은 이미 제거되었고, 현재 존재하는 하디스들은 참된 것들이라고 주장한다. 특히 참된 하디스를 구분해 내는 과정에서 하디스 학자들이 사용한 방법론은 매우 신뢰할 만한 것이었음을 강조한다. 셋째, 현대 무슬림 학자 중 일부는 하디스의 현대적 해석을 선호하며 통상의 문제점을 극복하려 한다. 즉 하디스의 대부분은 이슬람력 1세기(무함마드와 동료들이 살던 시기)의 무슬림들에게만 적용되던 것이며 통시적으로 모든 시대에 그대로 적용해야 하는 것은 아니라고 주장한다.[72]

이러한 시도들이 위에서 열거한 하디스의 근원적 문제점들을 얼마나 해결해 주는가에 관해서는 여전히 의구심이 남는다.

하디스에 대한 역사비평학적 평가 요약

하디스가 이슬람의 교리 형성, 샤리아 제정, 꾸란 해석 등에까지

---

[72] 시드끼(Muhammad Tawfiq Sidqi)는 하디스를 바탕으로 한 무함마드의 순나는 그가 살던 당대의 사람들에게만 적용되도록 의도된 한시적이고 잠정적 법이었다고 주장했는데, 그 이유를 다음와 같이 제시한다. 1) 순나는 무함마드 생전에 보존을 위한 목적으로 기록되지 않았다. 2) 무함마드의 동료들은 순나를 − 기록하거나 기억하거나 − 어떤 방식으로든 보존하기 위하여 어떤 준비도 하지 않았다. 3) 하디스는 한 세대에서 다음 세대로 전승되면서 문자적으로(verbatim) 이루어지지 않았다. 4) 하디스는 꾸란처럼 암기되도록 의탁되지 않았기 때문에 전달자들에 따라서 그 내용의 차이가 발생하게 되었다. 5) 만일 순나가 모든 사람을 위한 것이었다면, 매우 주의 깊게 보존되도록 했을 것이며 최대한 더 넓게 유포되도록 했을 것이다. 6) 대부분의 하디스는 명백하게 무함마드 시대의 아랍족들에 적용되는 것들이며, 당시의 지역적 풍습과 상황에 기초한 것들이다. −Daniel Brown, *Rethinking Tradition in Modern Islamic Thought*. Cambridge, UK: Cambridge University Press, 1996. p.67에서 재인용.

최소한의 이슬람

중대한 영향을 미치는 근원적 자료임에는 의심의 여지가 없다. 하지만 위에서 살펴본 바와 같이 하디스의 기원과 그 역사적 진실성은 심히 의심스럽다. 하디스가 편집되고 집대성된 시기가 무함마드 사후 200년 이상 지난 시점이었고, 그동안 수많은 전승자를 거치면서 무함마드의 말과 행실이 변질이나 과장 없이 역사적 진실로서 전달되어 기록되었다는 주장은 설득력이 없다. 더구나 현존하는 하디스 간에 수없이 발견되는 상충적인 내용, 논리적 문제점, 비과학적이며 미신적인 요소, 무엇보다 꾸란과 하디스 사이의 충돌하는 내용 등은 하디스의 권위를 의심하지 않을 수 없게 만든다.

시라에 관한 역사비평학적 평가

시라의 중요성

신약 성경이 예수님의 생애와 사역을 상세하게 기술하는 것과는 달리 꾸란은 무함마드의 생애와 활동에 관해 극히 제한적인 내용만 제공할 뿐이다. 무함마드란 이름을 명시적으로 언급한 것은 꾸란 전체에서 단 네 구절에 불과하며(3:144; 33:40; 47:2; 48:29), 그의 삶에서 일어난 사건들에 관련된 것들은 명시적인 이야기 없이 암시적으로만 나타난다. 따라서 꾸란을 통해 무함마드의 생애와 가르침을 알기란 불가능하고, 그의 생애에 관한 상세한 전기적 내용은 꾸란 외의 자료들(시라와 하디스 등), 그중에서도 특히 무함마드의 전기라 할 수 있는 시라에 의존해야만 한다. 따라서 시라는 무함마드라는 인물의 생애와 이슬람의 초기 역사를 이해하고, 나아가 꾸란을 해석하는 데 필수적이므로 매우 중요하다.

시라의 주요한 내용과 전달 방식

시라가 편집되기 이전에 무슬림들은 무함마드의 군사적 정복 이야기를 기록하고, 그를 영웅시했는데 이를 마가지(maghāzī)라고 한다. 시간이 지나면서 무함마드뿐 아니라 동료들의 군사 정복 이야기들이 추가되었고, 무함마드의 생애와 사건들이 추가로 기록되면서 시라라는 독특한 장르가 생겨났다. 시라는 군사 정복 이야기뿐 아니라 다양한 문서들을 포함하는데, 정치적 조약, 군인 명단, 군 지휘관의 임명, 외국 지도자들에게 보낸 서신들, 무함마드의 연설과 설교 등이 포함되어 있다.[73]

후대로 갈수록 시라와 유사한 다양한 장르의 문헌들이 등장한다. 그중 하나는 무함마드의 기적들을 모아 편집한 것으로 아알람 누부와(aʿlām al-nubuwwa)라 불린다. 이는 선지자 됨을 증명한다는 뜻이다. 또한 시라의 일부 내용은 꾸란에서 언급된 사건에 영감을 받아서 기록한 것으로 꾸란 주석가나 정황 보고의 기록자에게 관련 구절의 역사적 배경에 대한 중요한 정보를 제공한다.[74] 이처럼 시라는 이슬람 역사가 진행되면서 내용상 확대되었고, 영웅적 미화가 더 대담하게 이루어져 왔다.

하디스와 시라는 전승된 이야기를 기초로 하고 있다는 점에서 매우

---

73 W. Raven, "Sīra" in *Encyclopaedia of Islam,* new ed. vol 9. ed. Bosworth et. al., p.660-663. Leiden: Brill, 1997.

74 Ibid..

유사하다. 따라서 하디스와 같이 시라도 전승의 연결 고리인 이스나드를 기록한다. 하지만 시라가 역사적 사건을 기록하되 시간과 장소 등 정보 제공이 주목적이기에 전기의 특성이 있다. 반면 하디스는 이슬람법의 근원으로서 종교적 교리를 기록하는 것이 주목적이므로 역사적 시간과 장소 등 정보에 주목하기보다는 이슬람의 종교적 교리와 샤리아 제정을 위한 내용들에 주목한다.[75]

원래 시라에 나오는 내용의 전승은 "전문적으로 훈련된 이야기꾼들"에 의해 이루어졌다. 특히 우마위야 왕조 시대에는 허락을 받은 전문 이야기꾼들이 사적 모임이나 모스크 등에서 무함마드와 이전 선지자들의 이야기들을 전했다. 하지만 우마위야 왕조가 무너지자 이들의 활동이 급속도로 축소되었는데, 그 이유는 이들의 이야기에는 과장과 허구의 요소가 많았을 뿐만 아니라 주석과 역사책 등에 옮겨진 유대인의 이야기인 이스라일리야트(Isrāʾīliyāt)를 많이 따랐기 때문이다. 후에 이들의 활동을 대체하고 자리 잡은 것이 시라다. 역사비평학자들은 우마위야 왕조 때 전문 이야기꾼들의 중요성이 없어지면서, 압바시야 왕조 때 이들이 남긴 전승들이 기록으로 남아 시라 장르가 만들어졌다고 평가한다. 이런 견해는 수많은 시라가 압바시야 왕조 시대, 즉 9세기가 지나서야 비로소 편집되어 책으로 만들어졌다는 사실을 바탕으로 한다.[76]

---

75 Stephen Humphreys, *Islamic History: A Framework for Inquiry*. Rev. ed. Princeton, NJ: Princeton University Press, 1991. p.83.

76 W. Raven, "Sīra and the Qurʾan" in *Encyclopaediea of the Qurʾan*, vol. 5. ed. Jane D. McAuliffe, p.29-51. Leiden: Brill, 2006.

시라의 문제점들

이슬람 초기 무슬림 지도자들 사이에서 하디스가 권위와 역사적 진실성과 관련해 논쟁의 대상이 되었던 것과 같이 시라도 논쟁의 대상이 되었다. 왜냐하면 하디스와 같이 시라도 전승 전달자의 사슬인 이스나드를 기록하고 있기 때문이다. 200여 년 넘게 구전으로 전해 내려온 내용들이 역사적 진실성을 그대로 반영한다고 보기는 어렵다는 사실과 전달자들이 모두 신뢰할 만한 권위 있는 인물들이 아니란 점이 하디스와 마찬가지로 시라의 권위를 의심하게 만들었다.

역사비평학자들이 수정주의자처럼 시라의 역사적 진실성과 신뢰성에 문제를 제기하는 이유는 다음과 같다. 첫째, 시라 중에 이슬람력 1세기에 기록된 것은 없다. 무함마드 생전의 삶과 당시 정황과 그의 활동을 직접 본 증인들이 쓴 내용이 아니란 뜻이다. 사복음서가 증인 된 사도로서 마태와 요한이, 그리고 사도의 제자들인 마가와 누가가 1세기 이내에 기록한 것이기에 그 권위를 인정받는다는 점에서 큰 차이가 난다. 이슬람의 전통적 내러티브에 따르면, 이슬람력 1세기 내에 기록된 시라가 있었다고 하지만, 초기 시라의 원본들은 현재 남아 있지 않으며, 이슬람력 2-3세기에 재편집된 시라에 그 존재가 언급되어 있을 뿐이다.

둘째, 후대에 기록된 시라에는 초기에 기록된 시라보다 무함마드의 생애에 있었던 사건들이 훨씬 더 정교하게. 구체적으로 묘사되어 있다. 예를 들면, 후대에 쓰인 알와끼드(747-822년)의 시라는 이전에 기록된 이븐 이스학(704-767년)의 시라를 바탕으로 기록되었음에도 불구하고, 더 자세하며 미화된 내용도 많다. 여러 세대를 거치며 구전으로 전해진 시라 장르 자체의 문제점을 그대로 보여 준다. 알와끼드와 이븐 이스학의 시라 사이에도 이런 과장과 세부 사항의 추가가 보인다면, 이븐 이스학이 기록할 때까지 구두로 전승되는 과정에서 얼마나 많은 과장이 더해지고, 신화적 요소들이 추가되었을지 의심하지 않을 수가 없다.

셋째, 시라는 많은 이적을 언급하고 있는데, 이들은 과학적 역사성이 있는 자료라기보다는 믿음의 영역에서 받아들여야 하는 내용으로밖에 볼 수 없다. 예를 들면, 이븐 히샴은 무슬림들이 바드르 전투에서 승리하게 된 것은 천사의 도움 덕분이라고 말한다. 이것은 호머에 나오는 신화적 요소와 별다를 바 없으며 이 같은 내용은 역사적 사실로 검증할 수 없는 것들이다.

넷째, 시라들 사이에 명백히 상충하는 내용들이 나타난다. 가장 중요하게 다루어야 할 무함마드의 인적 사항조차 상충하는 것을 볼 수 있다. 무함마드의 자녀들에 관해 서로 다른 보고들이 있는데, 한 명, 두 명, 혹은 여덟 명의 아들을 포함하여 열두 명으로 언급하는 시라도 있다. 무함마드의 부인이 아홉 명이라는 기록이 있는가 하면 스물세 명이라는 기록도 있다. 또한 무함마드가 60세에서 65세 사이에 각각 다른 나이에 죽었다는 등 기록이 제각각이다.

다른 한편으로 무슬림 학자들 사이에서도 하디스 학자들이 시라의 문제성을 지적하기도 한다. 하디스 학자들은 개별 전승의 이스나드를 매우 중요하게 생각하는데, 시라도 이스나드를 언급하긴 하지만, 많은 경우 집단적 이스나드(collective isnād)에 의존한다. 따라서 무슬림 하디스 학자들조차도 시라의 권위에 의구심을 표현한다. 개인들이 전해 준 말을 기록하지 않고, 여러 사람의 전승을 근거로 시라의 내용의 권위를 두루뭉술하게 주장하기 때문에 전승의 정확성을 믿을 수 없다는 것이다.[77]

시라들 사이에는 상충하는 내용이 다양하게 존재함에도 불구하고, 전통적 내러티브는 이슬람의 기원에 있어서만큼은 놀라운 일치를 보여 준다. 특히 이슬람 안에 통일된 하나의 정통 교리가 존재하지 않음에도 불구하고, 이슬람의 시작에 관해서는 모든 종파가 동일한 내러티브를 인정하고 있다. 이런 점을 이상하게 여기는 크론은 시라가 압바시야 왕조 시대에 울라마의 시각에서 기록되었다고 주장한다. 9-10세기 이슬람이 체계화되는 과정에서 무함마드란 인물과 역사성을 증거할 필요가 생겼으므로 시라라는 장르가 만들어졌고, 다양한 편집이 이루어졌다고 본 것이다.[78]

정황 보고에 대한 역사비평학적 평가

정황 보고의 중요성

무슬림들은 꾸란이 알라가 직접 내려 준 와히라고 믿는다. 610년부터 632년 사이 무함마드가 이슬람을 설파하던 상황 속에서 알라가 구절들을 부분적으로 조금씩 내려 주었다고 믿는다. 따라서 꾸란의 구절

---

77 Ibid.

78 Patricia Crone, *Slaves on Horses: The Evolution of the Islamic Polity*. Cambridge: Cambridge University Press, 1980. p.4.

최소한의 이슬람

들이 무함마드의 생애 속에 일어난 실제 사건들과 연관되어 내려졌다고 주장하는 것이다. 바로 이 내용들을 모아서 편집한 자료가 정황 보고인 아스밥 알누줄이다.

정황 보고는 무슬림들이 꾸란을 해석하는 과정에 절대적인 영향을 주는 자료가 된다. 꾸란의 특정 구절이 어떤 역사적 정황에서 주어졌는지를 설명해 주기 때문에 꾸란 본문의 의미와 의도를 분명하게 해주는 것이다. 다만 꾸란의 모든 구절에서 정황 보고가 제공되는 것은 아니라는 점을 기억할 필요가 있다.

정황 보고의 내용 및 전승

정황 보고가 어떤 과정을 거쳐서 집대성되고 편집되었는가는 역사적으로 확실하게 밝혀진 바가 없다. 일반적으로 정황은 "무함마드의 생애와 관련 있는 무엇 혹은 어떤 사람을 기술하는 것"이며 보고는 "사건이나 상황을 기술하면서 '그런 후 이 구절이 내려왔다'라고 밝히는 것"으로 본다.[79] 예를 들어, 꾸란 2장 219절과 관련한 정황 보고를 보면 다음과 같다.

"그들이 너에게 포도주와 도박에 관해 묻는다. 이렇게 말하라. 두 가지에는 큰 죄도 있고, 사람들에게 유익도 있다. 하지만 그것의 죄악이 유익함보다 더 크니라." 이 구절(2:219)은 오마르 이븐 캇땁과 무아드

---

79 Andrew Rippin, "Occasions of Revelation" in *Encyclopaediea of the Qur'an*, vol. 3. ed. Jane D. McAuliffe, p.569-570. Leiden: Brill, 2006.

븐 자블이 안사르(지지자들) 중 한 그룹과 함께 메신저에게 와서 "우리

에게 포도주와 도박에 관한 법을 알려 주십시오. 그 두 가지는 사람의

이성을 파괴하고 재산을 도굴하는 것들입니다." 그래서 알라는 이 구

절을 내려 주었다(알와히디의 정황 보고, 64-65).[80]

현존하는 정황 보고 중 가장 오래된 것이면서 중요하게 간주되는

것은 알와히디(1075년 사망)의 것으로 꾸란의 85개 수라에 걸쳐 있는 구

절들에 관련한 정황 보고들을 모아 두었다. 알와히디가 정황 보고를

편집하고, 이것이 꾸란 해석에 결정적 영향을 미친다는 것을 주장할

때는 이슬람 학파들 사이에 전승의 권위가 이성의 권위보다 더 중요한

것으로 판가름 난 시점이었기 때문에 그의 주장은 매우 빠르게 수용되

었다. 후대에 정황 보고를 편집한 학자들이 있었는데, 알수유티(1505년

사망)는 알와히디보다도 더 많은 구절(102개 수라에 걸쳐)의 정황 보고를 편

집했고, 알와히디의 정황 보고 중에서 적합하지 않다고 판단되는 것들

을 임의로 삭제했다. 이런 사실은 정황 보고 편집자들이 어떤 권위와

판단으로 선택하고 삭제했는가에 질문을 던지도록 만든다. 또한 역사

적으로 후대의 편집자가 이전 편집자보다 더 많은 자료를 집대성했다

는 것은 어떤 권위에 의한 것인지 의구심을 자아낸다.

정황 보고의 문제점들

역사비평학적으로 꾸란학을 연구하는 학자들은 이 정황 보고 자료

---

80 Ibid, p.570에서 재인용.

최소한의 이슬람

들이 가진 원천적 문제점들을 지적하며 그 권위를 의심한다. 첫째, 이 자료들이 작성된 시대가 꾸란이 성문화되었다고 알려진 650년으로부터 거의 400년 이상 떨어진 시점이다. 즉 11세기가 되어서야 비로소 꾸란의 각 구절이 내려진 정황과 배경을 언급하는 책이 편집되어 나왔다. 정황 보고의 저작 연대가 꾸란의 기록 시기와 너무 떨어져 있으며 하디스와 같은 보조 자료들보다도 후대에 쓰였다는 사실 때문에 진실성에 의구심을 품지 않을 수 없다. 더구나 고전적 주석가들의 주석보다도 후대에 이 저술들이 나타났다는 점에서 정황 보고를 꾸란 해석에 절대적 권위로 사용하는 것은 심각한 문제로 봐야 한다.

둘째, 꾸란의 모든 구절에 정황 보고가 있는 것은 아니다. 알와히디의 정황 보고는 꾸란 전체 6,236개 구절 중 570개 구절에 대해서만 정황을 보고하는데, 나머지 구절들의 정황은 알 길이 없다. 또한 11세기 말에 정황 보고를 저술한 알와히디가 죽은 지 400년 뒤에 정황 보고를 저술한 알수유티는 이전보다 더 많은 구절에 정황을 덧붙였다. 후대로 가면서 이전에 기록되지 않았던 정황들을 오히려 찾아냈다는 사실이 정황 보고의 신빙성을 떨어뜨린다고 볼 수 있다.

이와 같은 사실에 기초하여 리핀 같은 꾸란학자는 정황 보고가 나온 원천은 시라라고 주장한다. 전문적인 종교 이야기꾼들에 의해 들려지던 이야기들에 꾸란의 구절들을 연결하면서 정황 보고라는 장르가 만들어졌다고 주장한다.[81] 현존하는 역사적 자료들을 바탕으로 볼 때,

---

81 Andrew Rippin, "The Exegetical Genre 'asbab al-nuzul': A Bibliographical and Terminological Survey" in *Bulletin of the School of Oriental and African Studies*, vol 48(1985): 1 – 15.; _____. "Occasions of Revelation," in *Encyclopaediea of the Qur'an*, vol. 3. ed. Jane D. McAuliffe,

정황 보고의 원천이 무엇인가에 대해서는 확언할 수 없지만, 그 진위성에는 의구심을 던질 만한 충분한 이유가 있어 보인다. 꾸란의 해석에 절대적 영향을 미치는 것이 정황 보고임을 고려할 때, 그 내용의 역사적 검증이 이루어지지 않은 채 꾸란의 해석에 무비평적으로 사용된다는 점은 큰 문제가 아닐 수 없다.

이슬람 초기 역사 관련 자료들에 관한 역사비평학적 평가 요약

이슬람의 기원과 역사적 전개 과정을 설명해 주는 자료들로 하디스, 시라, 정황 보고 등을 살펴보았다. 역사비평학적 측면에서 이 세 가지 자료를 평가해 보면, 각기 심각한 문제점들이 있음을 알 수 있다. 이들 자료를 신뢰할 수 없는 것으로 보는 이유 가운데, 첫째는 자료들 대부분이 이슬람 태동과 동떨어진 후대에 출현했다는 점이다. 구전을 통한 전승이 신뢰할 만한 방식이었다는 전제하에 무슬림들은 이 자료들의 권위를 세우려 하지만, 다양한 문제점들이 존재하고 있음을 보았다. 둘째, 이 자료들을 살펴보면, 상충하는 내용이 많은데 무엇이 참된 역사적 사건이었는가를 구분할 방법이 없다. 자료의 일관성 부재와 상충하는 내용이 자료의 신뢰성을 심각하게 떨어뜨린다.

모든 사실에 비추어 볼 때, 이슬람의 전통적 내러티브는 과연 신뢰

P. 569-573. Leiden: Brill, 2006.

최소한의 이슬람

할 만한 것인가? 7세기 초 아라비아반도를 중심으로 시작된 이슬람과 그 초기 역사는 과연 역사적 사실로 인정할 수 있는가? 이슬람의 근간이 되는 자료들을 신뢰할 수 없다면, 이 자료들을 근거로 만들어진 이슬람의 역사적 기원은 근본적으로 흔들릴 수밖에 없다. 더구나 이슬람의 최고 권위로 인정하는 꾸란을 해석하는 데 더 낮은 권위의 자료들, 곧 하디스, 정황 보고, 시라 등 오류투성이의 자료들을 사용해야 하는 것은 논리적으로 모순이며 근본적으로 구조적인 문제다. 이 같은 구조적 문제들을 고려하면, 꾸란의 해석과 이에 기초한 이슬람의 교리와 샤리아의 정립이 얼마나 정당한 결과물인지에 대해 의구심을 품지 않을 수 없다.

6장

꾸란에 관한 무슬림의 주장은 사실로 입증되었는가?

: 꾸란 사본들에 대한 역사비평학적 평가

앞서 2장에서 이슬람의 전통적 내러티브를 통해 꾸란이 어떻게 이슬람의 경전이 되었는가를 간략하게 살펴보았다. 그러나 역사비평학적 관점으로 꾸란을 연구하는 많은 학자는 전통적 내러티브를 수용하지 않으며 꾸란이 알라로부터 온 계시라는 권위에 대해서도 의심한다. 왜냐하면 전통적 내러티브가 꾸란에 관해 주장하는 내용 중에는 역사적으로 검증되지 않는 것들이 많으며, 또한 새롭게 발견되는 고고학적 자료들이 전통적 내러티브의 역사적 진실성을 부정하는 경우가 많기 때문이다.

역사비평학적 접근을 사용하는 꾸란학 학자들의 도전은 매우 광범위하고, 다양한 연구들이 여전히 진행되고 있다. 이 장에서는 먼저 꾸란이 현대까지 전해진 과정을 전통적 내러티브에 비추어 다소 면밀하게 검토할 것이다. 꾸란의 역사적 전달 과정을 무슬림 학자들이 설명하는 논리를 살펴보면서 아랍어와 관련한 특이점들을 소개하고자 한다. 그리고 꾸란의 권위에 관한 현대 무슬림들의 주장을 정당화할 수 있는가를 역사비평학적 관점에서 살펴볼 것이다. 특별히 꾸란의 권위에 대한 두 가지 관점, 곧 외적 증거와 내적 증거로 살펴볼 것인데, 이 장에서는 사본학적 근거들을 통해 외적 증거를 살펴보고자 한다.[82]

---

82 꾸란에 관한 변증적 논의에서 외적 증거와 내적 증거의 관점을 사용하는 다음 글을 참조하라.

최소한의 이슬람

전통적 내러티브에 비추어 본
꾸란의 출현 과정

이슬람의 전통적 내러티브에 따르면, 일반적으로 무슬림들은 네 가지 중요 사실을 주장한다. 첫째, 꾸란은 창조된 것이 아니라 영원 전부터 천상에서 존재하던 책이다. 둘째, 꾸란은 지브릴 천사를 통해 610년부터 632년까지 23년간 무함마드에게 구절 단위로 내려졌고, 그래서 꾸란은 알라의 와히다. 셋째, 꾸란은 652년경 제3대 칼리프 오스만 시기에 편집되어 오스만 꾸란본이 되었으며, 이것이 이슬람의 경전으로 공인되어 다양한 사본들이 이슬람 제국의 중심 도시들에 보내졌다. 넷째, 꾸란은 이후 1,400여 년간 일점일획도 변질되지 않은 채 보존돼 왔고, 현재 무슬림들이 읽고 있는 꾸란은 오스만 꾸란본과 동일한 것이다. 따라서 무슬림들은 현재 자신들이 사용하는 인쇄된 꾸란이 천상의 돌판에 기록되어 있는 꾸란과 완전히 동일한 알라의 말씀이라고 주장한다.[83]

그러나 무슬림들의 주장을 넘어서서 꾸란이 경전으로 나타나고, 현대에 인쇄된 책으로 출현하기까지의 과정을 좀 더 구체적으로 살펴볼 필요가 있다. 왜냐하면 무슬림들이 주장하는 네 가지 사실 이면에는 검증되지 않은 복잡한 문제들이 존재하기 때문이다. 전통적 내러티브

- 황디모데, "온전한 복음의 기초인 성경의 빛 아래에 비추어 본 꾸란", 〈한국선교KMQ〉(2022년 겨울호)(통권 84호), 한국선교KMQ, 2022, 144-164쪽.

83 꾸란에 관한 무슬림들의 주장을 네 가지로 구분하여 비평하는 기독교 변증가 제이 스미스 (Jay Smith)의 자료를 참조하라. "The Truth Behind the Emergence of Islam - Jay Smith" in *FOCLOnline*, March 10, 2020. https://www.youtube.com/watch?v=4EaopH_EPfc

에 기초하여 천상의 돌판에 기록된 꾸란이 현대 무슬림들의 손에 들린 책이 되기까지의 과정을 최소한 세 단계로 구분할 수 있다. 이 구분은 모두 전통적 내러티브를 바탕으로 한 것임을 기억해야 한다.

꾸란이 경전으로 출현하는 과정

천상의 돌판에 기록되어 있는 영원한 알라의 말씀인 꾸란은 지브릴 천사를 통해 무함마드의 생애 동안 23년에 걸쳐 서로 다른 정황에서 구절 단위로 내려졌다. 다양한 정황 속에서 내려진 구절들을 무함마드가 동료들과 추종자들 앞에서 낭송했고, 청중이 그것을 듣고 동물 뼈, 야자수 나뭇잎, 가죽 등 다양한 재료들에 기록했으며 상당수가 구절을 암기했다. 후에 꾸란 전체를 암기한 하피즈(ḥāfiz)도 있었다고 주장한다.

무함마드가 죽은 뒤 무슬림들이 전쟁에 나가 전사하는 일이 생기고, 특히 무함마드의 동료 중에서 꾸란을 암송하던 사람들이 죽게 되자 지도자들은 꾸란을 기록으로 남겨야 할 필요성을 느꼈다. 이처럼 긴박한 필요에 의해 제1대 칼리프 아부바크르가 무함마드의 서기였던 이븐 싸비트에게 꾸란을 편집할 것을 명령했다. 이븐 싸비트는 당시 기록되어 있던 것들과 암송하던 자들의 기억을 토대로 꾸란을 편집하였고, 그 원본은 무함마드의 부인 하프사의 집에 보관되었다.

제3대 칼리프 오스만 때 이슬람 세계 곳곳에서 모인 무슬림 군인들이 꾸란을 서로 다르게 낭송하는 것 때문에 큰 갈등이 일어 났다. 그때까지만 하더라도 꾸란이 성문화되기 이전이었고 무슬림들은 구전에 의해서만 꾸란을 배우고 외웠기 때문에 이런 문제가 생겼다. 이를 계기로 칼리프 오스만은 이븐 싸비트에게 꾸란을 표준화하도록 명령하였다. 이븐 싸비트는 하프사에게서 가져온 꾸란본을 기초로 하여 당시 생존해 있던 무함마드의 동료들과 함께 다시 꾸란을 편집하였는데, 꾸란 낭송에 차이가 있는 경우에는 꾸라이쉬 부족의 아랍어로 표준화하였다. 이렇게 만들어진 것이 오스만 꾸란본이고, 652년경에 이슬람 세계의 공식 꾸란으로 성문화되었다. 이후 오스만은 표준 꾸란본과 차이가 나는 모든 사본을 파기하도록 명령하였고, 표준화된 꾸란의 사본들이 만들어져서 당시 이슬람 세계의 주요 도시들(바스라, 바그다드, 다마스쿠스, 예루살렘, 카이로, 예멘 등)에 보내졌으며, 이로써 전 이슬람 세계에서 사본들이 만들어지는 계기가 되었다.

꾸란 사본들이 제작되고 전파되는 과정

전통적 내러티브에 따르면, 꾸란은 652년부터는 이슬람 세계의 주요 도시들에서 사본으로 많이 제작되었을 것으로 보는 것이 타당하다. 우마위야 왕조와 압바시야 왕조의 전반기인 10세기 초 이전에 기록된 사본들은 고대 꾸란 사본으로서 중요성이 더 크다. 실제로 이 시기에 만들어진 사본들이 세계 여러 박물관에 보관되어 있으며, 그중 소수는 이슬람력 1-2세기에 만들어진 것으로 추정된다.

현존하는 꾸란 사본들이 기록된 시기를 알려 주는 중요한 단서는 사본에 사용된 아랍어 서체다. 히자지(al-hijāzī) 서체는 7-8세기경 아라비아반도를 중심으로 사용되었고, 우측으로 기울어진 형태다. 히자지 서체보다 후에 나타난 쿠파(al-Kūfī) 서체는 이라크 쿠파 지역에서 통용되었으며 8-10세기 사이에 제작된 꾸란 사본들에 사용되었다. 쿠파 서체는 10세기가 지나면서 사본 제작의 속도를 높이기 위해 좀 더 간편

한 서체 혹은 필기체로 교체되었고, 12세기에는 실질적으로 자취를 감추게 되었다. 이처럼 고대 꾸란 사본들은 서체만으로도 제작 시기를 대략 파악할 수 있다.

| [히자지 서체] | [히자지 서체] | [쿠파 서체] |
| (페트로폴리타누스 사본) | (마일 사본) | |

현존하는 꾸란 사본 중 7-8세기에 제작된 것으로 추정되는 것들을 정리하면 다음 표와 같다.[84]

사본의 공식 명칭	추정 연대	서체	꾸란의 본문 및 분량
버밍햄 사본 Birmingham Fragment (Mingana 1572a)	568-645년	히자지	꾸란 18-20장 양피지 두 장
사나아 사본 Sana'a MSS	632-671년 (하층 본문: 7세기, 상층 본문: 7-8세기)	히자지	팔림세스트(Palimpsest): 상층 본문은 82 폴리오(꾸란의 50%) 하층 본문 36 폴리오 연구됨

---

84 "Early Qur'anic Manuscripts" in *Wikipedia*. ⟨https://en.wikipedia.org/wiki/Early_Quranic_manuscripts⟩

최소한의 이슬람

파리 페트로폴리타누스 사본 Codex Parisino-Petropolitanus	7세기 후반-8세기 초	히자지	98 폴리오
튀빙겐 사본 Tübingen Fragment Ma VI 165	637-758년 피델리(Alba Fedeli)는 8세기로 추정	히자지	277 폴리오 17:36-36:57만 존재 (전체 꾸란의 26%)
마일 사본 The Ma'il MSS (Or 2165)	700-799년	마일/ 히자지	7:40-9:96; 10:9-39:48; 40:63-43:71(전체 꾸란의 약 60%)
토프카프 사본 Topkapi MSS	8세기 초 혹은 중엽	쿠파/ 라슴	408 폴리오(2 폴리오만 부재) 일부 구절들(5:3-8; 17:17-33)을 제외한 꾸란 대부분 존재
사마르칸트 사본 Samarkand MSS	765-855년 (8-9세기)	쿠파/ 라슴	2:7 중간부터 43:10까지만 존재
카이로 후세인 모스크 사본 Cairo Hussein Mosque MSS	8-9세기	쿠파	전체 1087 폴리오 중에서 4개가 분실되었고, 9개 폴리오는 후대에 추가됨 사본의 기록에 오류들이 많고 제작 연대가 정확히 이른 시기라고 할 수 없다는 점에서 사본의 권위가 토프카프 사본보다는 상대적으로 떨어짐
튀빙겐 사본 Tübingen Fragment Ma VI 157	9세기	쿠파	양피지 31장
블루 꾸란 사본 Blue Qur'an	9세기 후반-10세기 초	쿠파	원래 전체 600 폴리오 중 현재 100여 폴리오가 알려짐

주: MSS(manuscripts)는 꾸란 사본을, Fragments는 사본의 일부 조각을, 그리고 폴리오(folio)는 사본의 한 페이지 혹은 한 장을 의미한다.

현존하는 고대 꾸란 사본 중 가장 오래된 것이면서 분량 면에서 중요하게 여겨지는 사본은 세 개로, 이스탄불에 있는 토프카프 사본(8세기 초중엽), 중앙아시아 우즈베키스탄에 있는 사마르칸트 사본(775-995년경), 이집트의 카이로에 있는 후세인 사본(750-850년경) 등이다. 토프카프 사본과 후세인 사본은 특히 각각 현대의 꾸란 본문의 99%가 포함되어 있어서 가치가 매우 크다. 물론 시기적으로 그전에 제작된 사본들(사나아 사본이나 버밍엄 사본)이 거론되기도 하지만, 그것들은 꾸란 본문의 내용을 포함하는 범위에 있어서 제한적이란 단점이 있다.

전통적 내러티브에 따르면 오스만 꾸란본이 이슬람 세계 전역에 퍼져 나갔고, 그로부터 통일된 형태의 꾸란 사본들이 제작되었다. 따라서 현존하는 사본은 각기 서체가 다를지라도 그 내용은 동일해야 한다. 그런데 고대 꾸란 사본들의 본문에서 무시할 수 없는 차이점들이 발견된다. 역사 속에서 이미 무슬림 학자들도 이 점을 인지하고, 꾸란 사본들의 차이점을 설명하기 위해 노력해 왔고, 이 연구는 현재도 진행되고 있다.

전통적 무슬림 학자들은 본문의 차이가 발생한 이유가 꾸란을 기록하던 당시에 쓰였던 아랍어 표기 방법에 있다고 설명한다. 고대 꾸란 사본들에 사용되던 아랍어 문자 표기는 현대 아랍어 표기법과 몇 가지 면에서 중대한 차이가 있다. 현대 아랍어 문자에는 이아잠(iʼjām)으로 알려진 자음 분음 표기와 단모음 구별 부호인 하라카트(harakāt)가 있고, 또한 단모음 부호를 포함하여 아랍어 발음을 규정해 주는 보조 표기, 타쉬킬(tashkīl)이 있다. 그런데 고대 사본들은 자음 분음 부호가 없고, 단모음 구분 표시나 타쉬킬도 없는 라슴(rasm)이라는 아랍어 표기 방식

최소한의 이슬람

으로 기록되었다. 현존하는 꾸란 사본들 중 적어도 8-9세기에 속한 가장 오래된 사본들은 모두 이런 형태로 기록되어 있다.

아랍어 표기 방식이 정교하게 된 것은 적어도 10-11세기 이후인데, 그 변화의 과정은 다음 설명을 통해 알 수 있다.

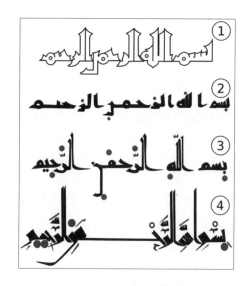

[꾸란의 표기 방식의 변천 과정]

① 은 9세기 초에 기록된 꾸란에 사용된 것으로, 아무런 표시 없이 라
   슴만으로 기록되어 있다.

② 는 9-10세기에 기록된 꾸란에 사용된 것으로, 붉은 점으로 모음
   표시를 하였다.

③ 은 9-10세기에 기록된 꾸란에 사용된 것으로, 붉은 점으로 모음
   표기를 한 것에 더하여 검은 점들로 자음 구분 표시를 추가하였다.

④ 는 11세기에 기록된 꾸란에 사용된 것으로, 붉은 점 대신 붉은 색
   의 짧은 선으로 단모음을 표시하였고, 황금색(이 책에서는 편의상 회색

점으로 표시) 점들을 사용하여 자음을 구분했다. 현대 꾸란에서는 황금색 점을 검은 점으로 바꾼 것 외에 나머지는 동일한 표기로 사용하고 있다.

전통적 무슬림 학자들의 설명에 따르면, 라슴으로 기록된 꾸란은 권위 있는 독경사들에 의해 읽혔고 전수되었다. 이것은 꾸란을 읽는 독경법과 독경사들에 의해 꾸란 본문의 최종 형태와 의미가 결정되었다는 것을 의미한다. 따라서 독경사들은 중요한 권위를 갖게 되었는데, 현재 이슬람 세계에서 공식적으로 인정받는 대부분의 독경사는 750-800년 사이(압바시야 왕조 초기)에 활동했던 인물들이다. 이처럼 중요한 독경사들이 활동한 지 약 100년이 지난 후 아부 무자히드(859-936년)는 일곱 명의 독경사들을 공식적으로 인정했고, 그 후에도 세 명이 추가되어 현재 순니파에서는 열 명의 독경사가 공인되어 있다.[85]

현대 꾸란 인쇄본이 출현하는 과정

서로 다른 독경법에 기초하여 꾸란을 인쇄하면 본문에 차이가 있는 꾸란본이 나타난다. 라슴으로 기록된 본문을 읽는 방식에 따라서 장모음과 단모음의 차이뿐 아니라 자음들의 차이도 나타나기 때문이다. 7가지 독경법에 따라 인쇄하면 7개의 서로 다른 본문의 꾸란이 된다는 뜻이다. 실제로 사우디아라비아에서 인쇄하여 보급하는 꾸란본에는

---

85 아부 무자히드가 인정한 일곱 명의 독경사들은 마다니의 나피이(Nafi` al-Madani, 785년 사망), 메카의 이븐 카씨르(ibn Kathir, 737년 사망), 바스라의 아부 암르(Abu 'Amr, 762년 사망), 다메섹의 이븐 아미르(Ibn 'Amir, 762년 사망), 아씸('Asim, 744년 사망), 함자(Hamzah, 772년 사망), 알키사이(Al-Kisā'ī, 904년 사망) 등이다.

크게 네 가지 독경법에 기초한 꾸란본이 있다.[86] 현재 세계 무슬림들 사이에서 가장 많이 보급되어 사용되는 것은 하프스-아씸 독경법에 기초한 꾸란이다.

현대 꾸란 인쇄본들이 나타나기 이전에 역사 속에서 다양한 인쇄본들이 제작되었다. 필사본이 아닌 인쇄본 제작이 가능해진 후 처음으로 16세기 중엽에 베니치아 출신의 파가니니 형제들(Paganino and Alessandro Paganini)이 꾸란을 인쇄했다. 뒤를 이어 1698년에는 마랏치(Ludovico Marracci)가 편집한 꾸란이 인쇄되었는데, 여기에는 라틴어 번역과 주석이 담겨 있다. 그러나 1924년 카이로 꾸란본이 출판되기 이전에 유럽에서 학자들 사이에 가장 널리 사용된 꾸란 인쇄본은 1841년에 플루겔(Gustav Flügel)이 만든 것이었다.

[최초 꾸란 인쇄본(Paganino and Alessandro Paganini, 1537-1538년)]

---

86 샤디 나세르(Shady Nasser)는 하프스-아씸 독경법에 기초한 꾸란본이 가장 보편적이지만, 아씸 (Shu'ba 'an 'Āṣim), 나피이(Qālūn and Warsh 'an Nāfi'), 그리고 알알라으(al-Sūsī and al-Dūrī 'an Abī 'Amr b. al-'Alā')의 독경법에 기초한 꾸란본들도 보급되고 있음을 소개한다. - Shady Hikmet Nasser, "The Canonizations of the Qur'an: Political Decrees or Community Practices?" in *Non Sola Scriptura: Essays on the Qur'an and Islam in Honour of William A. Graham*, ed. Bruce Fudge et. al., p.93-107. New York: Routledge, 2022.

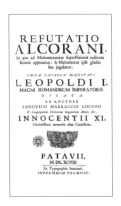

[마랏치 꾸란본(Alcorani textus universus, 1698년)]

[플루겔 꾸란본(Corani textus arabicus, 1841년)]

이 세 가지가 인쇄술을 먼저 사용한 서구에서 만들어진 꾸란이지만, 이슬람 세계에서는 환영받지 못했다. 왜냐하면 서구인들이 이슬람의 경전과 종교적 서적들을 기계로 인쇄했다는 사실을 무슬림들이 달갑게 여기지 않았기 때문이다. 이슬람 세계에서 꾸란이란 경전을 기계로 인쇄해 낸다는 것을 수용하기까지 꽤 오랜 시간이 걸렸다. 19세기에 들어서서 인도를 비롯한 이슬람 세계 구석구석에서 꾸란이 부분적

으로 인쇄되어 사용되기 시작했다.[87]

현대판 꾸란의 광범위한 보급과 더불어 이슬람의 세계 확산에는 1924년 카이로에서 인쇄된 꾸란본의 역할이 매우 크다. 카이로 꾸란본은 위에 언급한 여러 독경법 중에서 하프스-아심의 독경법을 기본으로 인쇄된 꾸란본이다. 전 세계 무슬림의 90% 이상이 이 꾸란본을 사용하고 있으며, 많은 무슬림이 이것을 오스만 꾸란본과 한 치의 오차도 없이 동일한 것으로 여기고, 천상의 돌판에 기록된 꾸란과도 동일한 것이라고 믿고 있다.

하지만 카이로 꾸란본이 나오게 된 실제 배경과 과정을 이해하면, 대중 무슬림이 카이로 꾸란본을 정확무오한 알라의 말씀으로 간주하며 신성하게 여기는 것이 정당한 근거에 기초한 것이 아님을 알게 된다.[88] 이집트 왕국이 수립된 후 푸아드 왕은 1907년에 아즈하르대학교의 무슬림 학자들에게 꾸란 본문을 표준화하도록 위임했다. 그렇게 했던 이유는 당시 이집트 학교들에서 사용되던 꾸란 텍스트들 사이에 차이점이 존재했고, 이로써 공교육에 혼란을 일으켰기 때문이다. 17년에 걸친 작업의 결과물이 마침내 1924년 10월 7일에 아미리 출판사에 의해 인쇄되었고, 이 카이로 꾸란본은 아미리본(Amiri Mushaf) 혹은 푸아드 꾸란본(King Fuad Mushaf)으로 불린다. 당시 인쇄된 카이로 꾸란본과 다른 꾸란본들은 모두 나일강에 던져져 폐기되었다고 한다. 카이로 꾸란본

---

87 Michael Albin, "Printing of the Qur'an" in *Encyclopaedia of the Qur'an*, vol. 4, ed. Jane D. McAuliffe, p.264-276. Leiden: Brill, 2004.

88 Gabriel Said Reynolds, "Introduction: Qur'anic Studies and Its Controversies" in *Qur'an in Its Historical Context*, ed. Gabriel Said Reynolds, p.1-25. New York: Routledge, 2008.

은 처음 출판된 그해 후반에 한 번, 그리고 1936년에 다시 수정을 거치게 되었다.[89]

아즈하르 학자들이 카이로 꾸란본을 제작할 때 다양한 독경법들을 무시하거나 없애려고 한 것은 아니다. 이집트의 교육을 위하는 맥락에서 꾸란 본문을 표준화하려고 했던 것이다. 이 목적을 이루기 위하여 공인된 독경법 중에서 하프스-아씸 독경법을 선택했던 것이고, 이에 기초하여 표준화된 인쇄본을 제작한 것이다. 결국, 이 꾸란본이 인쇄되어 나오는 데 결정적 역할을 한 것은 아즈하르대학교의 학자들이었고, 그들이 가진 권위에 의해 이 꾸란본이 탄생하게 되었다. 이후 사우디아라비아가 이 꾸란본의 다량 인쇄 및 보급을 위해 지원하였고, 이것을 전 세계에 보급하였는데, 현재 전 세계 대부분의 무슬림이 사용하는 꾸란이 되었다. 이 꾸란본은 신성한 경전으로 간주되어 제3대 칼리프가 제작한 오스만 꾸란본과 일점일획의 차이도 없이 동일한 것으로 받아들여지고 있다.

꾸란 사본들에 대한 본문비평학적 평가

앞 장에서는 꾸란이 어떤 역사적 과정을 거쳐 현대에 이르렀는지를 설명하는 무슬림 학자들의 주장을 요약해 보았다. 그러나 이슬람의 전

---

89 1936년에 수정되어 인쇄된 꾸란본은 파룩본(Faruq Edition)이라고 하지만, 일반적으로는 푸아드본과 파룩본의 구분 없이 편의상 카이로 꾸란본이라 한다.

최소한의 이슬람

통적 내러티브가 꾸란에 관해 주장하는 것들을 과연 역사비평학적으로 수용할 수 있는가를 검토해 보아야 한다.

꾸란에 대한 역시비평학적 평가는 외적 증거와 내적 증거라는 관점에서 살펴볼 수 있다. 먼저 꾸란의 권위에 대한 외적 증거로 고려해야 할 점은 꾸란 사본들과 현대 꾸란이 인쇄본으로 나타나기까지의 과정을 검토하는 것이다. 꾸란의 사본들 가운데 무함마드가 살았던 시대(610~632년) 혹은 꾸란이 정경화된 때로 여겨지는 650년경에 근접한 시기의 것들이 있는지, 얼마나 많은 고대 사본이 존재하는지, 또 그 사본들 가운데 차이점이 있는가에 대한 증거들을 살펴보아야 한다. 가장 중요한 질문은 오스만 꾸란본 자체의 존재 여부 혹은 그 사본의 존재 여부다. 또한 현대의 카이로 꾸란본이 오스만 꾸란본과 동일한 것이란 주장이 사본학적 증거들로 뒷받침될 수 있는지도 살펴보아야 한다.

신약 성경의 사본학적 증거들에 비추어 본 꾸란 사본들

사본학적 논의를 위해 신약 성경의 사본들과 꾸란의 사본들을 비교해 보는 것은 매우 유익한 통찰력을 제공한다. 신약 성경은 1세기 말 이전에 원본(autograph)의 기록이 완성되었고, 후에는 다양한 사본들이 만들어졌으며, 현존하는 헬라어 신약 사본들은 약 5,800개로 추산된다. 중요한 것은 헬라어 사본 중 대부분이 기록된 시기가 7세기 이슬람 태동 이전이란 점이다. 신약 성경의 기록이 1세기 말까지 완료되었음에도 불구하고 사본의 수가 이처럼 많고, 그 시기가 원본의 시기에 가깝다는 것은 그만큼 신약 성경을 신뢰할 수 있음을 말해 준다.

그런데 꾸란은 이슬람의 전승에 따르면 성경이 기록된 시대로부터 약 550년 후에 기록되었다. 1-2세기보다 문화적 발전이 훨씬 더 이루어졌던 7세기에 꾸란이 제작되었고, 사본들이 만들어졌다면, 이슬람 초기 사본들(7-8세기)은 훨씬 더 많이 만들어졌어야 했고, 지금까지도 많은 사본이 남아 있어야 한다. 하지만 이슬람 초기인 7-8세기에 만들어져서 현재까지 남아 있는 사본들은 실제로 극소수에 불과하다. 그 시기에 속하는 것으로 간주되는 꾸란 사본들은 신약 성경 사본들에 비해 그 수나 본문 양이 비교할 수 없을 정도로 적다.

현존하는 꾸란 사본들 중 8세기 이전에 제작된 사본들을 가지고는 현대의 꾸란 본문을 복원하기란 불가능하다. 사본의 본문 양이 너무 적기 때문이다. 카이로 꾸란본 내용의 99%는 토프카프 사본과 후세인 사본에서 가지고 왔다. 그러나 두 사본의 제작 시점은 8세기 초 혹은 중엽으로 추정되는데, 오스만 꾸란본과는 50-100년 이상의 시간차가 있다. 꾸란 사본들의 연대가 실제 원본이 기록된 시점(650년경)과 상당히 떨어져 있고, 7-8세기에 만들어진 꾸란 사본들의 숫자 역시 많지 않다는 것은 전통적 내러티브에 의한 꾸란의 기원이 사본학적 근거들에 의해 뒷받침되지 않는다는 것을 의미한다.

현존하는 가장 오래된 꾸란 사본들은
오스만 꾸란본의 존재를 확정하는가?

꾸란 사본들의 연대 측정을 위해서 두 가지 기준이 사용된다. 하나는 꾸란 사본에 사용된 서체인데, 앞에서 언급한 것처럼 히자지 서체는 쿠파 서체보다 더 이른 시기에 사용된 것으로 보이며, 지역적으로도 아라비아반도에서 사용된 것이다. 히자지 서체로 기록된 사본들 중

최소한의 이슬람

가장 오래된 것으로 간주되는 것은 앞의 도표에서 봤듯이 버밍엄 사본 (Mingana 1572a라고도 불림)과 사나아 사본의 하층 본문이다.

일부 무슬림 학자는 연대 측정에 있어서 이 사본들이 가장 오래 된 것이면서 이슬람 원년에 근접한 7세기 사본이란 점에 근거하여 이 들이 오스만 꾸란본의 존재를 뒷받침한다고 주장한다. 어느 학자도 이 사본들을 오스만 꾸란본이라고 하지는 않지만, 이들의 존재가 7세 기 중엽(652년경)에 표준화된 오스만 꾸란본의 존재를 뒷받침한다고 주 장하는 것이다. 하지만 그런 주장을 하는 데는 몇 가지 중요한 문제가 있다.

먼저, 버밍엄 사본을 살펴보자. 이것은 영국 버밍엄대학교의 도서 관에서 발견된 두 장짜리 양피지 양면에 기록된 꾸란 사본이다. 몇 개 구절(18:17-31; 19:91-98; 20:1-40)이 쓰여 있으며, 내용상 카이로 꾸란본과 거의 일치한다. 이 사본의 연대기 측정 결과를 보면, 568-645년의 것 으로 추정되는데, 기존 사본들보다 더 이른 시기에 제작되었음을 알 수 있다.

하지만 이 사본에 기초하여 오스만 꾸란본의 존재를 주장하는 것에 는 몇 가지 문제점들이 발견된다. 첫째, 두 사본의 연대기 측정이 그다 지 정확하다고 볼 수 없다. 우선 568-645년의 기간은 77년이란 긴 시 간이어서 오스만 꾸란본의 제작과 정확히 어떤 상관관계가 있는지를 설명하기에는 너무나 부정확한 자료다. 둘째, 설령 전통적 내러티브를 수용한다고 해도, 568년이란 시점은 무함마드가 태어나기도 이전이 며, 645년은 오스만 꾸란본이 제작되기 이전의 시점이다. 그렇다면 오 히려 이 사본은 오스만 꾸란본이 될 수 없고, 오스만 꾸란본의 사본은

더더욱 될 수 없다는 뜻이다. 셋째, 두 장의 양피지에 기록된 꾸란 구절
은 32개인데 이것을 전체 6,236개 구절에 견주어 보면 너무나 적은 분
량이므로 이 사본이 오스만 꾸란본의 존재를 증거한다는 주장은 수용
하기 어렵다. 넷째, 이 사본에서 흥미로운 수정의 흔적을 하나 발견할
수 있는데, 다음 사진에서 보는 바와 같이 한 단어의 장모음을 지움으
로써 카이로 꾸란본의 본문과 동일한 형태를 갖추게 되었다. 이러한
수정의 흔적은 기존에 존재하던 고대 사본들을 후대의 누군가가 어느
시점에서 표준화된 꾸란 본문으로 정형화하면서 생긴 것들이다. 이러
한 수정의 흔적들에 관해서는 나중에 더 알아보기로 한다.

[버밍엄 사본과 현대 카이로 꾸란본의 비교]

1972년 예멘의 사나아 대사원에서 발견된 고대 꾸란 사본들이 무
슬림 학자들과 서구 학자들의 관심을 끌었다.[90] 사나아 사본은 양피
지에 기록되었는데, 한 번 기록한 본문(하층 본문)을 지우고, 그 위에 다

90 Behnam Sadeghi and Mohsen Goudarzi. "San'ā' 1 and the Origins of the Qur'an" in *Der Islam*
    87 (2012): p.1-129.; Behnam Sadeghi and Uwe Bergmann. "The Codex of a Companion of the
    Prophet and the Qur'an of the Prophet" in *Arabica* vol. 57(2010): p.343-436.

최소한의 이슬람

시금 써서(상층 본문) 꾸란을 기록했는데, 이를 팔림시스트(Palimpsest)라고 부른다. 상층 본문(upper text)은 기록 연대가 8세기 초반으로 추정되며 현대 표준화된 꾸란에 일반적으로 일치한다고 알려져 있다. 하지만 하층 본문(lower text)은 탄소 연대 측정법으로 검사한 결과, 7세기 중엽(632-669년) 것으로 밝혀졌다. 사나아 사본의 하층 본문은 버밍엄 사본만큼이나 오래된 것이어서 중요성이 부각되었다.

예멘 정부는 처음에는 이 사본의 연구를 독일 학자들에게 위탁하여 연구를 진행했지만, 후에 모든 자료를 비공개 처리하였다. 그렇게 된 이유에 대해 레이놀즈(Gabriel Reynolds)는 서구 비무슬림 학자들이 자신들의 경전을 다루는 것을 싫어한 이슬람 세계가 예멘 정부에 압력을 넣었기 때문이라고 평가했다.[91] 그럼에도 불구하고 사나아 사본에 대한 연구들은 여전히 진행 중이고, 발표된 자료들에 따르면 하층 본문이 꾸란의 역사적 발전 과정을 밝혀내는 데 매우 중요한 단서들을 제공함은 분명하다.

[사나아 사본의 상층 본문(2:265-271)과 하층 본문(2:191-196)]

---

91 Gabriel Said Reynolds, "Introduction: Qur'anic Studies and Its Controversies" in *Qur'an in Its Historical Context*, ed. Gabriel Said Reynolds, p.1-25. New York: Routledge, 2008.

사나아 사본에서 나타난 가장 큰 문제는 사본의 하층 본문이 현대 카이로 꾸란본과 사뭇 다른 부분이 여럿 있다는 점이다. 사데기(Behnam Sadeghi)와 고다르지(Mohsen Goudarzi)는 사본의 하층 본문과 카이로 꾸란본의 본문의 차이점을 보여 주는 일부 사례를 아래와 같이 소개한다.[92]

구절	카이로 꾸란본	사나아 사본의 하층 본문
2:196 하층 본문에는 "your heads" 없음	Do not shave your heads until the offering reaches its destination.	Do not shave until the offering reaches its destination.
2:196 문법적으로 다른 표현이 사용됨	If any of you be sick "fa-man kāna" 누구든지 아프면…	Should one of you be sick "fa-in kāna aḥadun" 만일 한 사람이 아프면…
2:196 하층 본문에는 "or alms" 없음	Fasting, or alms, or an offering "aw ṣadaqatin aw nusukin"	Fasting or an offering "aw nusukin"

---

92 이 저자들의 주요 주장을 요약하면 다음과 같다: 사나아 사본의 하층 본문은 카이로 꾸란본에 반영된 오스만 꾸란본보다 더 이른 시기에 쓰인 것으로 보이며 오스만 꾸란본과 분명한 차이를 보인다. 이는 꾸란이 표준화되기 이전에 서로 다른 꾸란 코덱스(소위 말하는 무함마드의 동료들이 만들어 사용하던 꾸란 코덱스들)가 존재하고 있었을 가능성을 보여 준다. 이러한 결론은 발견된 사나아 사본들의 아주 적은 일부분을 기초로 한 연구 결과들인데, 심층 연구가 더 이루어진다면 꾸란 형성 초기 역사를 더욱 풍성하게 밝혀 줄 것이다. - Behnam Sadeghi and Mohsen Goudarzi. "Sanʿāʾ 1 and the Origins of the Qurʾan" in *Der Islam* 87 (2012): p. 21, 41-129.

최소한의 이슬람

2:201 하층 본문에는 "good" 없음	There are people who say, "Our Lord, give us in this world," and they have no portion in the world to come. Then, there are those who say, "Our Lord, give us good in this world and good in the next." "ḥasanatan wa-fī l-ākhirati ḥasanatan"	There are people who say, "Our Lord, give us in this world," and they have no portion in the world to come. Then, there are those who say, "Our Lord, give us in this world and good in the next." "wa-l-ākhirati ḥasanatan"
63:7 하층 본문에는 "from around him"가 추가되었음	They are the ones who say, "Do not spend (alms) on those who are with Messenger of God in order than they may disperse."	They are the ones who say, "Do not spend (alms) on those who are with Messenger of God in order than they may disperse from around him." "min ḥawlihi"

사나아 사본의 하층 본문이 카이로 꾸란본과 차이가 난다는 것은 무엇을 의미하는가를 이해하는 것은 매우 중요하다. 만일 전통적 내러티브가 역사적 사실이라고 가정한다면, 사나아 사본은 꾸란이 기록되던 초기의 본문들은 정형화되지 않은 채 유동적이었음을 보여 준다. 실제로 제3대 칼리프 오스만이 꾸란본을 표준화하고 정경화해야 할 필요성을 느꼈던 이유가 서로 다른 꾸란본들이 존재했기 때문이므로 통일된 텍스트를 만들어야 했을 수 있다. 실제로 몇몇 하디스는 무함마드의 동료들이 가졌던 꾸란본들에 관해 언급하기도 한다.

문제는 오스만이 어떤 기준으로 꾸란본의 정경화를 이루었는가 하는 것이다. 경쟁적인 꾸란본들 사이에서 어느 꾸란본이 천상의 꾸란과 동일한지 구분해 낼 수 있었는가? 무함마드가 전했다고 하는 꾸란이 어떤 꾸란본과 정확히 일치했는가? 이 질문들에 대해 확정적으로 답할 수 있는 절대적 기준이나 방법은 없었을 것이다. 결국, 오스만이 꾸란의 정경화 혹은 표준화를 이룬 것은 신적 권위에 의해서라기보다는 단순히 정치적 권위에 의해 이루어졌다는 설명이 타당해 보인다.

사나아 사본은 오스만 꾸란본이 존재했다고 할지라도 그것이 천상의 꾸란과 정확히 일치하는 것이었음을 확증할 수 없다는 사실을 증거한다. 그것은 꾸란에 관한 전통적 내러티브에 대해 의구심을 느끼게 하며, 오스만에 의해 표준화된 꾸란의 권위 자체에 대해서도 의문을 품게 한다. 또한 오스만 꾸란본과 동일하다는 현대 카이로 꾸란본의 권위에 대해서도 문제의식을 느끼게 한다. 향후 사나아 사본들에 대해 광범위하고 심층적인 연구가 이루어진다면, 꾸란 형성 과정의 초기 역사에 관한 이해를 더욱 풍성하게 해 줄 것이다.

"무슬림들이 주장하는 것처럼" 토프카프 사본과 사마르칸트 사본은 오스만 꾸란본인가?

현존하는 고대 꾸란 사본들 중에서 분량 면에서 카이로 꾸란본과 대부분 일치하므로 무슬림들이 가장 권위 있게 간주하는 사본은 이스탄불에 있는 토프카프 사본(8세기 초 혹은 중반 추정)과 우즈베키스탄에 있는 사마르칸트 사본(8세기 혹은 9세기 추정)이다. 토프카프 사본은 꾸란의 두 쪽 분량(23개 구절) 정도만 빼고, 꾸란 전체를 포함하고 있어 현대 꾸란의 권위를 주장할 때 많이 언급된다. 그런데 사마르칸트 사본은 2장

7절에서 43장 10절까지의 부분만 포함하고 있고, 그 서체나 내용들이 가진 한계들(철자 표기와 문법적 오류들)로 인하여 토프카프 사본보다는 중요성이 훨씬 떨어진다. 따라서 이것이 오스만 꾸란본이라고 주장하는 것은 아무런 의미가 없다.

많은 무슬림이 두 개의 꾸란 사본이 칼리프 오스만이 명령하여 만들어진 오스만 꾸란본 혹은 그것의 사본일 것이라고 믿고 주장한다. 하지만 두 사본을 직접 연구한 튀르키예 학자들, 이흐산오울루(E. Ihsanoglu)와 알트쿨라치(Tayyar Altikulac)는 이것들이 오스만 당시 만들어진 공인된 표준 꾸란의 원본이 아닐 뿐만 아니라 오스만 꾸란본에서 만들어진 사본도 아님을 명백히 밝혔다. 이에 대한 가장 명확한 근거는 이 사본이 매우 정돈된 쿠파 서체로 기록되었다는 점이다. 특히 붉은 점들로 단모음을 구분하는 방법을 사용했는데, 이는 앞에서 살펴본 바와 같이 9세기가 지나서야 개발된 표기 방식이다. 이런 이유로 두 튀르키예 학자는 토프카프 사본이 오스만 칼리프 시대에 제작된 것이 아니라 후기 우마위야 왕조 시대(8세기 초 혹은 중엽)에 제작된 것으로 추정한다.

토프카프 사본은 일반 학술 연구자들에게는 공개되지 않고 있으며 오직 튀르키예 무슬림 학자들만 제한적으로 접근할 수 있다. 따라서 카이로 꾸란본과 직접적으로 대조하거나 비교하기는 쉽지 않다. 하지만 알트쿨라치가 공개적으로 밝힌 견해들은 이 사본과 오스만 사본과의 연관성 및 카이로 꾸란본과의 차이에 관해 약간의 중요 단서를 제

공해 준다.[93]

> (토프카프 사본에는) 문법적 규칙들을 벗어나는 것들과 다수의 글자 오류
> 가 존재한다.
> (토프카프 사본은) 2,270개 부분에서 현대 카이로 꾸란본(파흐드 꾸란본)의
> 자음들과 차이를 보인다.

다양한 꾸란 사본에 본문비평을 적용한 바 있는 스몰(Keith Small)은
토프카프 사본과 현대 카이로 꾸란본 사이에서 발견한 한 가지 차이점
을 사례로 소개한다.[94] 꾸란 14장 38절이 토프카프 사본에서는 3인칭
단수로 쓰였는데, 카이로 꾸란본에서는 1인칭 복수로 쓰였다는 것이
다. 본문의 차이가 의미의 변화를 초래하는 경우를 보여 준다.

구절	토프카프 사본	카이로 꾸란본
14:38	You know what we conceal and what he revealed "yu'lin" 당신(알라)은 우리가 숨긴 것과 그가 나타내 준 것을 아십니다.	You know what we conceal and what we reveal "nu'lin" 당신(알라)은 우리가 숨긴 것과 우리가 나타낸 것을 아십니다.

93 Tayyar Altikuluc, E. Ihsanoglu, and Salih Sadawi. *Al-Mushaf al-Sharif Attributed to Uthman Bin Affan*. Istanbul, Turkey: Organization of the Islamic Conference/Research Center for Islamic History, Art and Culture, 2007. p.41, 80-81.

94 Keith Small, *Textual Criticism and Qur'an Manuscripts*. New York: Lexington Books, 2011. p.74.

7-8세기 고대 사본들에서 아랍어 기록 방식(철자법)의 특성을 관찰한 푸인(Puin)은 알리프(l)가 매우 특이하게 사용되었다는 것에 주목한다. 한가지 예로 단모음을 알리프로 연장하여 장음(ā)으로 만드는 경우를 종종 발견한다. 토프카프 사본에서도 알리프가 한 번 더 사용된 곳을 여럿 발견했는데, 3장 158절을 예로 들 수 있다.

구절	토프카프 사본	카이로 꾸란본
3:158	If you should die or be slain, surely to Allah you shall be gathered. "lā 'ilā allah" 만일 당신이 죽거나 살해당한다면, 당신은 분명히 알라에게로 거두어질 것이다.	If you should die or be slain, surely to Allah you shall be gathered "la 'ilā allah" 당신이 죽거나 살해당해야 한다면, 당신은 분명히 알라에게로 거두어질 것이다.

현대 아랍어에서는 lā가 부정을 의미하지만, 이 문장에서는 단순히 강조를 위한 장음화로 보는 것이 타당하다. 결국, 두 본문이 의미에서는 차이를 나타내지 않았다고 볼 수 있다. 하지만 꾸란의 본문에서는 자음의 차이가 명확히 드러나는 것을 보여 준다. 알트쿨라치는 이런 종류의 철자법 차이들로 인해 토프카프 사본과 카이로 꾸란본 사이에는 약 2,270개의 차이가 발견된다고 보고했다.

무슬림 학자들은 이런 본문의 차이들(textual variants)이 의미에 영향을 주지 않는 이상 큰 문제가 되지 않는다고 주장한다. 하지만 7-8세기 사본들에서 보이는 본문의 차이점들은 이슬람 초기에 꾸란본들이 경쟁적으로 공존했던 상황을 뒷받침하는 것이라 할 수 있다.

매우 중요한 질문은 "무엇에 근거하여 오스만 꾸란본이 공인되고 표준화되었는가"다. 전통적 내러티브는 정치적 권위에 의해 오스만 꾸란본이 채택되었다는 것 외에는 다른 충분한 대답을 제시하지 못하는 것이 사실이다.

무슬림 학자들이 내린 이상의 결과들은 토프카프 사본에 대한 많은 무슬림의 믿음과 기대를 충족시키지 못했다. 토프카프 사본과 사마르칸트 사본은 오스만 사본이 아니다. 더 나아가 이들은 현대 카이로 꾸란본과도 본문에서 무시할 수 없는 차이점들을 보인다. 이 사본이 모두 공개되어 더 많은 연구가 이뤄진다면, 꾸란의 기원에 대한 이슬람의 전통적 내러티브가 역사적으로 얼마나 믿을 만한 것인지 밝혀 줄 것이다.

현존하는 오래된 꾸란 사본들 사이에는 차이점이 존재하는가?

앞서 토프카프 사본과 현대 카이로 꾸란본 사이에 본문의 차이가 존재함을 확인했다. 연관된 다음 질문은 위에 소개된 꾸란 고대 사본들 사이에는 본문의 차이가 있는가다. 기독교에서는 본문비평이라 하여 신약 성경 사본들 간의 비교 연구를 통하여 원문을 찾아가는 연구가 활발히 이루어지고 있다. 중요한 사본들을 선별하여 모두 비교한 뒤 차이가 나는 내용들(critical apparatus)을 체계적으로 한 권의 책에 모아둔 비평학적 원문 성경을 만든다. 그러나 이슬람에는 이렇게 비평학적으로 편집된 꾸란(critical edition of the Qur'an)이 존재하지 않는다.

꾸란 사본들을 연구하는 데도 매우 중요한 일이므로 일부 꾸란학자들은 꾸란도 성경처럼 본문비평을 할 수 있도록 기초 작업을 하고 있다. 현존하는 꾸란 사본들을 모두 한자리에 모아 동일한 본문을 서로 비교하고, 차이 나는 것들을 모아 정리하여 비평학적 원문 꾸란을 만들기 위해 노력하는 것이다. 이것이 필요한 이유는 꾸란의 원문(성경의 autograph에 준하는)이 만일 존재했다면, 사본학을 통해 거슬러 올라가 찾아내는 것이 무엇보다 중요하기 때문이다. 설령 하나의 원문이 없었다고 해도 꾸란이 역사적으로 어떤 발전 과정을 거쳐서 현대에 이르렀는지를 이해하는 데 중요하기 때문이다. 이를 위해 꾸란학자들은 코르푸스 코라니쿰(Corpus Coranicum) 프로젝트를 진행하고 있으며 현존하는 꾸란 사본들을 모두 모아 자료화하여 사본학적 연구를 할 기초를 마련하고 있다.[95]

그러나 전통적 무슬림들이나 전통적 학자들은 이런 연구에 매우 강한 유감을 드러내며 이런 방식의 접근을 반기지 않는 듯하다. 이는 전통적 내러티브를 부인하는 연구 결과가 나올 것을 우려하기 때문이란 추측을 하게 한다. 그러나 지금까지 연구되고 확인된 사본학적 근거들을 수용하고, 사본들 사이에 존재하는 차이점들을 인정하고 다양한 각도에서 설명하려는 개방적 학자들도 조금씩 늘어나고 있다.

최근 들어 꾸란 고대 사본들의 본문 차이를 연구한 결과들이 조금씩 공개되고 있다. 고대의 특정 사본과 현대 카이로 꾸란 인쇄본과의 차이를 고찰하는 것에 대부분의 연구가 집중되었다. 사본들 간의 비교

---

95 "Corpus Coranicum" in *Union of the German Academies of Sciences and Humanities* 〈https://corpuscoranicum.de/en〉

연구는 아직 충분히 이뤄지지 않고 있는데, 한편으로는 공통된 본문의 양이 제한되어 있고, 다른 한편으로는 분량이 많은 일부 중요 사본들(토프카프 사본 및 사마르칸트 사본)은 공개되지 않고 있어서 필요한 만큼 연구하기가 어렵기 때문으로 보인다. 관련 연구의 기회가 더욱 많아지길 기대해 본다.

앞에서 토프카프 사본과 카이로 인쇄본 사이의 차이점을 소개했는데, 프랑스 국립도서관에 있는 페트로폴리타누스 사본의 98개 폴리오를 세밀하게 연구한 드로쉬(Francois Deroche)가 연구한 결과를 추가로 소개하면 다음과 같다.[96]

- 이 사본은 카이로 꾸란본과 93곳에서 불일치를 보인다.
- 한 명의 필사자가 아니라 다섯 명의 필사자가 존재했음을 보여 준다.
- 사본의 곳곳에서 수정의 흔적이 발견된다.
- 사본의 곳곳에서 후대에 지운 흔적과 추가로 기록한 흔적이 보인다.
- Arabe 328(꾸란의 26%); Arabe 330g(꾸란의 15%); Arabe 614a(꾸란의 4.2%)

페트로폴리타누스 사본과 카이로 인쇄본의 본문 차이를 보여 주는 한 가지 예를 들면, 표와 같다. 단순히 접속사 하나의 차이(waw/و와 fa/ف)

---

96 François Déroche, *La transmission écrite du Coran dans les débuts de l'islam*: *Le codex Parisino-petropolitanus*. Texts and Studies on the Qur'an, 5. Leiden: Brill, 2009. p.172-177.

최소한의 이슬람

이지만, 의미의 변화가 있기에 그 중요성을 무시할 수 없다.[97]

구절	페트로폴리타누스 사본	카이로 꾸란본
14:37	Our lord, I have settled some of my descendants in an uncultivated valley near Your sacred House, our Lord, that they may establish prayer, <u>and make hearts</u> among the people incline towards them⋯ "wa-'ij'al" 이 문장에서는 마음을 움직이는 주체가 "사람들"이 된다.	Our lord, I have settled some of my descendants in an uncultivated valley near Your sacred House, our Lord, that they may establish prayer. <u>So make hearts</u> among the people incline towards them⋯ "fa-'j'al" 명령형으로 된 동사에 의하면 사람들의 마음을 움직이는 주체는 "알라"가 된다.

지금까지 이루어진 꾸란 사본들에 관한 연구 결과들을 보면, 7세기와 8세기 초에 제작된 사본들 사이에는 무시할 수 없는 차이점들이 존재함을 분명히 증거한다. 일반적으로 무슬림 학자들이 가장 중요하게 간주하는 토프카프 사본이나 고대 사본들의 본문을 살펴보면, 차이점을 발견할 수 있다. 이런 증거들은 초기 꾸란본들이 제작될 당시에도 꾸란은 여전히 정형화되지 않고 유동성 있게 기록되고 사용되었음을 보여 준다. 이로써 오스만 꾸란본을 통해 표준화된 꾸란이 이슬람 세계로 퍼져 나갔다는 이슬람의 전통적 내러티브는 도전받게 된다.

---

97 Keith Small, *Textual Criticism and Qur'an Manuscripts*. New York: Lexington Books, 2011. p.80.

초기 꾸란 기록 방식과 독경법이 꾸란 인쇄본 결정에 미치는 영향은?

가장 오래된 꾸란 사본들은 모두 라슴으로 기록되었음을 앞에서 살펴보았다. 라슴에 어떤 자음 부호를 붙이느냐에 따라서 단어의 어근이 결정되고, 모음 부호를 어떻게 붙여 읽는가에 따라서 단모음, 장모음, 수동태, 능동태가 정해지며, 이에 따라서 문장의 의미가 달라질 수 있다. 라슴을 보며 어떻게 발음하고 읽는가에 따라서 아랍어 문장의 의미가 결정되는데, 라슴 자체만으로 그것을 정확하게 알 방법은 없다. 따라서 라슴으로 기록된 꾸란을 어떻게 읽는가는 매우 중요한 과제였는데, 결국 권위를 가진 독경사들이 꾸란의 본문을 정확히 읽는 법을 가르침으로써 꾸란 본문의 최종 형태를 결정하게 되었다. 독경법(끼라아: qirāʾa)은 꾸란을 읽는 법을 말하며 꾸란학의 독립된 한 분야다.

일반적으로 전통적 무슬림들은 꾸란이 낭송과 구전을 통해 전해진 만큼 문서의 기록은 최소한의 수단이었음을 강조한다. 따라서 라슴에 부차적인 발음 구별 기호들(diacritical marks)이 없어도 꾸란은 온전하게 전해져 내려올 수 있었다고 주장한다. 하지만 다양한 전승들에 따르면, 역사적으로 라슴으로 기록된 꾸란 사본들에 발음 구별 기호들을 추가해야 할 필요성을 느끼게 되었고, 9-10세기에 들어서면서부터 꾸란을 기록할 때 독경법에 기초하여 발음 구별 기호와 모음 부호를 함께 기록하게 되었다.

그런데 라슴으로 기록된 꾸란과 함께 구전으로 전해 오던 꾸란이 10세기경에 서로 다른 독경법으로 읽히고 있었다. 서로 다른 지역 혹은 같은 지역이라도 다른 지도자들에 의해 꾸란의 독경법이 경쟁적으로 존재하고 있었다. 그와 같은 현실을 직시한 이븐 무자히드(Ibn

Mujāhid, 860-936년)가 7개 독경법을 공식적으로 인정하며 모든 독경법이 정당하다고 주장했는데, 이것은 순니파의 정설로 받아들여졌다.

여기서 주목할 것은 독경법이 꾸란의 문법과 의미를 결정하는 데 결정적 영향을 미치고, 나중에 꾸란 본문 문서화의 최종 형태를 결정지었다는 점이다. 독경법은 단순히 억양이나 숨 쉬는 방법의 차이 혹은 발음의 차이를 들려주는 데서 그치지 않는다. 모음의 차이*, 자음의 차이**, 심지어 드물기는 하지만 라슴 자체의 차이를 보이기도 하며 이로써 문장 전체가 달라지기도 한다.***

예)

* suddan/saddan

** turja'ūna/yurja'ūna 이것은 대명사 혹은 동사 형태의 차이를 유발한다.

*** fa-tabayyanū/fa-tathabbatū 꾸란 4:94

즉 독경법의 차이가 꾸란의 문장과 의미 해석에 차이를 만들기 때문에 결코 가벼이 여길 수 없다. 독경법이 꾸란 인쇄본의 형태를 결정하기 때문에 7개의 독경법을 모두 인정한다는 말은 7개의 서로 다른 꾸란본을 인정한다는 의미다. 실제로 1924년 카이로에서 인쇄된 꾸란본은 독경사 아씸('Āṣim, 745년 사망)이 가르친 독경법을 하프스(Hafs, 796년 사망)가 전해 준 것을 바탕으로 본문을 만들어 인쇄한 것이다. 카이로 인쇄본이 이슬람 세계에 가장 많이 사용되는 꾸란본인데, 북아프리카의 여러 나라에서는 나피이(Nafi', 785년 사망)의 독경법을 전수받은 와르쉬(Warsh, 812년 사망)가 전해 준 것을 따라 인쇄한 와르쉬 꾸란본이 사용

되고 있다. 두 꾸란 인쇄본 사이에는 무시할 수 없는 차이점들이 존재한다.[98]

[아씸-하프스(Hafs 'an 'Āṣim) 독경법과 나피이-와르쉬(Warsh 'an Nāfi') 독경법의 차이를 보여 주는 사례들]

구절	아씸-하프스 독본	나피이-와르쉬 독본
2:85	تَعْمَلُونَ you (pl) do/ 너희들이…	يَعْمَلُونَ they do/ 그들이…
2:125	وَٱتَّخِذُوا۟ You shall take / 너희들이…	وَاتَّخَذُوا They have taken/ 그들이…
3:146	قَاتَلَ fought/ 싸웠다	قُتِلَ were killed/ 죽임을 당했다
15:8	مَا نُنَزِّلُ We do not send down…/ 우리가…	مَا تَنَزَّلُ They do not come down…/ 그들이…
19:19	لِأَهَبَ that I may bestow/ 내가…	لِيَهَبَ that He may bestow/ 그가…
21:4	قَالَ he said/ 그가 말하길…(서술형)	قُل Say! / 말하라! (명령형)

---

98 그린(Samuel Green)은 무슬림 학자들이 10개의 공인된 독경법에 기초한 꾸란본들 간의 모든 차이점을 모아 둔 자료를 언급하는데, 그 수가 자그마치 1만 개가 넘는다. -Samuel Green, "The Different Arabic Versions of the Qur'an" in *Answering Islam*, March 12, 2023. 〈https://www.answering-islam.org/Green/seven.htm#compare〉

최소한의 이슬람

33:68	كَبِيرًا mighty/ 강력한, 엄중한	كَثِيرًا multitudinous/ 많은
42:30	فَبِمَا then it is what/ 그리하여…	بِمَا it is what/ (접속사 없음)
48:17	يُدْخِلْهُ He makes him enter/ 그(알라) 가…	نُدْخِلْهُ We make him enter/ 우리(알라) 가…
43:19	عِبَدُ who are the <u>slaves</u> of the Beneficent/ 자비로우신 자의 종 들인 자	عِندَ who are with the Beneficent/ 자비로운 자와 함께 있는 자

두 인쇄본 사이에 존재하는 차이점은 독경법의 차이로 발생한 것이
다. 이어지는 중요한 질문은 이것이다.

"이슬람 전승에 따르면, 오스만 꾸란본이 어떻게 읽혔는가? 혹은
어떤 독경법에 따라 읽는 것이 오스만 꾸란본과 일치하는가?"

이 질문에 확정적 답변을 할 방법은 없다.

이슬람 전승은 7개 혹은 10개의 꾸란 독경법을 모두 정당한 방식
으로 인정하므로 차이점을 오히려 수용하고 있음을 보여 준다. 따라서
공인된 7가지 독경법에 따라 7개의 서로 다른 꾸란 인쇄본 제작이 가
능하고, 실제로 서로 다르게 인쇄된 꾸란본이 이슬람 세계 곳곳에 존
재한다.

꾸란 본문의 차이에 관한 논리적 질문에 대해 무슬림 학자들은 그
런 차이점은 일반적으로 미미한 것들이며 본문의 의미에 영향을 주지

는 않는다고 반박한다. 또 모든 독경법이 공식적으로 인정될 수 있기 때문에 그런 차이점들이 꾸란의 권위를 떨어뜨리지는 않는다고 강조한다. 꾸란이 원래 구전을 통해 전수되어 왔던 만큼 독경법의 차이가 꾸란의 내용을 변질시키지는 않는다는 것이다.

하지만 위에서 나열한 두 가지 독경법에 기초한 꾸란 인쇄본의 차이점을 살펴보면, 실제로 의미의 변형이 일어나고 있음을 볼 수 있다. 오스만 꾸란본이 천상의 꾸란을 그대로 받아 기록한 것이며 일점일획의 변형도 없이 현대의 꾸란으로 전수되었다는 전통적 주장은 뒷받침될 수 없음이 분명하다. 다시 말하면, 알라가 지브릴과 무함마드를 통해 전해 준 꾸란이 오스만 때 편집되어 세상에 나타났는데, 현대 무슬림들이 사용하고 있는 꾸란과 일점일획의 차이도 없이 동일하게 보존되어 왔다는 주장은 받아들일 수 없다.

고대 사본들에서 발견되는 수정의 흔적들

꾸란 사본 연구에서 주목할 만한 최근 연구는 현존하는 고대 사본들 가운데 발견되는 수정 흔적들에 관한 연구다. 브루베이커(Daniel Brubaker)는 고대 꾸란 사본들을 면밀하게 관찰한 뒤 셀 수 없이 많은 수정의 흔적들을 찾아냈고, 그중 20가지 대표 사례를 소개한다.[99] 수정한 흔적들이 보여 주는 것은 처음 기록된 꾸란 사본들이 표준화된 꾸란 본문과 달랐다는 것이고, 다양한 수정 작업을 통해 인위적으로 후대

---

99 Daniel Brubaker, *Corrections in Early Qur'anic Manuscripts: Twenty Examples*. Lovettsville: Think and Tell Press, 2019.

최소한의 이슬람

에 표준화된 꾸란과 일치되도록 만들어졌다는 것이다. 이러한 관찰들에 기초하여 브루베이커는 꾸란이 기록 초기에는 표준화된 오스만 꾸란본의 정형을 벗어나 훨씬 유동성 있게 기록되었다고 주장한다. 그의 연구 결과는 오스만 꾸란본으로부터 약간의 왜곡이나 변질도 없이 오직 하나의 꾸란으로 현대까지 전달되었다는 전통적 내러티브를 부정하는 하나의 증거가 된다.

꾸란의 외적 증거에 기초한
역사비평학적 연구의 결론

이슬람의 전통적 내러티브에 따르면, 현대인의 꾸란(카이로 꾸란본 혹은 와르쉬 꾸란본)은 알라로부터 내려온 것을 일점일획의 오차도 없이 기록한 알라의 말씀이다. 하지만 이 주장을 뒷받침하기 위해서는 수많은 질문과 난제들을 해결해야만 함을 살펴봤다. 지브릴 천사를 통해 내려온 계시임을 증명하거나 부정하는 것은 불가능한 영역이다.

그다음 단계로 고려할 것은 기록된 경전의 형태를 드러낸 첫 번째 증거가 오스만 칼리프 시대에 제작된 오스만 꾸란본이라는 것이다. 하지만 오스만 꾸란본의 원본은 존재하지 않는다. 심지어 그것의 사본이라고 할 수 있는 것조차 존재하지 않는다. 다양한 사본학적 증거들을 통해서 오스만 꾸란본의 원형을 찾는 것은 불가능함을 확인했다. 오히려 가장 오래된 꾸란 사본들은 표준화가 안 된 유동적인 텍스트로 기록되고 읽혔음을 확인했다. 10세기에 이르러서는 다양한 독경법이 경쟁적으로 생겨나자 이를 정리하기 위해 이븐 무자히드가 7개 독경법에 권위를 부여하여 서로 다른 텍스트가 만들어질 여지를 열어 두었다.

무슬림들은 현재 전 세계 무슬림들이 사용하는 꾸란본이 오스만 표준본과 정확히 일치한다고 주장하지만, 실제 그것은 역사적·문헌적 증거들을 통해 증명하지 못하는 상태다. 오히려 카이로 꾸란본은 경쟁적인 독경법들 가운데 하나인 하프스-아씸 독경법에 기초한 하나의 인쇄본에 불과하다. 그것이 오스만 꾸란본과 정확하게 일치한다는 어떤 근거도 확인할 수 없다. 카이로 꾸란본이 처음 제작된 목적 또한 이집트의 교육적 필요에 의해 표준화된 꾸란 텍스트를 만들려고 한 것일 뿐, 오스만 꾸란본을 복구하고자 한 것은 아니었음을 기억할 필요가 있다.

전통적 내러티브가 주장하는 바 오스만 꾸란본이 어떤 왜곡이나 변질 없이 현대 꾸란 인쇄본으로 전승되었는지를 밝히는 것은 매우 중요한 과제임에도 불구하고, 그 작업은 지금까지 이뤄지지 않았고 앞으로도 가능해 보이지 않는다. 하지만 전통적 무슬림 학자들은 이 문제를 심각하게 여기지 않고, 이슬람 전승을 그대로 믿고 그러한 틀 안에서 현대의 꾸란이 오스만 꾸란본과 정확히 일치한다고 주장해 버릴 뿐이다.

그러나 꾸란 비평학자들은 이 문제에 대한 답을 찾기 위해 다양한 접근 방법으로 연구를 계속하고 있으며 이 과정에서 무슬림들이 믿고 주장하는 내러티브의 문제점들을 발견하고, 꾸란의 권위에 의문을 제기하고 있다. 사본학적 연구가 더 많이 진행될수록 꾸란의 기록 과정에 대한 역사적 조명이 이뤄질 수 있을 것이며 이슬람의 전통적 내러티브는 다시금 검증 혹은 부정되는 도전에 부딪힐 수 있다.

7장

꾸란의 내용은 꾸란이 신적 계시임을 입증하는가?

: 꾸란 내용에 대한 역사비평학적 평가

앞서 꾸란이 전통적 내러티브에 근거하여 그 권위를 인정받을 수 있는가에 관한 외적 증거를 살펴보았다. 또한 꾸란의 최초 기록, 사본들의 제작, 역사적 전달 과정, 현존하는 사본들의 검토, 현대 꾸란이 제작되기까지의 역사적 흐름 등을 두루 검토해 보았다. 결론적으로, 꾸란의 외적 증거들에 대한 비평학적 연구와 평가에 의해 무슬림들이 주장하는 현대 꾸란의 권위는 인정하기 어렵다는 사실을 확인하였다.

꾸란이 알라로부터 주어진 신적 계시로서의 권위를 인정받을 수 있는가를 판단할 또 다른 방법은 현대 꾸란의 본문을 살펴보는 것이다. 먼저 검토할 것은 내용의 일관성 여부다. 만일 114개 수라(장) 가운데 상충하는 내용이 존재한다면, 알라로부터 온 온전한 계시라고 할 수 없기 때문이다. 그다음으로 꾸란이 인간 사회의 존재론적 현실을 올바로 반영하고 있는가를 살펴봐야 할 것이다. 즉 인류 공통의 윤리 문제나 사회 문제의 원인 분석과 해결책 제시에 있어서 꾸란은 과연 진리라고 할 수 있는가를 평가해 보는 것이다. 또한 꾸란의 이해에 있어서 결정적 역할을 하는 것이 해석학인데, 꾸란 해석학에는 어떤 문제들이 있는지 살펴볼 것이다.

최소한의 이슬람

메카 수라와 메디나 수라의 비일치를
어떻게 이해할 것인가?

무슬림들은 꾸란을 메카 수라와 메디나 수라로 구분하여 이해한다. 무함마드가 처음 설파하기 시작한 메카 시기(610-622년)에 받은 계시를 메카 수라라 하고, 히즈라 이후 메디나 시기(622-632년)에 받은 계시를 메디나 수라라 한다. 전통적으로 무슬림 학자들이 인정하는 이 구분은 카이로 꾸란본에서 명확히 드러나는데, 메카 수라가 96개 절이며 메디나 수라는 28개 절이다.

무슬림 학자들은 메카 수라와 메디나 수라 사이의 차이점을 큰 문제의식 없이 받아들인다. 메카 시기에 무함마드는 다신주의적 우상 숭배자들을 향해 단일신 신앙을 설파하고, 알라만을 예배할 것을 선포했다. 그 과정에서 알라의 심판, 부활, 어떤 존재와 알라를 동격으로 취급하는 쉬르크 죄의 엄중함, 그리고 낙원과 불타는 지옥에 대한 경고를 강조했다. 이 시기에 무함마드는 자신을 알라의 메신저요 경고자로 소개했다(74:2; 79:45; 87:9).

그러나 메디나로 옮긴 뒤 무함마드의 역할은 경고자에서 무슬림 공동체를 이끄는 정치 지도자로 변화되었고, 따라서 메디나 수라에는 이슬람 공동체를 세우기 위한 수많은 법률적 내용과 무슬림이 행해야 할 종교적 의무들이 나타난다. 예를 들면, 계약 지침들(2:282), 고리대금 금지(2:278), 상속법(4:11-12), 금지된 관계들(4:23), 고아의 재산 처리법(4:2-6), 술과 도박 금지(5:93-94), 한 번에 네 명 이상의 아내를 취하지 말라고 한 제한을 무함마드는 받지 않을 것을 허락받은 것(33:50-52), 무슬림은 그에게 경의를 표하라는 명령(33:56), 그의 집에 갈 때 지켜야 할 예절에 관한 엄격한 세부 사항(33:53) 등이 있다.[100]

메카 수라와 메디나 수라의 차이를 요약하면, 다음과 같다.

	메카 수라	메디나 수라
시기	무함마드의 활동 초기(610-622)	무함마드의 활동 후기(622-632)
길이	수라 길이가 짧고, 구절들도 짧음	수라 길이가 길고, 구절들도 평균적으로 김
세부 주제	알라에 대한 예배, 단일신론, 우상 숭배 경고, 쉬르크 경고, 부활, 심판, 지옥과 천국, 이전 선지자들을 거절한 성서의 사람들에 대한 비유 등	공동체를 유지하기 위한 다양한 율법들(계약 지침, 술과 도박 금지, 고아들의 권리 보호, 상속법 등), 종교 의식들, 지하드, 위선자들 경고, 무함마드에 대한 행동 지침들 등
스타일	경고와 선포하는 내용, 일반인들을 향한 인격적 호소, 시적 문체가 많음	법률의 제정 및 반포, 믿는 자들을 향한 선포, 비인격적 법제들, 시적 문체가 적고, 산문체가 많음
무함마드의 역할	경고자, 선지자적 역할	정치 지도자, 통치자, 재판관
수신자들	일반인들, 우상 숭배자들 지칭하는 표현은 "너 사람들아" يا أيها الناس	믿는 자들 지칭하는 표현으로 "너희 믿는 자들이여" يا أيها اللذين آمنوا

---

100 Oliver Leaman, "Meccan Suras and Medinan Suras." in *The Qur'an: An Encyclopaedia*, ed. Oliver Leaman, p.398-402. London: Routledge, 2006. Angelika Neuwirth, "Sura" in *Encyclopaedia of the Qur'an*, vol. 5, ed. Jane D. McAuliffe, p.166-177. Boston: Brill, 2006.

전통적으로 무슬림 학자들은 이러한 차이점이 무함마드의 역할이 시대적 필요에 따라 변화하고, 알라가 내려 준 계시의 내용이 시대적 정황에 따라 달라져서 생긴 것이므로 큰 문제가 되지 않는다고 설명해 왔다. 메카 시대에 무슬림들은 핍박받는 소수였지만, 메디나로 옮기면서 사회의 지도 세력으로 성장했기에 그에 맞춰 꾸란의 내용도 바뀌었다는 것이다. 꾸란의 세부 주제와 스타일의 차이 또한 시대의 변화를 반영한 것이라 설명한다.

그러나 메카 수라와 메디나 수라 사이에는 단순한 차이점으로만 볼 수 없는 심각한 문제들이 존재한다. 무함마드가 처음에는 경고자로서 보냄을 받았다고 했지만, 나중에는 정치 지도자요 율법의 제정자로 자신을 드러내면서 더욱 특별한 존재로 받들어지길 요구하였다. 이것은 일반적으로 종교 지도자에게 요구되는 모습과는 정반대되는 것이다. 예를 들면, 메카 수라 중에서도 초기 것으로 여겨지는 80장 1-12절에는 무함마드가 자신의 잘못된 행동에 대해 알라로부터 꾸중 듣는 장면이 나온다. 이때의 무함마드는 보냄받은 경고자로서 자기 자신을 겸손하게 드러내는 자였다고 무슬림 학자들은 해석한다.

하지만 메디나 수라에서의 무함마드는 꾸란이 명령하는바 네 명의 아내까지 동시에 가질 수 있다는 규정(4:3)에서 특별히 예외로 인정받아 자신이 원하는 대로 아내들을 취할 뿐만 아니라 전쟁 노예로 잡힌 여인들도 마음대로 취할 수 있는 존재로 나타난다(33:50). 더구나 믿는 자들이 무함마드의 집에 들어갈 때는 엄격한 규율들을 지킬 것을 요구하고, 무함마드 사후에는 감히 그의 부인들과는 결혼하지 못하도록 금지한다(33:53). 심지어 자기의 양자 자이드(Zayd ibn Hāritha al-Kalbī)를 이혼

시킨 후 그의 부인을 아내로 취했다. 알라는 무함마드가 사람들의 비난을 받지 않도록 계시를 내리고, 그의 행동을 정당화했다(33:37). 이 같은 일련의 구절들은 무함마드가 메카 시대 초기의 겸손한 자세로 훈계받던 메신저에서 믿는 자들 위에 군림하는 특별한 인물로 탈바꿈했음을 보여 준다. 이것은 무함마드의 역할이 단순히 달라진 것이 아니라 완전히 달라졌으며 이는 이상적인 종교 지도자로서의 모습과 사뭇 달라진 인물임을 보여 준다.

명백하게 모순되는 꾸란의 구절들을 어떻게 이해할 것인가?

꾸란이 만일 알라로부터 주어진 계시이며 오류가 없는 경전이라면, 그 내용 가운데 어떤 종류의 모순도 있어서는 안 된다. 하지만 꾸란에는 다양한 측면에서 모순되는 내용들이 나타나고 있으며 그 모순은 너무나 명확하다. 그런 모순점을 해결하고자 해석을 달리하는 무슬림 학자들의 노력도 그다지 성공적으로 보이지는 않는다.

대표적인 모순점을 몇 가지를 살펴보자.

꾸란이 평화를 가르친다면, 폭력을 정당화하는 구절들은 어떻게 이해해야 하는가?

꾸란에는 전쟁을 비롯한 폭력의 사용을 정당화하는 구절이 적지 않게 나오는데, 이는 항상 읽는 자들을 당혹하게 한다.[101] 이슬람을 "평화

---

101 폭력과 관련된 구절의 목록은 다음을 참조하라. -"What Does Islam Teach About Violence"

의 종교"로 정의하고 싶어 하는 무슬림이나 종교학자들은 평화와는 거리가 멀어 보이는 구절들에 대해 특정 상황을 고려한 해석법으로 모순의 문제를 무마해 보려고 한다. "칼의 구절"로 알려진 꾸란 9장 5절을 예로 살펴보자.

> 그러나 거룩한 기간이 마치면 우상 숭배자들을 어디서 발견하든지 죽이라. 그들을 잡고, 포위할 것이며, 모든 매복한 장소에서 그들을 기다리라. 그러나 만일 그들이 회개하고 이슬람의 기도 의식을 행하고 구제금을 가져온다면, 그들의 길을 가도록 버려두라. 참으로 알라는 용서하고 자비로우니라. (주: 아랍어 원문을 저자가 의미 번역함)

이슬람이 폭력과 전쟁의 종교가 아니란 것을 입증하려는 무슬림들이 이 같은 구절들에 제시하는 해결책은 세 가지로 나눌 수 있다. 첫째, 이 구절이 특정한 시대의 정황과 특정 그룹의 사람들을 향해 주어진 명령이므로 일반적 원리가 아니라고 주장하는 것이다. 실제 이런 접근은 타당하고 정당하다. 만일 무슬림이 구약 성경에서 하나님이 이스라엘 백성에게 가나안을 정복할 때 이방 민족들을 진멸하라고 명령하신 본문을 읽고 "어떻게 하나님이 그렇게 무자비한 전쟁을 명할 수 있는가?"라고 도전한다면 어떻게 답할 수 있는가? 우리는 성경 본문의 특정한 역사적 상황과 성경신학적 해석을 통해 그 본문이 당대의 정황에 국한한 것일 뿐 성경의 일반 원칙이 아님을 강조할 것이다.

---

in *The Religion of Peace*. 〈https://www.thereligionofpeace.com/pages/quran/violence.aspx〉

따라서 그들이 제시하는 해석학적 해결책을 객관적으로 평가할 가치가 있다. 이들이 제시하는 본문 해석의 요점은 다음과 같다.

무함마드 당시 무슬림들과 계약을 맺었다가 파기한 아랍의 우상 숭배자들이 굳이 전쟁하고자 한다면, 그들과의 전쟁은 정당하다. 하지만 그들이 회개하여 이슬람의 기도 의식을 행하고 구제비를 낸다면, 그들을 풀어 주어야 한다. 더 나아가 무슬림들에게 보호를 요청하는 우상 숭배자들은 안전한 지역까지 보호해 주어야 한다.

무스타파 캇땁(Mustafa Khattab)이 꾸란 9장 5절을 의미 번역한 것에서 이런 관점이 뚜렷하게 나타난다.

그러나 거룩한 기간이 마치면 "자신들이 맺었던 조약을 어긴" 우상 숭배자들을 어디서 발견하든지 죽이라. 그들을 잡고, 포위할 것이며, 모든 매복한 장소에서 그들을 기다려라. 그러나 만일 그들이 회개하고 이슬람의 기도의식을 행하고 구제금을 지급한다면, 그들의 길을 가도록 버려두라. 참으로 알라는 용서하고 자비로우니라.[102]

해당 본문을 전쟁이나 폭력에 대한 일반적인 원칙이 아닌 특수한 상황에 주어진 제한적 지침으로 해석한 것이다. 실제로 이런 상황적 해석을 사용한 무슬림 주석가들과 학자들의 전통은 이슬람 역사 초기부터 존재해 왔다. 이 구절에서 우상 숭배자들을 죽이라고 한 것은 '조

---

102 Mustafa Khattab, *The Clear Qur'an*, Book Of Signs Foundation, 2015.

최소한의 이슬람

약을 어긴 우상 숭배자들'에게 제한적으로 적용되는 것이라 해석하여 일반적 원칙이 아님을 밝히려 한다. 하지만 저자의 의미 번역에서 보듯이 아랍어 원문에는 "자신들이 맺었던 조약을 어긴"이란 문구가 존재하지 않는다.

꾸란에 평화와 반대되는 구절들을 해결하려는 무슬림들의 두 번째 해결책은 동남아시아를 중심으로 퍼져 있는 아흐마디야(Ahmadiyya) 종파가 접근하는 방식이다. 이들은 본문이 말하는 전쟁이 방어적 전쟁을 말하는 것이므로 정당한 것이며 평화를 주제로 한 구절들과 모순되지 않는다고 주장한다. 하지만 본문의 전쟁을 방어적인 것으로 제한하여 볼 만한 근거가 없으므로 이 견해는 순니 학자들 사이에서는 일반적으로 수용되지 않는다.

셋째, 꾸란의 일부 구절이 더 좋은 구절들로 대체되었다는 대체 이론(al-nāsikh wa-al-mansūkh)에 근거하여 폭력 및 전쟁과 관련한 구절들은 모두 폐기되고, 평화와 관련한 구절들로 대체되었다고 주장한다. 실제 꾸란에서 후대에 알라가 더 나은 계시를 주어서 이전 계시를 대체하였다는 구절들이 발견된다(2:106; 16:101). 하지만 대체 이론에 근거하여 이 문제를 해결하는 것은 논리적으로 맞지 않다. 왜냐하면 전쟁과 폭력을 언급하는 구절들이 주로 메디나 수라에서 나타나고(2:190-194; 8:55-63; 9:5, 111 등), 평화를 강조하는 구절들은 메카 수라에서 나타나기 때문이다 (17:33; 109:6 등). 위에 언급한 구절이 나오는 꾸란 9장도 메디나 수라에 속한다. 그렇다면 시기적으로 후대에 주어진 메디나 수라가 메카 수라를 대체했다면, 오히려 평화 주제의 구절들이 취소되었으며 전쟁과 폭력을 정당화하는 구절들이 현재까지 유효하다는 결론에 도달한다. 이것은 자신들이 원하는 바와 상반된 결과를 낳는다. 따라서 대체 이론에 근거하여 폭력과 관련한 구절들을 해결하려는 노력은 전혀 설득력이 없다.

그렇다면 첫째 그룹의 노력이 그나마 타당해 보이는데, 그들의 접근, 즉 꾸란 본문에 대한 상황적 해석을 통해 전쟁 및 폭력과 관련한 구절들이 이슬람이 평화의 종교라는 원리와 상충하지 않는다는 결론을 내리는 것은 타당한가? 그렇지 않다. 첫째, 꾸란에 나오는 전쟁과 폭력을 정당화하는 구절들이 모호한 경우가 많으며, 시대적 상황과 전쟁의 대상에 관한 정확한 파악이 거의 불가능하다. 세부 정황에 관한 기록들이 남아 있지 않을뿐더러 하디스와 같은 전승들에 남아 있다 할지라도 그것들의 역사적 진위 여부를 확정할 수 없기 때문이다. 이런 이유로 많은 주석가가 특정 구절의 정황에 대해 다양한 시나리오를 염두에 두고 해석하곤 한다.

꾸란 학자이자 런던대학교 교수인 압달할림(Abdel-Haleem)은 앞에 언급된 9장 5절에 주석을 달면서, 이 전쟁의 대상이 된 그룹이 "아라비아의 다신주의자들이었는데, 이들은 무슬림들을 추방하거나 우상 숭배로 전향시키는 것 외에는 다른 것을 생각하지 않는 자들이었고, 반복적으로 조약을 파기했던 자들이었기 때문에 무슬림들로서는 그들과 전쟁을 벌이고 그들을 추방할 필요가 있었다"라고 설명한다.[103] 캇땁의 의미 번역도 이런 견해를 따른 것이다. 하지만 꾸란 본문 자체에는 그가 말하는 것처럼 다신주의자들에 대한 세부 사항이 없기 때문에 압달할림의 설명도 주석자의 자의적 구상에 근거하는 것일 뿐이다.

---

103 Muhammad Abdel-Haleem, *Understanding the Qur'an: Themes and Style*. New York: Tauris, 1999. p.65-66.

최소한의 이슬람

이와 같은 모호함은 전쟁 및 폭력과 관련한 구절들 가운데서 많이 발견되는데, 이것이 이슬람 역사에서 근본주의적 해석과 확대된 적용을 생산해 내도록 길을 열었다. 예를 들면, 8세기 알샤피이는 9장 5-6절에 주석을 달면서 이것이 다신주의자들뿐 아니라 이슬람을 믿지 않는 모든 성인을 죽이는 것이 타당하다고 가르친 것으로 전해진다. 또한 이슬람 근본주의적 교리를 체계화한 이븐 타이미야(1263-1328년)는 이 구절을 통해 다신주의자들뿐 아니라 모든 비무슬림을 상대로 지하드를 수행하도록 알라가 명령을 내렸다고 주장했다. 그의 제자인 이븐 카씨르(1300-1373년) 역시 동일한 해석을 받아들였고, 특히 전쟁과 폭력의 구절들이 평화와 관련한 이전 구절들을 대체했다는 논리를 펴면서 그 해석을 뒷받침했다.[104]

결국, 꾸란에 나오는 전쟁과 폭력에 관한 구절들이 이슬람을 평화의 종교로 정의하는 데 큰 장애가 되는 것이 현실이다. 더구나 이런 구절들은 소수의 특정 상황에만 나타나지 않고, 꾸란 전반에 나타나고 있으며 평화와 관용(tolerance)을 가르치는 구절들보다 훨씬 더 많은 것이 사실이다.[105] 조금 충격적인 점은 전쟁이나 폭력과 관련한 구절들은 대개 표현이 적나라하거나 가혹하고, 상당히 구체적이라는 것이다. 굳이 그렇게까지 노골적으로 표현해야 했던 이유가 무엇이었을까 생각하게 된다. 이 모든 사실을 종합적으로 고려해 볼 때, 꾸란에는 "평화와

---

104 "Sword Verse" in *Wikipedia*. ⟨https://en.wikipedia.org/wiki/Sword_Verse⟩
105 혹자는 꾸란 109개 구절이 믿지 않는 자들 특히 비무슬림과의 전쟁 혹은 폭력에 관해 언급하고 있다고 말한다. 물론 각 구절을 정확히 해석하여 선별해 내는 작업이 필요하겠지만, 이 내용은 꾸란 전체에 흐르고 있다는 점을 부인할 수 없다. -"What Does Islam Teach About Violence" in *The Religion of Peace*. ⟨https://www.thereligionofpeace.com/pages/quran/violence.aspx⟩

관용" 그리고 "전쟁과 폭력" 사이에 모순된 가르침이 있다고 보는 것은 무리가 아니다.

성서의 사람들에 관한 꾸란의 모순된 진술을 어떻게 할 것인가?

꾸란의 내적 일관성의 문제는 유대인, 기독교인, 그리고 우상 숭배자에 대한 모순된 평가에서도 나타난다. 꾸란에 의하면, 유대인과 기독교인은 구원받을 수 있는가? 흥미롭게도 이 질문에 대해 꾸란은 서로 다른 대답을 내놓는다.

> 진정 알라를 믿는 자들, 유대인들, 기독교인들, 사비아인들[106] - 알라를 믿으며 최후의 심판 날을 믿고, 의를 행하는 자들 - 이들 모두는 그들의 주로부터 상급을 받을 것이다. 그들에게는 두려움이 없을 것이고, 슬퍼하지 않을 것이다(2:62).

꾸란 5장 69절의 내용도 이와 거의 비슷하다. 유대인, 기독교인, 사비아인들도 알라와 심판의 날을 믿으며 의를 행하기만 하면, 두려움 없이 천국에 들어가게 될 것이라고 말한다. 이 구절들을 평이하게 읽으면, 유대인이나 기독교인도 의를 행함으로써 구원받을 수 있다고 결

---

106 이 구절에서 기독교인을 지칭하는 단어는 알나사라(al-naṣārā)인데, 예수님이 나사렛 사람으로 불린 것에 근거한 명칭으로 이해된다. 그러나 사비아인들이란 단어는 알사비운(al-ṣābiʾūn)으로 꾸란 5장 69절과 22장 17절에도 언급되는데, 그들의 정체성을 정확히 확인할 길이 없다. 일부 학자는 사비안들이 남부 이라크 지역에서 침례 요한을 메시아로 믿던 만디안들(Mandaeans)을 가리키는 것이라고 주장하기도 한다. - A. J. Droge, *The Qurʾan: A New Annotated Translation*. Bristol, CT: Equinox, 2013. 7 [FN 76].

최소한의 이슬람

론 내릴 수 있다. 더구나 3장 199절은 성서의 사람들(유대인과 기독교인) 중 일부는 무함마드가 전한 메시지를 겸손하게 믿음으로써 구원받는다고 말한다.

그러나 다른 구절들은 성서의 사람들에 대해 매우 부정적으로 묘사한다. 예를 들어, 다음 구절을 살펴보자.

> 누구든지 이슬람 이외에 다른 종교를 원하면 그것은 그로부터 받아들여지지 않을 것이며, 이후로 그는 잃어버린 자들 중 하나가 될 것이다(3:85).

이슬람 외에 다른 종교를 통해서는 구원이 없음을 명백히 밝히고 있다. 이 구절에 앞서 3장 83-84절에서는 이슬람이 알라가 이브라힘, 이스마일, 이스학, 무사, 이싸 등 선지자들에게 내려졌던 계시들과 동일한 선상에 있는 종교로 구별되지 않는다고 강조한다. 이슬람이 마지막 종교로 주어졌기에 다른 종교를 원하는 순간 구원을 잃어버리게 될 것이라고 경고하는 것이다.

꾸란 98장 6절에서는 성서의 사람들 중 믿지 않는 자들이나 다신주의자들은 알라가 보낸 메신저인 무함마드와 그가 전한 분명한 메시지를 믿지 않은 탓에 영원한 지옥 불에 떨어질 것이라고 말한다. 특히 이런 자들을 "피조물 중에서 최악의 존재"로 규정한다. 무함마드가 전한 메시지를 믿지 않고 이슬람을 받아들이지 않는 자는 지옥으로 떨어질 것이라고 단언한다.

또한 꾸란은 전체 맥락에서 성서의 사람들에 대한 변증을 전개하고 있다. 3장 64-85절과 98-99절에서는 다양한 측면에서 성서의 사람들의 문제점들을 꾸짖으며 특히 알라가 보낸 마지막 메신저인 무함마드와 최후의 종교인 이슬람을 받아들이지 않는 것을 비난한다. 즉 유대인과 기독교인이 무함마드를 인정하지 않고, 그의 메시지를 믿지 않는 것을 공격하고 경고하는 것이다(4:153-162).

결론적으로 꾸란에는 성서의 사람들에 대한 명백하게 상반된 증거가 존재하고 있음을 확인할 수 있다. 그들도 알라를 믿고 의를 행하여 구원받을 수 있다고 하는 구절이 있기는 하지만, 그보다는 지옥 불에 떨어질 것을 경고하는 단호한 구절이 훨씬 더 많다. 이것은 분명히 모순이고, 이를 상황적 해석을 통해 일관성 있는 가르침으로 만들어 보려는 무슬림 학자들의 노력은 실현 불가능해 보인다.[107]

타 종교에 대한 꾸란의 모순된 태도는 어떻게 할 것인가?

꾸란 109장은 초기 메카 수라로 간주되는데, 여기에서는 무함마드가 "너희들에게는 너희의 종교가, 나에게는 나의 종교가 있노라"(109:6)라고 선포하며 타 종교에 대한 자유를 인정하는 듯한 태도를 보인다. 또 다른 메카 수라인 6장 108절에서도 "우상 숭배를 하는 다신론자들이 숭배하는 다른 신들에 대해 상관하지 말라"라고 명한다. 그 이유는 우상 숭배하는 자들은 심판받기로 정해졌으므로 과도하게 간섭하지

---

107 일부 무슬림 학자들은 2장 62절에 나오는 "알라를 믿는 자"와 "최후 심판의 날을 믿는 것"을 이슬람 신학적 틀에서 해석하여 "이슬람식으로 알라를 믿고, 무함마드가 최후의 메신저임을 믿어야 한다"라는 전제 조건을 담고 있다고 주장한다. 그렇게 해석하면, 이 구절이 "성서의 사람들도 이슬람을 통하지 않고도 구원을 받을 수 있다"라는 결론을 제거하게 된다. 그러나 구절 자체만을 보면, 그런 해석적 결론을 내리는 것은 타당해 보이지 않는다.

말라는 것이다. 또 "종교에는 강요가 없다"(2:256)라고 말함으로써 타 종교를 믿는 사람들을 존중하고, 관용하는 것을 원칙으로 하는 듯 보이기도 한다.

그러나 이것을 꾸란이 가르치는 타 종교에 대해 관용의 원리로 생각하면 오해다. 정반대로 꾸란은 전체적으로 타 종교의 사람들(특히 성서의 사람들이라 일컫는 유대인과 기독교인)을 조롱하고 비난하는 구절들(3:110; 5:13, 17, 73; 9:5, 29)로 가득 차 있으며, 심지어 우상 숭배자들을 죽여도 된다고 가르치기까지 한다(2:190-94). 앞에서 살펴본 바와 같이 성서의 사람들, 즉 유대인과 기독교인이 무함마드와 그의 메시지를 받아들이지 않는 것에 대해 험악한 경고와 위협적 선언을 내뱉는 구절이 많다.

꾸란이 종교 다원주의적 현실을 용인해 준다고 보기에는 너무 많은 구절이 정면으로 반대되는 명령을 하고 있다. 타 종교의 사람들을 배척하거나 이슬람을 받아들이지 않고 믿지 않는 자들을 향해 전쟁을 벌일 것을 명한다(8:12; 9:111). 모든 사람이 알라를 믿고 무함마드를 메신저로 믿을 때까지 알라를 위해 지하드를 펼치는 자가 알라의 사랑을 받는다고 말한다(2:244; 3:157-158; 61:4). 이런 구절들은 폭력적 지하드 운동을 하는 무슬림들에게 강력한 근거를 제공해 주고, 과격한 무력의 행사를 촉진하는 결과를 초래해 온 것이 역사적 사실이다.

이전의 성서들에 관한 상충된 진술은 어떻게 할 것인가?

꾸란의 내적 일관성이란 측면에서 문제가 되는 또 하나의 주제는 꾸란이 이전의 성서들인 타우라(모세오경), 자부르(시편), 인질(복음서)에 대해 모순된 진술을 한다는 것이다. 꾸란은 한편으로는 이전 성서들의 권위를 인정하며 꾸란은 그것들을 확증하기 위해 주어진 것뿐이라고 말한다(2:97; 3:3-4; 5:48; 35:31; 46:30). 무함마드가 유대인과 음식에 관한 논쟁을 벌일 때, 알라가 무함마드에게 그들이 가지고 있던 "타우라를 가져와서 읽어 보라"라고 명령했다(3:93). 만일 당시 유대인들이 가지고 있던 타우라가 변질된 것이었다면, 알라도 무함마드에게 그런 명령을 내릴 수 없었을 것이다. 당시 유대인들이 사용하던 타우라가 신뢰할 수 있는 것이었음을 인정하는 셈이다. 또 꾸란 5장 47절은 "인질의 사람들(기독교인들을 지칭)은 알라가 그들에게 내려 준 것에 의해 심판받아야 한다"라고 기록한다. 즉 당시 기록된 인질이 변질되지 않았고, 신뢰할 만한 것이었음을 보여 준다.

그러나 대다수의 무슬림은 이전의 경전들, 유대교의 구약과 기독교의 신약이 모두 변질되었다고 생각하는데, 왜냐하면 꾸란에 그런 의미로 보이는 구절이 많기 때문이다. 일반적으로 무슬림들이 성경이 변질되었음을 뒷받침하기 위해 근거로 삼는 구절들이 숫자상 상대적으로 더 많다(2:42, 59, 75-79, 140; 3:71, 77-79, 187; 4:46; 5:13-15 등). 이러한 구절들이 성경의 변질을 정말로 뒷받침하는지 알기 위해서는 문맥 속에서 각 구절의 의미를 확인해야 함에도 불구하고, 그런 과정을 거치지 않은 채 무슬림들은 성경 변질을 단적으로 주장하며 믿는다. 성경 변질을 가장 명확하게 명시하고 있는 알부하리의 하디스 96권 90절과 같은 내용이 무슬림들 사이에 널리 알려져 있기 때문이다.[108]

우바이둘라가 전하길, 이븐 압바스는 아래와 같이 말했다: 너희들은

---

108 Al-Bukhari, *Sahih al-Bukhari*, Book 96, Hadith 90. ⟨https://sunnah.com/bukhari:7363⟩

최소한의 이슬람

왜 성서의 사람들에게 묻느냐? 알라의 메신저에게 보내어진 책(꾸란)
이 더 새로운 것이며 최후의 책일진대… 너희들은 그것을 순전하고
왜곡되지 않으며 변질되지 않은 것으로 읽고 있노라. 알라는 너희에
게 말했다. 성서의 사람들(유대인들과 기독교인들)이 그들의 성서를 바꾸
고 왜곡시켰으며, 그들의 손으로 성서를 기록하면서 적은 액수의 이
득을 보려고 '이것은 알라로부터 왔다'라고 말했다. 너희에게 온 지
식이 너희가 그들에게 어떤 것에 대해 묻지 못하도록 금하지 않느냐?

그런데 만일 위에 나열한 구절들과 하디스가 기록한 내용들이 진정
성경 변질론을 증거하는 것이라면, 꾸란에는 내적 모순이 명백히 존
재한다고 인정할 수밖에 없다. 왜냐하면 위에 언급한 3장 93절과 5장
47절은 무함마드가 살았던 당시 성서의 사람들이 가졌던 경전이 변질
되지 않은 채 사용되었음을 명백히 증거해 주고 있기 때문이다.

꾸란은 실제로 성경이 변질되었다고 증거하는가?

성경이 변질되었다는 일반 무슬림들의 통상적 주장을 간단히 정리
하면 다음과 같다.

첫째, 유대인과 기독교인은 알라로부터 참된 경전을 받았음에도 불
구하고, 올바른 메시지들을 변질시켰고 물리적으로 성경의 본문을 의
도적으로 바꾸었다.

둘째, 알라는 지브릴 천사를 통해 무함마드에게 마지막 경전인 꾸
란을 내려 주었다.

셋째, 따라서 현재의 성경은 꾸란의 내용과 일치하지 않는 내용들

을 포함하고 있으므로 알라의 말씀으로 신뢰할 수 없다.

그러나 성경 변질(타흐리프: taḥrīf)이란 개념을 조금 더 상세하게 들여다보면, 몇 가지가 복합적으로 관련되어 있음을 보게 된다. 실제로 이슬람 역사에서 이런 개념들이 나타나고, 꾸란 본문의 해석에서도 선명하게 드러난다. 첫째는 유대인과 기독교인이 성경 본문을 변질시켰다는 것이다(타흐리프 알낫쓰: Tahrīf al-naṣṣ). 둘째는 그들이 성경을 해석할 때 원래 의미를 의도적으로 숨기고, 잘못된 의미를 전했다는 것이다(타흐리프 알마아니: Tahrīf al-maʿānī). 셋째는 특정 단어를 원래 문맥에서 떼어 내어 자의적으로 사용해 버리는 것이다.[109]

초기 주석가들은 성경의 의미 변질을 주장했다. 무까틸은 꾸란 2장 79절을 주석하면서 유대인들이 타우라를 왜곡하여 무함마드에 관한 언급을 삭제했다고 한다. 9세기 주석가 이브라힘(Al-Kasim b. Ibrahim)도 유대인과 기독교인이 성경을 잘못 해석했다고 말했다. 하지만 10세기 주석가 알따바리는 모세가 직접 기록한 타우라를 분실한 무지한 유대인들이 후에 타우라를 기록했는데, 이때 변질되었다고 주장했다.[110] 성경 본문의 변질이란 주장을 보편화시킨 인물은 11세기 안달루스(지금의 스페인 지역)에서 많은 기독교인과 변증을 겨루었던 이븐 하즘(Ibn Hazm)이다. 그는 구약 성경의 변질과 신약 성경의 변질을 구분하여 상세히 다룸으로써 타흐리프 알낫쓰 이론을 무슬림들 가운데 각인시켰고, 그

---

109 Gabriel Said Reynolds, "The Qurʾanic Accusation of Scriptural Falsification" in *Journal of the American Oriental Society* 130.2 (2010): p.190.

110 Camilla Adang, *Muslim Writers on Judaism and the Hebrew Bible: From Ibn Rabban to Ibn Hazm*. Leiden: Brill, 1996. p.231.

의 영향력은 현재까지도 지속되고 있다.

하지만 주석가들이 주장하는 것처럼 꾸란 자체가 성경의 변질을 지지하는가를 면밀하게 살펴보아야 한다. 꾸란학자 가브리엘은 성경의 변질과 관련된 구절들(2:42, 59, 79; 3:78; 4:46; 5:13-14, 15)에 사용된 동사 8개를 조사한 결과, 꾸란의 어느 구절에서도 성경의 본문이 다시 기록되었거나 성경이 파기되고 거짓 성경으로 교체되었음을 말한 바 없음을 밝혔다. 오히려 꾸란은 알라의 "계시가 무시되었고, 잘못 읽혔고, 잊혔고, 혹은 숨겨졌음"을 비난하고 있다.[111] 다음 구절들을 살펴보면, 그의 주장이 사실임을 더 명확하게 알 수 있다.

> 그들[유대인들]이 언약을 파기하였기 때문에 우리[알라]는 그들을 저주했고 그들의 마음을 완악하게 했다. 그들은 말씀을 그 원래 위치에서 떼어 내어 왜곡하고, 그들에게 알려졌던 것들의 일부를 잊어버렸다 (5:13).

여기서 "떼어 내어 왜곡하고"로 번역된 단어는 유하리푸나(yuḥarrifūna)인데, 이 단어에서 파생된 단어가 타흐리프다. 그런데 레이놀즈는 하르프(harf)란 단어가 글자(letter)를 뜻한다고 많이 알려졌지만, 이것은 다만 부차적 의미일 뿐 어근 ḥ, r, f는 '움직이다/향하다(to move/to turn)'라는 사전적 의미가 있으며, 하르프(ḥarf)는 '극단, 경계선, 가장자리, 측

---

111 Gabriel Said Reynolds, "The Qur'anic Accusation of Scriptural Falsification" in *Journal of the American Oriental Society* 130.2 (2010):p192-193.

면' 등의 뜻이라고 주장한다.[112] 즉 타흐리프란 단어 자체가 본문의 글자 형태를 변경하는 것을 의미한다고 한정할 이유가 없으며, 이 단어가 쓰이는 문맥에 따라서 의미를 결정해야 함을 강조한다. 그렇게 본다면, 분명한 것은 이 문장이 성경의 변질을 의미하는 것은 아님을 알 수 있다. 오히려 원 문맥과 상관없이 별도로 떼어 내어 잘못 해석하여 오용하는 것을 말한다. 꾸란 4장 46절도 이와 동일하게 유대인 중 일부가 말씀을 원래 위치(문맥)에서 떼어 내어 오용했다고 비난하고 있다.

> 너희 믿는 자들아(무슬림들), 너희는 그들(유대인들)이 너희를 믿을 것을 간절히 기대하느냐? 그들은 이미 알라의 말씀을 들었고, 들은 후에 그것을 이해했음에도 불구하고 바꾸었느니라(유하리푸나후: yuḥarrifūnahu) (2:75).

이 구절에서도 "바꾸었느니라"가 문자들을 지우거나 바꾸었다는 뜻이라기보다는 오히려 의미를 왜곡했다는 뜻으로 보는 것이 문맥상 더 적합하다. 즉 유대인들이 자신들에게 주어진 계시를 통해서 알라의 말씀을 들었음에도 불구하고, 그 내용을 다른 방향으로 해석하였기 때문에 무슬림들의 말을 들어도 믿음을 가지지 않을 것이라고 말하는 것이다.

성서의 사람들이여! 우리(알라)의 메신저가 너희에게 와서 너희가 숨

---

112 Ibid, p.194.

최소한의 이슬람

기고 있던 책(경전)을 명확하게 해 주었고…(5:15).

성경의 변질을 주장하는 무슬림들이 근거로 삼는 것 중 하나가 "숨겨둔 책"이란 개념이다. 유대인과 기독교인이 원래 성경은 숨기고, 거짓으로 만든 것을 대신 사용했다는 말이다. 하지만 이 구절은 그와 같은 견해를 지지하지 않는다. 성서의 사람들이 그들이 받았던 계시 중 알지 못했던 것을 깨우치도록 알라가 메신저를 보냈다는 의미다.

거짓으로 진리를 덮지 말라. 너희들이 알고 있으면서도 진리를 숨기지 말지니라(2:42).

일부 무슬림은 성경 변질의 논리를 세우기 위해 이 구절의 "덮다" 혹은 "숨기다"라는 개념을 사용한다. 이 구절 역시 성경 본문이 바뀌었다는 타흐리프 알낫쓰를 말하지는 않는다.

그들의 손으로 경전을 기록하는 자들에게는 저주가 있을 것이다. 그들은 적은 금액을 바라고 그것을 팔면서 "이것이 알라로부터 온 것이다"라고 말한다(2:79).

이 구절은 문맥상 "그들"이 유대인임을 보여 준다. 유대인들이 적은 수익을 위해 알라로부터 오지 않은 것을 알라로부터 왔다고 주장하며 기록하여 팔았다는 비난이다. 알따바리가 동시대의 유대인들이 거짓된 타우라를 사용했다고 주장한 것도 이 구절에 근거한 것이었을 것이

다. 하지만 이 구절이 신구약 성경이 변질되었음을 뒷받침한다고는 볼
수 없다.

이상을 종합적으로 검토해 볼 때, 꾸란의 어느 구절도 성경이 변질
되었다고 확실히 말하지 않는다. 문맥적으로 볼 때, 대부분의 구절은
성경의 오용을 염려하는 내용이다. 따라서 꾸란이 성경이 변질되었다
고 말한다는 무슬림들의 주장은 꾸란에 의해 부정되어야만 한다.

꾸란 자체의 근거가 확실하지 않음에도 불구하고, 무슬림들은 무
엇을 근거로 성경이 변질되었다는 논리를 그토록 확신하게 되었는가?
그 이유에 대한 레이놀즈의 설명을 요약하면, 다음과 같다.

공교롭게도 대부분의 성경 변질과 관련된 꾸란 구절들은 명확하지
않고, 모호한 문장들이 많다. 그런데 주석가들은 이런 구절들의 의미
를 찾는 과정에서 하디스나 시라를 사용하여 특정 구절의 역사적 상
황적 배경과 연결시켰다. 특정 구절의 문장이 모호할 때 상세하게 서
술된 전승의 내용을 기초로 사건을 재구성하고, 그것이 꾸란 구절의
의미를 확정적으로 만들어 주도록 하여 꾸란을 해석했다.[113]

레이놀즈는 전승으로 내려온 이야기가 꾸란의 모호한 구절(2:42)의
의미를 확실하게 해 주는 예를 다음과 같이 소개한다.

어떤 유대인들이 간음 중에 잡혀 온 남자와 여자를 무함마드에게 데

---

113 Ibid, p.192.

최소한의 이슬람

려왔다. 무함마드가 그들에게 타우라가 이런 경우 어떤 형벌을 주도록 명하느냐고 물었을 때, 그들은 죄를 범한 자들을 태형으로 다스려야 한다고 대답했다. 그런데 근래 유대교에서 이슬람으로 개종한 압달라 븐 살람은 타우라에 이런 자들을 돌로 쳐서 죽이라고 한 구절이 있다고 반발했다. 그들이 이 문제를 해결하기 위해 타우라를 가져왔을 때, 랍비 하나가 한 문단을 손으로 가리면서 그 전후 문단만을 읽었다. 그때 이븐 살람이 랍비의 손을 치고는 돌을 던져 죽이라는 형벌이 기록된 구절을 들춰내면서 이르기를, "오, 알라의 메신저여. 너희 유대인들은 저주를 받을진저"라고 외쳤다.[114]

이 이야기를 통해 "거짓으로 진리를 덮지 말라"(2:42)의 정황을 구체적으로 연결하였다. 이런 해석 방법이 사용되면서 무슬림들의 뇌리에는 꾸란 구절들보다 이야기와 사건들의 정황이 더 선명하게 각인되고, 성경이 변질되었다는 주장이 꾸란에 근거한 것으로 철저하게 믿게 되는 것이다. 그러나 꾸란 본문들을 엄밀히 검토하면, 그런 결론을 내릴 수 없음을 알게 된다.

성경이 변질되었다는 무슬림들의 주장은 꾸란 자체에 근거한 것이 아니라 후대에 꾸란 주석가들이 모호한 구절들을 해석하기 위해 전승들을 자의적으로 끌어다가 사용한 결과의 산물이다. 꾸란의 성경 변질론과 연관된 25개 구절에 대한 두 명의 고전 주석가들(무까틸과 알따바리)

---

114 Ibid, p.191-192.

의 주석을 분석한 복음주의 학자 니켈(Gordon Nickel)도 이와 동일한 결론을 내렸다. 니켈에 따르면, 무슬림 주석가들이 무함마드가 반복적으로 성서의 사람들로부터 배척당하는 꾸란 본문들을 다루는 가운데 성경 변질에 대한 논의의 논조가 더욱 강해졌다.[115] 성서의 사람들이 가진 성경에는 무함마드에 대한 예언이나 그를 알라의 메신저로 인정하는 언급이 없으므로 주석가들로서는 성경 변질의 강조를 통해 무함마드와 초기 무슬림 공동체의 권위를 세울 수밖에 없었을 것으로 평가했다.

성경이 변질되지 않았다면 꾸란이 부딪히는 더 중대한 문제는 무엇인가?

성경이 변질되었다고 공격하는 무슬림들에게 우리는 몇 가지 단순한 질문을 던질 수 있다. 언제 누가 성경을 변질시켰느냐고 묻는 것이다. 앞에서 살펴보았듯이 꾸란 자체는 성경 본문이 변질되었음을 증거하지 않는다. 그리고 무함마드 당시에도 변질되지 않은 성경이 존재했다는 점을 꾸란이 분명히 보여 준다.

그럼에도 불구하고, 무슬림들이 무함마드 이후 어느 시점에 성경이 변질되었을 것이라고 주장한다면, 사본학적 증거들에 기초하여 이를 반박할 수 있다. 현존하는 수많은 신구약 사본은 이슬람이 태동하기 이전에 만들어진 것들이고, 그 사본들을 통해 우리가 가진 성경이 신뢰할 만한 것임을 지금도 확인할 수 있기 때문이다. 이슬람이 태동했

---

115 Gordon Nickel, "The Theme of 'Tampering with the Earlier Scriptures' in Early Commentaries on the Qur'an" PhD diss., University of Calgary, 2004; _____, *The Gentle Answer to the Muslim Accusation of Biblical Falsification*. Calgary: Bruton Gate, 2015.

최소한의 이슬람

다고 하는 7세기에는 이미 성경이 여러 언어로 번역되어 전 세계로 퍼져 있었다. 누가 혹은 어떤 조직이 세계 곳곳에 흩어져 있는 성경을 모두 한꺼번에 변질시켜서 오늘의 성경으로 만들었다는 주장은 불가능한 이야기다.

성경이 변질되지 않았음을 증명한 후, 그 다음에 나타나는 문제는 훨씬 더 중대하다. 성경과 꾸란 사이에는 명백한 여러 모순점이 발견된다. 우선, 꾸란의 알라는 성경의 여호와 하나님과 전혀 다른 속성을 가진 존재다. 무함마드의 알라와 예수 그리스도의 아버지 하나님 사이에는 건널 수 없는 거대한 강이 흐른다. 꾸란의 이싸 알마시흐는 성경의 예수님과는 달리 평범한 인간 선지자일 뿐이며 인류의 죄를 위해 대속적 죽음으로 죽거나 죽음에서 부활하지 않았고, 스스로 자신을 하나님이라 주장하지도 않았다. 꾸란은 인간이 원래는 죄인이 아니며 올바른 길로 인도받기만 하면 알라의 천상에 들어갈 수 있다고 가르친다. 그 길을 가르쳐 주는 인도자가 바로 무함마드이며 그가 가져다준 꾸란과 샤리아를 통해 알라에게 복종하는 자는 천상에 들어가게 될 것이라고 무슬림들은 믿고 있다. 그 구원의 길은 오직 예수 그리스도의 대속적 죽음과 부활을 믿음으로써 은혜로 구원을 받는다는 성경의 가르침과는 전혀 다른 토대 위에 서 있다. 즉 성경과 꾸란 사이에는 타협할 수 없고 건널 수도 없는 강이 흐르며, 둘 중 하나는 분명 하나님으로부터 온 진리가 아니라고 결론 내려야만 한다.

대체 이론(Abrogation of the Qur'an)이
꾸란의 내부적 모순 문제를 해결하는가?

대체 이론과 꾸란의 근거

이슬람 교리에는 나스크(naskh: نسخ), 그리고 여기서 파생된 단어인 나시크(nāsikh)와 만수크(mansūkh)로 설명되는 대체 이론이 있다. 아랍어 나스크의 사전적 의미는 '폐지(abolishment), 취소(abrogation), 무효화(invalidation), 복사(copying)' 등이지만, 꾸란 2장 106절에서는 '이전의 계시가 후에 내려진 계시에 의해 무효화 혹은 대체되는 것'이라는 의미로 쓰였다. 여기서 새로이 내려진 계시는 "대체하는" 구절, 나시크이고 이전 계시는 '대체되는 혹은 취소되는' 구절, 만수크다.

대체 이론은 다음 두 구절에 근거하여 설명된다.

> 우리(알라)가 취소(어근: نسخ)하거나 잊어버리게 만드는 구절이 무엇이든 우리는 그것보다 더 나은 것 혹은 그것과 유사한 것을 가져다준다. 너희는 알라가 모든 것보다 더 능력이 많은 줄 알지 못하느냐?(2:106).

> 우리(알라)가 한 구절을 대신(어근: بدل)하여 다른 구절로 대체할 때 – 그리고 알라는 그가 무엇을 내려 주는지 알고 있다 – 그들은 "당신은 거짓을 만들어 내는 자일 뿐이다"고 말했다. 그러나 그들 모두는 아무것도 모르는 자들이다(16:101).

하지만 실제 이슬람 학자들 사이에서 대체 이론은 모두가 동의할 수 있는 개념으로는 아직 확정되지 않은 상태다. 학자들에 따라 이 개

넘을 무분별하게 사용하는데, 다음과 같은 다양한 견해들이 존재한다.

첫째, 꾸란의 구절들 사이에만 대체하는 구절과 대체되는 구절이 존재한다.

둘째, 꾸란과 순나(하디스)들 사이에 대체하는 구절과 대체되는 구절이 존재한다.

셋째, 이슬람의 샤리아 규정들 사이에 대체하는 것과 대체되는 것이 존재한다.

넷째, 이전 경전들(타우라, 자부르, 인질)이 꾸란에 의해 대체되었다.

그런데 이러한 대체 이론의 자유로운 적용은 꾸란의 구절에 근거한 것이라기보다는 무슬림 주석가들이 역사적 상황 속에서 자의적으로 발전시킨 것일 뿐이다. 위 목록 중에서 첫째 정의를 제외한 나머지는 모두 꾸란과는 상관없이 일부 무슬림 학자들이 자의적으로 확대 적용한 것이다.

예를 들어, 넷째 견해를 피력하는 일부 무슬림은 꾸란 16장 101절을 해석할 때 하디스의 내용을 근거로 사용한다. 무함마드의 메시지를 거부하는 유대인들이 있었는데, 그들이 무함마드의 메시지를 거부하면서 "거짓을 만들어 내는 자"라고 비난할 때 이 구절이 주어졌다고 말한다. 따라서 이 구절에서 이전 계시는 유대인의 경전인 구약 성경을 가리키는 것이 되고, 결과적으로 꾸란이 구약 성경을 "대체"한다고 해석한다. 하지만 이 구절은 대체되는 대상을 '절'을 뜻하는 아야(ayah)로 분명히 말하기 때문에 구약 성서 전체를 대체한다는 해석은 옳지 않다. 더구나 꾸란은 유대인들의 성서를 지칭하는 단어로 키탑(kitāb)을 제한적으로 사용하기 때문에 이에 근거해서 보더라도 그들의 해석은

타당하지 않은 것이다.[116]

대체 이론의 역사적 출현 및 중요성

이슬람 역사에서 대체 이론이 언제 대두되었는가를 이해하는 것은 중요하다. 일반적으로 무함마드 자신이 꾸란 구절들을 말하면서 이전 구절들이 취소되고, 새로운 구절로 대체되었다고 언급한 일은 명시적으로 나타나지 않는다. 단지 다양한 전승들(하디스)이 무함마드의 동료들이 무함마드에게 분명하지 않은 것들에 대해 질문했을 때, 무함마드가 새로운 구절이 이전 구절을 대체한다는 의미로 답했다고 기록할 뿐이다. 이에 근거하여 이슬람력 초기부터 무함마드의 제자들 가운데는 대체 이론이 공통적으로 인정되었다는 견해가 있다.

하지만 대체 이론이 체계화되고, 명시적으로 주장되기 시작한 것은 이슬람력 2세기 중엽 이후, 곧 샤피이(767-820) 이후로 파악된다. 샤피이는 이성을 강조하던 무으타질라 학파를 견제하면서 전승들을 통한 꾸란 해석과 샤리아 제정을 강조했다. 문제는 당시 존재하던 수많은 하디스 중에서 권위 있는 참된 전승만을 어떻게 구분해 내는가였다. 왜냐하면 명백하게 모순되는 많은 내용이 하디스의 권위를 파괴하고 있었기 때문이다. 이 과정에서 꾸란의 구절들을 근간으로 대체 이론을 도입하고 체계화하여 대체 이론은 이슬람의 보편적인 이론으로 자리 잡게 되었다. 이후 주요한 이슬람 법학파들에서도 대체 이론은 공통적으로 인

---

116 Farooq Ibrahim, "The Problem of Abrogation in the Qur'an" in *Answering Islam*. ⟨https://www.answering-islam.org/Authors/Farooq_Ibrahim/abrogation.htm⟩

최소한의 이슬람

정받게 되어 현대에 이르기까지 순니파의 주요한 근간이 되었다.

이와 같은 역사적 흐름 속에서 이슬람의 모순된 내용들을 해결하기 위해 대체 이론이 등장하였고, 꾸란의 몇몇 구절이 이를 정당화해 주는 것으로 받아 들여 대중화된 이론으로 정착하게 된 것으로 추론해 볼 수 있다. 즉 명백하게 모순된 내용이 있는 하디스들을 정돈하고, 일관성을 수립하여 샤리아 제정이 가능하게 하는 데 대체 이론은 매우 중요한 역할을 했다. 또한 꾸란에서 발견되는 명백한 모순된 내용들에 대해서도 대체 이론은 손쉬운 해결책이 되었던 것이다.

그런데 무슬림 학자들이 대체 이론을 통해 제시한 꾸란에 존재하는 모순된 내용들에 대한 해결책들은 과연 설득력이 있는가? 이에 관한 구체적인 사례들을 살펴볼 필요가 있다. 꾸란에 모순된 내용이 존재하는가가 중요 관심사이므로 관련한 몇 개 구절을 살펴보자.

대체 이론의 적용 사례

성서의 사람들에 대해 꾸란이 모순된 진술을 하고 있음을 앞에서 살펴보았다. 유대인과 기독교인이 "이슬람을 통하지 않고도" 구원받을 수 있다고 하는 구절(2:62; 5:69)이 있는가 하면 3장 85절은 그들은 구원받지 못한다고 분명히 말한다. 게다가 꾸란 전반에 걸쳐 무함마드의 메시지를 받아들이지 않고 이슬람의 가르침을 믿지 않는 자들은 지옥불에 떨어질 것이며, 성서의 사람들은 가혹한 심판을 받을 것이라는 경고가 많다. 따라서 이 모순을 해결하는 것은 무슬림들에게 중요한 과제였다.

대체 이론을 사용하는 무슬림들은 3장 85절이 2장 62절과 5장 69절을 대체했다고 주장한다. 그렇게 하면 성서의 사람들이 이슬람을 받아들이지 않더라도 구원받을 수 있다는 구절은 취소되어 더 이상 유효하지 않게 되고, 이후에 내려진 구절(3:85)만이 유효하다는 것이다. 이것은 매우 간단하면서도 명쾌한 해결책처럼 보이며 실제로 많은 무슬림이 이런 방식으로 꾸란에 나오는 모순을 해결해 버린다.

다른 한 사례는 간음한 남자와 여자를 처벌하는 방식에 관한 것이다. 꾸란 24장 2~3절은 이들을 100대의 태장으로 처벌할 것을 명하고, 이런 남자와 여자는 다른 간음한 적이 있는 사람들과만 다시 결혼할 수 있다고 한다. 하지만 다양한 하디스의 구절들은 간음한 사람들에 대해 모순되고 복잡한 처벌을 기록하고 있다. 아래 세 구절은 모두 알부하리의 하디스에서 인용된 것이다.

무함마드는 간음한 남자를 100대의 태장과 1년 동안 무슬림 공동체에서 추방하도록 할 것을 명한다. 하지만 간음한 여자는 돌로 쳐 죽일 것을 명한다(86권 54절).
무함마드가 간음한 자를 100대의 태장과 1년 동안 공동체로부터 추방할 것을 명했음을 전한다(86권 57절).
무함마드가 결혼한 남자가 간음해서 잡혀 오자 돌을 던져 죽이라고 명했다(86권 44절).

명백한 모순이 확인된다. 더 중요한 것은 꾸란 24장 2-3절이 분명히 태형을 언도하고 있음에도 불구하고 여러 하디스는 돌을 던져 죽일 것을 기록했고, 실제 역사에서 많은 법학파가 간음한 자들을 돌로 쳐

최소한의 이슬람

죽이도록 했다. 이런 방식으로 순나가 꾸란을 취소하고 대체해 버렸다. 하디스를 꾸란보다 더 우선시함으로써 꾸란이 이슬람의 최고 권위를 갖는 경전이라는 사실을 무색하게 했다.

대체 이론을 통해 꾸란의 모순을 해결하는 또 다른 사례들이 있다. 꾸란 2장 219절은 포도주를 일부 유익을 위해 허용하고 있는 것처럼 보이지만, 5장 90절은 포도주를 명백하게 금지하는데, 이 경우 5장 90절이 2장 219절을 대체한 것으로 이해한다. 무슬림들이 기도하는 방향을 보여 주는 끼블라의 방향이 달라진 것을 말하는 2장 184절도 동일한 대체 이론의 맥락에서 모순을 해결한다. 또한 꾸란 9장 29절이 2장 109절을 대체하고, 2장 185절이 2장 184절을 대체하며, 9장 36절이 2장 217절과 45장 14절을 대체하는 것도 모두 대체 이론을 통해 모순을 해결하는 사례들이다.

꾸란 4장 82절은 알라의 말씀인 꾸란에는 내부 모순이 없다고 분명히 기록하고 있다. 따라서 꾸란에서 나타나는 모순점들을 해결하는 것은 매우 중요한 과제이고, 여기서 대체 이론은 손쉬운 해결책처럼 보인다. 그러나 대체 이론은 다양한 문제점들을 가지고 있다.

대체 이론의 문제점 및 평가

대체 이론을 통해서도 꾸란 내부의 모순과 꾸란과 하디스 사이의 모순이 완전히 해결되지는 않는다. 오히려 해결할 수 없는 문제들을 더 많이 일으킬 뿐이다. 대체 이론의 첫 번째 문제는 무함마드 자신이 어떤 구절이 다른 어떤 구절을 대체한다고 명확하게 언급한 적이 없다는 것이다. 꾸란의 두 구절에서 대체 이론의 근거가 발견되기는 하지만, 대체된 구절과 대체하는 구절 사이의 일대일 대칭을 구체적으로 확인할 수 없다. 따라서 많은 학자 사이에는 대체된 구절과 대체한 구절의 목록을 결정하는 데 있어서 판이한 제안들이 난립했고, 지금도 복잡하면서도 모호한 하나의 이론으로만 남아 있을 뿐이다.

여기서 두 번째 문제가 나타난다. 초기 무슬림 법학자들이 대체 이론을 정립하면서 대체된 구절과 대체한 구절을 결정하는 데 주로 사용한 근거는 하디스였다. 이슬람 초기에 하디스들이 난립했고, 하디스들 사이에도 상충하는 내용이 많아서 무슬림 학자들이 무엇을 권위 있게 받아들이는가를 자의적으로 선별하여 결정했다. 앞에서 살펴본 바와 같이 하디스 자체에 많은 문제점이 있었는데, 그것에 근거하여 대체되지 않은 꾸란 구절들을 선별해 낸다는 것이 과연 온전한 권위에 근거한 것인지 의문을 품게 한다. 결국, 꾸란에서 현대에 무효한 구절들이나 지금까지 유효한 구절들을 선별하는 것은 무슬림 학자들의 자의적 결정이었음을 보여 준다.

셋째, 대체 이론은 꾸란이 무오한 알라의 말씀을 기록한, 이슬람 최고의 권위를 갖는 경전이라는 대전제를 위협한다. 무슬림 학자들 중 누구도 하디스가 꾸란처럼 무오하다고 주장하지 않는다. 그러나 일반적으로 하디스에서 언급된 다양한 사건들과 꾸란의 구절들을 연결하여 대체 이론을 구체적으로 수립하였으므로, 이것은 하디스의 권위가 꾸란의 권위 위에 있음을 의미한다. 더구나 간음한 사람들에게 내리는 처벌에 대한 꾸란의 명백한 지침이 오히려 하디스에 의해 취소되어 버린 것은 하디스의 권위가 꾸란의 권위 위에 있음을 보여 주는 증거다.

넷째, 대체 이론은 알라의 속성과 관련된 근본적인 문제점이 있음

최소한의 이슬람

을 보여 준다. 알라가 영원한 진리를 계시하여 내려 주었다는 꾸란이 한시적 명령을 내린 뒤 곧 취소하고, 계시를 대체할 수 있다는 것인가? 어떤 학자들은 점진적 계시라는 개념을 사용하여 알라의 와히가 변화되었다고 설명한다. 점진적 계시는 성경학에서 사용되는 개념으로, 긴 역사의 흐름 가운데 하나님이 "여러 부분과 여러 모양으로"(히 1:1) 말씀하신 것을 의미한다. 하지만 무함마드라는 한 사람의 생애에 그처럼 상충하는 명령들이 내려진 모순을 점진적 계시로 정의하는 것은 적합하지 않으며, 그것은 근본적으로 전지전능한 알라의 속성에도 맞지 않는 것이다.

일부 무슬림들은 꾸란이 평화를 가르친다고 주장하기 위해 전쟁과 폭력을 조장하는 구절들은 평화를 말하는 구절들에 의해 대체되었다고 말한다. 하지만 그것은 시간 논리의 측면에서 설득력이 전혀 없는 주장일 뿐이다. 왜냐하면 평화를 가르치는 구절들은 메카 수라에 주로 나타나고, 전쟁과 폭력을 허용하는 구절들은 메디나 수라에 주로 나타나는데 메디나 수라가 더 후대의 구절들이기 때문에 대체된 구절들이라고 할 수 없다. 오히려 평화를 말하는 구절들이 폭력과 전쟁을 허용하는 구절들에 의해 대체되었을 가능성이 더 높은 것이다. 실제로 극단주의 이슬람주의자들은 이런 논리를 통해 자신들의 신학적·사상적 기반을 더욱 견고히 하고 있다.

결국, 대체 이론을 통해 꾸란의 내부 모순을 해결하는 것은 불가능하며 오히려 꾸란에도 모순점들이 존재함을 인정하는 셈이다.

꾸란은 인간의 존재론적 현실을
올바로 반영하고 있는가?

꾸란의 내적 증거라는 측면에서 고려할 수 있는 한 가지 질문은 "꾸란이 인간들의 실존적 경험 및 도덕적 기준에 부합하는가?"이다. 꾸란의 세계관이 인간의 존재론적 실체와 현상들을 설명하기에는 부족해 보인다. 인간 이해와 관련한 실례를 들어보자. 꾸란은 인간이 자신의 노력으로 알라의 명령에 복종할 수 있고, 선을 행할 수 있다고 전제한다. 그러므로 알라가 무함마드를 통해 제시하는 "곧은 길" 혹은 "올바른 길"을 종교적 노력을 통해 따라가면 낙원에 들어갈 수 있다고 가르친다. 하지만 성경은 인간이 본질적으로 선을 행할 능력이 없으며 하나님을 거부하며 살고자 하는 죄인임을 증거한다. 모든 사람은 죄를 범하였고, 하나님의 영광에 이르지 못하는 존재들이다(롬 3:23). 실존하는 인간의 실상을 올바로 평가하는 것은 과연 꾸란인가, 아니면 성경인가? 꾸란의 인간 이해는 실존하는 인생들의 문제에 대한 올바른 평가를 제공한다고 볼 수 없으며, 또한 인간 스스로의 노력으로 구원에 이를 수 있다는 해결책은 인간을 과대평가한 희망 사항일 뿐이다.

다른 한 예는 인간의 보편적인 도덕관에 상충하는 내용이 꾸란에 존재한다는 점이다. 어떤 이유에서든 무력 사용을 정당화하는 것, 일부다처제, 여성 인권을 인정하지 않는 것 등 인간의 실존적 경험 및 보편적 규범에 어긋난 가르침들이 꾸란에 존재한다. 꾸란의 가르침에 기초하여 만들어진 이슬람의 교리들과 샤리아에 의한 통치가 과연 인간의 존엄성이나 보편적 도덕관에 상응할 수 있는가에 의구심을 갖게 한다.

최소한의 이슬람

꾸란 해석과 관련한 많은 문제점

꾸란 해석에 대한 일반적 이해

꾸란의 해석(Qur'anic exegesis)은 기본적으로 꾸란 본문의 의미를 찾는 활동이다. 꾸란학에서는 꾸란 해석을 두 가지 측면에서 구분하기도 한다. 첫째는 꾸란 주석(tafsīr)으로서 구절의 의미를 "설명하거나 밝히는" 것이다. 꾸란 고전 주석가들의 저술은 대부분 꾸란 주석서로 분류된다. 둘째는 타으윌(ta'wīl)이라 하여 꾸란 구절의 "원래의 의미로 돌아가는 것"을 말한다. 즉 구절이 주어질 때 "의도된 원래 의미"를 찾는 것이다.[117] 엄밀한 의미에서 그리고 학파에 따라서 이 둘을 분리하여 생각하기도 하지만, 일반적으로는 꾸란의 이해란 측면에서 굳이 구분하지 않기도 한다. 여기서는 꾸란 본문의 의미를 찾는다는 꾸란 해석의 일반 정의를 사용한다.

이슬람 세계에서 꾸란 해석은 크게 두 가지 접근법을 통해 이루어졌다. 전수된 전승들의 권위에 기초한 해석과 이성적 노력에 의한 해석이다. 전수된 전승들의 권위를 기초로 하는 해석 방법은 꾸란 구절들과 관련된 것으로 알려진 전승들을 활용하는 것이다. 무함마드와 그의 동료들의 시대로 거슬러 올라가서 관련 구절들이 어떤 시대 정황에서 어떻게 전해졌고 이해되었는가를 밝히는 것이 꾸란 해석의 가장 중

---

117 시아파는 꾸란 본문의 원래 의미(타으윌)를 찾기 위해 노력하고, 숨은 의미 혹은 암시된 의미를 추구한다. 따라서 은유적(allegorical) 혹은 상징적 해석을 많이 하게 된다. 예를 들면, 꾸란 56장 79절에 나오는 "순결한 자만이 그것을 만질 수 있다"라는 표현에서, "순결한 자"의 표면적 의미는 "손을 씻은 자"이지만, 시아파는 "영적으로 순결한 자"로 해석한다. 공일주,《꾸란 해석: 기원, 발달과 현대적 성향》, 서울: CLC, 2021. 26-51쪽.

요한 목적이라 생각한다. 전승들이 담긴 하디스와 시라 및 고전 주석서가 이런 정보들을 제공하는데, 이 자료들을 매우 중요하게 사용한다. 이것은 현재 순니파의 주요 해석 방법이다.

만일 전수된 전승들에 일관성이 결여된 내용이 있거나 심지어 상충하는 내용이 있으면, 해석자가 그중 한 가지를 선택하여 본문을 해석하도록 허락한다. 또는 다수로 나오는 견해를 그대로 따르는 방식을 취하기도 한다. 고전 주석가인 알따바리는 특정 구절과 관련한 많은 전승을 별다른 평가 없이 그대로 요약하여 기술하는 경우가 많았다. 경쟁적으로 존재하던 전승들을 자신이 판단하여 옳고 그름을 판단하는 것이 옳지 않다고 느꼈기 때문일 것이다. 설령 전승들 사이에 분명한 모순이 있을지라도 그는 비평적 시각 없이 전승들을 권위 있는 자료로 인정하여 받아들였다.

이성적 노력에 의한 해석 방법은 견해에 의한 해석이라 한다. 꾸란 본문을 이해하기 위해 언어학, 논리학, 철학 등 이성적 활동을 중요시하며 이를 통해 본문의 의미를 파악하는 것이다. 전승들을 비평적 관점에서 이성적으로 평가하고, 그것들을 선별적으로 활용하여 꾸란 해석에 사용한다. 이런 측면에서 견해에 의한 해석은 이성이 전승보다 더 높은 권위로 사용된다고 볼 수 있다. 순니파 중에서도 이성을 강조한 무으타질라파나 수피 혹은 시아파 등이 이 방법을 선호한다. 하지만 전승에 기초한 해석을 선호하는 순니파 학파들은 이성이 전수된 텍스트보다 더 중요하게 간주되는 것을 위험하게 여기며 경계해 왔다. 실제로 압바시야 왕조의 후반부터는 아쉬아리 학파가 이슬람 신학적 흐름에서 주도하는 세력이 되면서 무으타질라 학파가 강조한 이성적 노력에 의한 해석법은 뒷전으로 밀려나게 되었다.

역사적 관점에서 본 꾸란 해석

이슬람 역사 초기에 매우 중요한 신학적 논쟁이 이뤄지는 과정에서 꾸란의 해석 방법에 대한 기본 원리도 논의되었다. 이슬람의 신학적 체계가 수립되던 8-9세기에 이라크 남부 도시인 바스라를 중심으로 무으타질라 학파가 시작되었다. 이 학파는 인간의 이성을 통해 이슬람 신학 체계를 잡으려 했고, 이성적 판단에 어긋나는 하디스와 같은 이슬람의 전승들이나 전통적 자료들의 권위를 인정하지 않았다. 이 학파의 가장 중요한 두 가지 대 전제는 알라의 단일성(타우히드)과 꾸란의 창조다. 즉 무으타질라 학파는 꾸란이 영원 전부터 존재하지 않았고, 알라에 의해 어느 시점에 창조되었다고 본 것이다.

이들이 사용한 꾸란 해석 방법은 기본적으로 이성적 접근이었다. 인간의 합리성을 사용하여 꾸란의 문법 체계, 수사학, 문자적 해석 등을 강조하였다. 그리고 특정 구절을 기록하게 된 문맥에 주목하였고, 꾸란의 전체 세계관이 해석에 매우 중요한 틀로 사용되었다. 이 과정에서 합리적이지 않게 보이는 모든 종류의 전승들, 특히 미신적이고 비논리적인 내용들은 과감히 배제되었다.

반면, 이성적 이슬람 신학 체계에 반발하면서 이슬람의 다양한 전승들이 가진 가치와 중요성을 부각시킨 이슬람 학자들이 나타났다. 샤피이(767-820년)는 복잡하게 난립하던 하디스들 가운데 신뢰할 수 있는 것들을 선별하는 기준을 적용하여 하디스의 권위를 세우고, 이슬람 법학파를 시작하는 기초를 제공했다. 전승들을 기본으로 꾸란을 해석하기 시작한 대표적인 학파는 9-10세기에 출현한 아쉬아리 학파다. 아쉬아리(935년 사망)는 처음에는 무으타질라 학파의 학생이었으나 이성을 지나치게 강조한 나머지 이슬람의 전통적 전승들을 무시하는 기존 방법론에 반발하여 대립적 학파를 이루게 되었다. 아쉬아리 학파는 이후 이슬람 순니파의 주요한 신학적 세력으로 자리 잡게 되었으며 이들의 꾸란 해석 방법은 지금까지 순니파의 꾸란 해석학으로 자리 잡게 되었다.

고전 및 중세 주석가들의 꾸란 해석에서 절대적 영향을 미치게 된 아쉬아리 학파의 꾸란 해석법은 "전승에 기초한 해석"이라 할 수 있다. 즉 이성의 사용이 중요하기는 하지만, 인간의 이성이 전승들의 권위 아래에 있어야 한다는 점을 강조한다. 고전 주석가로서 순니파의 꾸란 해석에 가장 중요한 영향을 끼친 알따바리가 이 방법을 사용하는데, 꾸란 해석에서 언어문법적, 수사학적 논의를 전개하면서도 다양한 전승들을 소개하고 그 권위를 더 중요하게 간주한다. 때로 서로 상충하는 것으로 보이는 전승들이 존재해도 그것들을 무비평적으로 그대로 나열하여 주기 때문에 그의 주석을 읽는 독자들은 혼동을 일으키기도 한다. 다양한 구절들에서 그 자신도 꾸란 본문의 의미를 확신 있게 제시하지 못하는 모습을 보여 준다.[118]

고전 주석가들의 시대 이후 순니파의 꾸란 해석은 이와 동일한 접근법으로 이루어진다. 즉 구절의 언어-문법적 분석을 기초로 하여 역

---

118 황원주, "꾸란 4:157에 나타난 이싸의 십자가 죽음에 관한 순니 주석가들의 해석에 대한 비평적 고찰", 〈아랍과 이슬람 세계〉(제8집), 중동아프리카연구소, 2021, 11-61쪽.

최소한의 이슬람

사적 배경과 상황을 연결하려 한다. 전승들과 정황 보고들이 있는 경우에는 그 권위에 의존하여 구절이 기록된 역사적 정황과 기록 목적을 연결하려 한다. 그리고 이런 자료들을 평가할 때, 가장 중요한 역할을 하는 권위 있는 자료로 고전 주석가들의 저서가 사용되었다. 고전 주석서들은 권위 면에서 후대의 주석가들의 나침반이 되었고, 중세 시대에는 고전 주석가들의 견해를 벗어나서 새로운 해석을 하는 것 자체가 금기시되었다.

정통 순니파의 꾸란 해석은 여전히 동일한 맥락에서 전승들의 권위와 고전 주석서들의 기본 틀 안에서만 이뤄지는 현실이다. 이집트의 아즈하르대학교는 이슬람 세계에서 가장 인정받는 권위 있는 이슬람 교육 기관인데, 여기서 가르치는 꾸란 해석 방법은 전수에 의한 해석이며, 고전 주석가들로부터 내려오는 해석을 암기하는 것이 주요한 교육 방법이다. 아즈하르대학교는 그들이 붙들고 있는 전통적 틀에서 벗어나는 새로운 해석을 허용하지 않는다.

근대와 현대를 거치는 동안 이슬람 세계 내부에서는 꾸란 해석에 관한 새로운 견해들이 대두되어 왔다. 해석학이 일반 학문으로서 발전한 결과, 꾸란 해석학에도 새로운 시각을 가진 학자들이 등장하고, 현대 해석학적 방법을 적용해야 함을 역설하는 학자들도 생겨났다. 대표적으로 카이로대학교 문과대학 교수로서 아즈하르대학교의 꾸란 해석법과 다른 새로운 해석법의 사용을 역설한 아부 자이드(Nasr Hamid abu Zayd: 1943-2010년)가 있다. 그는 1992년 정교수 심사를 위해 꾸란 해석에 관련된 논문을 제출했다. 그 논문에서 꾸란을 종교적 문헌으로 읽고 해석하되 7세기의 아라비아반도라는 역사적·문화적 배경을 바탕으로 해석해야 한다고 주장했다. 또한 역사적으로 이슬람 초기에는 상당히 다양한 해석이 존재했던 반면, 중세를 거쳐 후기로 갈수록 획일화되었다는 점을 상기시켰다. 그의 논문은 보수적 무슬림 학자들에게 지탄의 대상이 되었고, 마침내 이집트 샤리아 법원은 그를 배교자로 단정하였다. 아부 자이드는 부인과의 이혼을 강요당하고, 살해 위협까지 받게 되어 결국, 1995년에 유럽으로 망명하였다. 그는 2010년 인도네시아를 여행하던 중 원인 모를 바이러스에 감염되어 이집트로 수송된 후 사망하였다. 이 일은 무슬림으로서 새로운 관점의 꾸란 해석학을 제시하는 것이 얼마나 위험한 일인가를 보여 주는 사례다.

현대 정서를 반영하여 페미니즘이나 종교 다원주의적 관점에서 꾸란을 해석해야 한다고 주장하는 사람들도 있지만, 해석학 분야의 새로운 제안들은 소수의 소리로만 존재할 뿐이다.

꾸란 해석의 근원적 문제점

꾸란은 일반인이 이해하기에는 매우 어려운 책이다. 그 첫 번째 이유는 꾸란을 기록한 언어가 독특한 고전 꾸란 아랍어이기 때문이다. 현대 표준 아랍어라 불리는 푸스하(al-Fuṣḥā)와 완전히 일치하지 않는 아랍어다. 꾸란의 아랍어 표현들이 표준 문법에 어긋나는 경우들이 있어서 아랍어 선생들에게 물어보면, 그들은 이것은 꾸란 아랍어이기 때문에 예외라고 말하곤 한다. 또한 일반 무슬림들의 경우 꾸란을 읽고 스스로 해석하기 위해서는 꾸란 아랍어 문법과 수사학에 정통해야 하는데, 대부분의 무슬림은 그 정도 수준에 도달하기가 어렵기 때문에 스스로 해석하기란 거의 불가능하다. 따라서 무슬림들은 모스크에서 종교 지도자들이 들려주는 해석이나 설명을 들음으로써 특정 구절의 의미를 파악하고 암기하는 경우가 일반적이다.

꾸란 해석이 어려운 두 번째 이유는 꾸란의 내용이 연대기적으로 나열되어 있지 않기 때문이다. 문맥이나 시대적·상황적 배경에 관한 상세한 설명 없이 연결되지 않는 구절들이 뒤죽박죽되어 있기 때문에 독자들은 그 내용을 이해하는 데 어려움을 느끼게 된다. 꾸란에서 성경 인물들을 다루는 본문들을 보면, 원독자들은 그 시대적 배경을 이미 알고 있는 것처럼 보인다. 예를 들면, 아브라함을 언급하는 구절을 보면, 마치 독자들이 아브라함의 생애를 이미 알고 있다는 듯이 시대적·상황적 배경에 관한 설명 없이 그를 언급한다(6:84-86; 16:120-123; 19:41-50; 29:16-27). 이런 전제는 현대 무슬림들에게는 적용되지 않는 것이 사실이다. 현대 무슬림들은 성경을 전혀 읽지도 않으며 성경 인물들의 이야기에도 무지하다. 따라서 무수히 많은 성경 인물과 관련한 구절들을 읽으면서 무슬림들이 무엇을 이해할 수 있는지 의문이 갈 수밖에 없다.

셋째, 꾸란 해석에 있어서 가장 심각한 문제는 해석 방법의 구조적 특성으로 인해 발생한다. 단적으로 꾸란 자체만으로 그 내용을 해석하기가 불가능하다. 본문의 의미를 알기 위해서는 다양한 부수적 자료들(하디스, 시라, 정황 보고, 고전 주석서 등)이 있어야만 해석할 수 있다. 꾸란 해석 학자들 역시 그런 해석 방법을 사용하고 있다.[119]

---

119 꾸란 해석의 실제 및 해석적 문제들을 보여 주는 사례는 다음 자료들을 참조하라. - 황원주, "꾸란 4:157에 나타난 이싸의 십자가 죽음에 관한 순니 주석가들의 해석에 대한 비평적 고찰", 〈아랍과 이슬람 세계〉(제8집), 중동아프리카연구소, 2021, 94-146쪽: ____, "꾸란 112장에 나

그런데 이런 보조 자료들은 그 자체가 근본적으로 심각한 문제점들을 가지고 있음을 5장에서 살펴보았다. 시라의 역사적 진실성은 검증된 것들이 아니며 전설적·신화적 요소들이 개입되어 있다. 하디스 안에도 역사적 진위를 확인할 수 없는 내용이 많이 포함되어 있으며, 전승들 사이에는 상충하거나 모순된 내용이 많다. 무슬림 학자들도 전통적 내러티브를 구성하는 이 보조 자료들에 오류들이 존재한다는 점을 인정한다. 꾸란은 무오하지만, 다른 역사적 자료들은 무오하지 않다는 것이다.

여기서 꾸란 해석 과정에 존재하는 구조적 문제점이 분명해진다. 꾸란 외에 어느 보조 자료도 꾸란 자체보다 더 우월한 권위를 갖지 못한다는 것이 이슬람의 교리다. 그런데 꾸란 본문 해석 과정에서는 오류가 많고 문제성이 있는 이 보조 자료들이 꾸란을 해석하는 데 없어서는 안 될 필수 자료이며, 꾸란보다 더 높은 권위를 행사하는 위치에 놓이게 된다. 특히 하디스나 정황 기록 같은 보조 자료들 사이에는 상이하거나 상충하는 내용들이 나타나기 때문에 본문 해석에 절대적 확신을 주지 못하며 주석가들에 따라 서로 다른 해석을 낳게 한다.

순니파의 꾸란 해석이 발전할 수 없는 구조적 이유

현대 순니파는 전수된 전승들에 기초한 꾸란 해석 방법을 사용한다. 그리고 고전 주석가들의 주석서들은 후대의 꾸란 해석에서 절대적

타난 반기독교적 변증 요소 연구", 〈Muslim-Christian Encounter〉(vol. 12, no. 2), 햇불트리니티신학대학원대학교 한국이슬람연구소, 2019, 95-137쪽.

인 영향을 미친다. 하지만 고전 주석서들이 꾸란 해석에 그토록 결정적 영향을 미칠 만큼 신뢰할 만한 자료들인지에 대한 의문을 품을 수밖에 없는 몇 가지 이유가 있다.

첫째, 고전 주석가들이 이슬람의 초기 역사에 더 근접한 자들이었다는 한 가지 사실 때문에 그들의 해석이 더 권위 있다고 할 수는 없다. 고전 주석가들은 다양한 하디스, 시라, 정황 증거 등의 내용을 근거로 하여 꾸란을 해석하였다. 그들의 주석서에는 그들이 모은 자료들이 나열되어 있는데, 일반적으로 고전 주석가들은 다양한 전승들 가운데서 주관적인 선택으로 자신이 선호하는 방향의 결론을 내렸다. 때로는 그들이 내린 결론에서 정당하고 합리적인 이유나 근거를 제시하지 못하는 경우가 있는데 고전 주석서들을 읽으면서 당혹스러운 경험을 하기도 한다.

둘째, 고전 주석가들의 해석에서도 너무나 다른 결론의 도출이나 심지어 상충하는 견해들이 보이기도 한다. 따라서 그들의 해석을 권위 있는 꾸란 해석이라 전제하며, 그 틀 안에서만 머물러서는 안 된다. 둘 다 순니파요 고전 주석가인 무까띨(767년 사망)과 알따바리(923년 사망)는 주석서에서 상당히 다른 견해들을 보여 주고 있다.[120]

그런데 고전 주석가들 이후 이슬람의 역사가 진행되면서 꾸란 해석의 기본 틀은 고전 주석서에 나오는 해석을 넘어서지 못한 채 머물

---

120 두 고전 주석가의 서로 다른 견해는 다음 자료에서 찾아볼 수 있다. - 황원주, "꾸란 4:157에 나타난 이싸의 십자가 죽음에 관한 순니 주석가들의 해석에 대한 비평적 고찰", 〈아랍과 이슬람 세계〉(제8집), 중동아프리카연구소, 2021, 11-61쪽; ___, "꾸란 105장 주석을 통해 본 꾸란 해석 과정에 대한 비평적 분석", 〈아랍과 이슬람 세계〉(제7집), 중동아프리카연구소, 2020, 94-146쪽.

러 있다. 전승에 의한 해석 방법이 기본이었고, 고전 주석가들이 역사적으로 꾸란의 원시대와 전승들에 근접한 사람들이었기 때문에 아무도 그들의 권위에 도전할 엄두를 내지 못했기 때문이다. 따라서 이슬람 역사상 순니파에서는 고전 주석서들의 견해를 벗어난 해석은 시도할 엄두조차 내지 못했을 것이다.

꾸란 해석의 발전은커녕 오히려 후진하게 만드는 일들이 순니파 내부에서 일어났다. 13세기에 활동했던 학자 이븐 타이미야는 꾸란 해석에 있어서 아쉬아리 학파의 신학적 방법을 비판하고, 더 극단적 문자주의로 돌아가야 한다고 주장했다. 그는 고전 주석가들의 꾸란 해석의 견해 중에서도 무함마드와 동료들의 시대로 거슬러 올라가서 당시의 정황을 그대로 재현하는 것만이 참된 이슬람을 실현하는 길이라 주장했다. 문자적으로 꾸란을 해석하고, 전승 중에서도 자신의 의견에 일치하는 내용들만 선별하여 독특한 근본주의적 이슬람을 제시하려 했다. 그의 견해는 후일 와하비즘의 기초가 되어 현대 근본주의 이슬람 운동의 토대가 되었다.

정치적 해석학을 꾸란에 적용한 사이드 꾸뜹도 꾸란의 해석에 있어서는 정통 순니파의 꾸란 해석에 도전한 인물이다. 꾸뜹은 이슬람의 공식적 신학교 교육을 받지 않은 일반 무슬림이었지만, 감옥에 갇혀 있을 때 꾸란 전체를 해석하여 주석서를 썼다. 다양한 저서를 통해 과격하고 폭력적인 이슬람주의의 사상적 근간을 제시한 그는 주석에 있어서도 정통 순니파의 해석과는 매우 다른 해석을 제시했다. 꾸란의 많은 구절을 해석하는 틀로써 이슬람 세계를 알라의 축복 가운데 자유케 하려면, 서구와 이스라엘의 압제를 물리치고, 무함마드와 라쉬둔 칼리프 시대의 원형적 이슬람을 회복해야만 한다고 주장했다. 독자 중심의 자의적 해석(reader-response hermeneutics)이란 비평을 받음에도 불구하고, 그의 해석이 순니 이슬람 세계에서는 용인되고 있는 현실이다.

하지만 현대 일반 해석학의 학문적 발전에도 불구하고 정통 순니파 이슬람 세계는 꾸란에 새로운 해석 방법을 적용하는 것을 쉽게 받아들이지 않고 있다. 이미 역사적으로 주어진 전승들을 권위적 자료로 수용하여 고전 주석서들에서 나타난 견해의 틀만이 현대 순니파의 꾸란 해석이 자리할 주소지가 되기 때문이다. 따라서 꾸란에 대한 현대 해석학적 노력은 순니파가 주도하는 이슬람 세계에서는 허용되지 않는 것이 현실이다. 개혁적 이슬람 학자들이나 이슬람의 현대화를 도모하는 꾸란 학자들도 그 한계를 현실로 경험하고 있다. 일부 개혁적인 학자들이 그 위험선을 넘어서는 순간, 이슬람 종교법의 재판을 통해 배교자로 단죄되거나 처형되는 일도 발생한다.

8장

성경적으로 이슬람과 무슬림 바라보기

이 책의 목적은 이슬람에 대한 균형 잡힌 이해를 돕는 것이다. 그래서 먼저 무슬림들이 믿음의 기초로 삼고 있는 이슬람의 전통적 내러티브를 소개했다. 이슬람의 기원과 무함마드와 꾸란의 신적 권위에 대해 무슬림들이 믿고 주장하는 것이 내러티브의 핵심이다. 대중적인 역사 서적들과 이슬람 관련 서적들도 전통적 내러티브를 바탕으로 논의를 전개한다. 이것은 기독교인들과 선교계도 일반적으로 받아들여 왔고, 이에 기초하여 이슬람권 선교도 이루어져 왔다.

필자는 이 책을 통해 과연 전통적 내러티브를 역사적 진실로 확정할 수 있는지 질문을 던지면서 역사비평학적 방법을 통해 그것을 검증하고자 시도했다. 그 결과, 이슬람의 전통적 내러티브의 여러 영역에서 증명될 수 없는 부분이 많을 뿐만 아니라 오히려 그것을 부정하는 증거들이 있는 것을 확인했다. 이런 모든 증거에 의하면 우리가 알고 수긍해 왔던 전통적인 방식의 이슬람 이해가 역사적 진실에 기반을 둔 것이 아니라 무슬림들의 신앙적 영역에 의해 주장되어 온 것임을 볼 수 있었다. 이로써 이슬람의 기원과 발전 과정 그리고 꾸란에 대한 새로운 이해가 필요함을 알게 되었다.

역사비평학적 연구들이 새로운 관점으로 이슬람을 이해하는 시도를 하며 이슬람의 기원과 꾸란의 역사적 형성 과정에 관한 대안적 설명을 제시하고 있다. 그러나 이 새로운 관점의 접근이 충분히 합의된 최종적 결론을 제시한다고 볼 수는 없다. 여전히 많은 연구가 필요하지만, 새로이 발견되는 많은 증거를 통해 이슬람에 대한 이해가 더 깊어질 것이다. 그리고 이 과정을 통해 역사적 진실에 근거하면서도 더욱 균형 잡힌 이슬람 이해가 가능해질 것으로 기대한다.

따라서 성경적 진리에 기초한 복음주의 그리스도인들은 이슬람의 전통적 내러티브를 굳이 역사적 사실인 것처럼 받아들일 필요는 없다. 무슬림들이 전통적으로 주장해 왔고, 다수가 수긍해 왔더라도 충분히 검증된 사실이라고 할 수 없기 때문이다. 그렇다면 우리에게 던져진 과제는 이것일 것이다. "성경적 그리스도인으로서 이슬람을 어떻게 이해하고, 무슬림을 어떻게 바라보며 품을 것인가?" 분명한 것은 우리 그리스도인은 "오직 사랑 안에서" 진실을 말해야 한다는 것이다(엡 4:15). 하나님의 진리에 기초하여 이슬람을 평가하고, 무슬림들에게 그리스도의 진리를 증거해야 한다.

이 장에서는 역사비평학적 접근이 복음주의 선교에 던지는 시사점을 먼저 고려하고, '이슬람에 대한 성경적 이해 및 무슬림을 성경적으로 바라보기'라는 주제로 살펴보고자 한다.

역사비평학적 연구가
복음주의 선교에 주는 시사점

복음주의적 입장에서 이슬람을 보다 객관적이며 사실적으로 이해하기 위해서는 역사비평학적 접근을 수용할 필요가 있다. 무슬림들이 말하는 전통적 내러티브를 비평적으로 수용하는 냉철함을 가져야 하며, 이슬람의 뿌리부터 질문하면서 역사비평학적으로 검토할 용기가 필요하다. 다른 한편으로는 역사비평학적 연구의 결과들도 비평적으로 평가한 후 수용할 부분은 수용해야 한다. 두 가지 접근의 상반된 결론을 함께 고려하고, 객관적으로 평가함으로써 이슬람의 기원과 초기 역사 그리고 꾸란에 대한 이해를 재검토해야 한다.

역사비평학적 연구들이 이슬람 이해의 새 관점을 여는 데 주는 몇 가지 시사점을 언급하는 것이 유익하겠다. 특히 복음주의 그리스도인들과 선교사들은 몇 가지 면에서 유익을 얻을 수 있다. 역사비평학자들이 제시하는 바와 같이 이슬람의 기원이 7세기 후엽에 팔레스타인 지역이거나 혹은 압바시야 왕조의 초기 이라크 지역이었다면, 이슬람 이해의 관점은 확연히 달라질 수 있다.

첫째, 이슬람 내부 특히 꾸란에 존재하고 있는 반기독교적 정서와 기독교에 대한 공격적 성향이 어디에서 기인했는지를 이해할 수 있게 된다. 우마위야 왕조가 다수의 유대인과 기독교인을 통치해야 하는 과정에서 필요했던 통치 이데올로기로써 이슬람이 시작되었기 때문이다. 그러므로 이슬람은 반기독교적 교리로써 유대교와 기독교를 적극적으로 공격할 필요가 있었을 것이다. 새로운 종교를 만들면서 다른 종교의 특정 교리를 공격하거나 비난하여 무너뜨려야만 자기 종교의 정당성을 세울 수 있는 경우는 흔치 않다. 그러나 이슬람은 기독교의 교리를 공격하여 철저히 무너뜨려야만 이슬람이 설 자리를 만들 수 있었으므로 기원부터 반기독교적 교리와 정서가 근본에 자리 잡고 있었음을 이해하기란 어렵지 않다.

최소한의 이슬람

이런 요소는 태동기부터 현재까지 이슬람 세계에 영향을 미쳐 왔다. 이슬람의 종교 교육 안에 많은 부분은 반기독교적 정서와 변증 교리로 채워져 있다. 종교 교육을 통해 무슬림들은 "기독교의 문제점들"을 자연스럽게 배우고, 기독교인들을 만나면 어떻게 해야 하는지를 철저히 익히게 된다. 이것은 복음주의 교회들과 그리스도인들에게 각성을 요구한다. 이슬람을 이해함으로써 무슬림이 무엇을 믿으며 어떤 도전으로 다가오는지를 잘 이해하고 대응할 준비를 해야 한다. 나아가 무슬림들에게 복음을 증거하려면 성경적 진리 위에 견고히 서서 예수 그리스도의 증인이 되어야 한다.

둘째, 꾸란의 내용은 이슬람의 시작에는 유대교와 기독교의 문화권에 매우 밀착된 배경이 있었음을 보여 준다. 꾸란이 수많은 성경 인물과 그들 사건의 배경에 대한 구체적인 설명 없이 서술하는 것을 보면, 당시 독자들이 그 배경에 대해 익히 알고 있었음을 전제함을 보여 준다. 이 점은 꾸란의 배경이 아라비아반도이기보다는 팔레스타인 지역 혹은 이라크 지역이었음을 나타낸다. 유대교인과 기독교인의 밀접한 사회적 · 종교적 역학 관계 속에 꾸란이 나타나게 되었다는 것이다.

이 점을 다시 말하면, 꾸란을 올바로 이해하기 위해서는 현대 무슬림들도 구약과 신약의 내용에 친숙해야만 한다. 왜냐하면 꾸란 본문만으로는 성경 인물들의 구체적인 배경과 사건들을 모두 이해하기는 어렵기 때문이다. 우리는 이것을 통하여 무슬림들이 성경을 읽는 것이 필요하고, 또 그렇게 권면하는 것이 정당함을 확신할 수 있다. 성경 이야기를 자세히 들려줌으로써 아주 간략하게 진술된 꾸란의 본문들이 정확히 어떤 내용인지를 보여 줄 뿐만 아니라 꾸란과 성경 사이에 상충하는 내용도 있음을 보여 주어야 한다. 나아가 성경의 구속사적 전개를 이해할 수 있도록 구약과 신약을 가르쳐 주는 것도 필요하다. 이를 위해서는 복음주의 그리스도인이 먼저 꾸란의 내용과 그 주제들을 충분히 이해하는 것이 필히 요구되는 전제 조건이다.

셋째, 역사비평학적 연구가 보여 주는 중요한 성과는 이슬람이 토대로 삼는 자료들의 근거가 견고하지 않다는 것이다. 시라, 하디스, 아스밥 알누줄 및 고전 주석서들이 가지고 있는 다양한 문제점을 종합해서 보면 이슬람의 전통적 내러티브는 신뢰성을 잃게 된다. 이런 점에서 그리스도인들은 냉철한 태도로 이슬람의 기원과 초기 역사를 바라보고 이해하면서 무슬림들에게 두려움 없이 접근하여 복음을 전할 수 있도록 준비해 나가야 한다.

이슬람과 꾸란의 권위에 대해서는 감히 질문도 할 수 없는 교육을 받으면서 자란 무슬림들에게는 이런 근원적 질문들이 공격처럼 느껴질 것이다. 그러나 무슬림들은 기독교를 향해 던지는 모든 질문에서 이미 그 방법을 사용해 오고 있다. 따라서 그들이 기독교를 향해 던지는 도전적 질문과 사고의 방법들을 자신들의 종교에 그대로 적용해 볼 것을 논리적으로 권면하고 초대하는 것은 절대 무리한 요구가 아니다. 이러한 접근법은 무슬림들을 공격적으로 대하려는 의도가 아니며 오히려 긍휼한 마음으로 사랑 가운데 참된 것을 말하며 그들을 복음의 대화로 이끌 수 있는 또 하나의 방법이 되기 때문이다.

성경적으로 이슬람을 어떻게 이해할 것인가?

이제 이슬람을 성경적으로 어떻게 이해할 것인가란 질문에 답해야 할 때가 왔다. 이슬람을 현상적으로 이해하는 것도 필요하지만, 그것만으로는 충분하지 않다. 결국, 최고의 권위를 갖는 성경과 복음주의 성경 신학에 기초하여 하나님의 진리라는 측면에서 이슬람을 평가하고, 이해해야 한다. 성경적 기준에 근거하여 이슬람을 다음과 같이 평가할 수 있다.

첫째, 이슬람은 인간이 만든 종교 중 하나다. 비교종교학적 기준으로 보자면, 이슬람은 고등종교라 할 수 있다. 매우 발달한 신학적 체계와 논리적 통합을 이루고 있기 때문이다. 다양한 신학적 범주(신론, 인간론, 죄론, 구원론, 종말론 등)에서 이슬람은 나름대로 체계적인 답변을 제공한다.

하지만 성경적으로 보자면, 이슬람은 본질적으로 인간이 만들어 낸 종교일 뿐이다. 이렇게 결론 내리는 가장 중요한 이유는 "알라의 와히"라고 하는 꾸란이 성경의 증거와 상충하기 때문이다. 이슬람은 꾸란이 하나님의 계시라고 주장하지만, 꾸란은 여러 가지 면에서 외적·내적 문제점을 가지고 있다. 이러한 점들에 근거하여 꾸란이 성경의 동일한 여호와 하나님으로부터 계시된 경전이 될 수 없음을 알 수 있다. 구약과 신약 사이에는 하나님의 계시의 일관성이 분명하게 드러나는데, 꾸란은 구약과 신약의 빛 아래에서 일관성을 전혀 보여 주지 않는다. 즉 성경의 여호와 하나님이 꾸란을 계시로 주셨다는 것은 부정될 수밖에 없다. 따라서 꾸란보다 약 500년 이전에 있었던 성경의 권위 아래에서 꾸란의 권위는 부인될 수밖에 없고, 꾸란에 근거하여 세워진 이슬람은 하나님으로부터 온 계시의 종교가 아닌 인간이 만든 종교라는 결론에 도달할 수밖에 없다.

둘째, 이슬람은 인간의 실존적 현실을 올바로 평가하여 문제의 인식 및 그에 대한 해결책을 제시하는 종교라 할 수 없다. 즉 이슬람은 인간의 본질적 문제와 구원을 근원적으로 해결해 주는 종교가 아니다. 모든 인생 문제의 본질적 뿌리는 인간의 죄와 죄성임을 부정할 수 없다. 그런데 이슬람은 인간이 죄성을 가지고 태어나는 존재임을 부정하고, 알라의 샤리아를 복종하기만 하면 모든 문제를 해결할 수 있다고 가르친다. 첫 사람 아담이 죄를 범한 것과 그의 범죄가 후손에게 전가되었다는 사실을 부정한다. 죄가 언제 인간 사회에 들어왔고, 왜 세상 역사 속에서 빠르고 광범위하게 퍼져 나갔는가에 대하여 꾸란은 올바른 실존적 평가를 내리지 못한다. 즉 이슬람은 세상 문제에 대한 올바른 진단과 평가를 하지 못하는 것이다.

나아가 이슬람은 어떻게 하면 인간이 구원받을 수 있는가에 대해서도 확실한 대안을 제시하지 못한다. 다만 알라의 율법과 명령에 복종하여 살면, 구원의 길로 나아갈 수 있다는 막연한 소망만을 줄 뿐이다. 누구도 죽기 전에 이 세상에서 구원의 확신을 가질 수 없으며 평생 두려움 가운데 살아가야 한다. 설령 무슬림으로서 최선을 다해 살았다고 해도 결국에는 알라의 자비에 따라 영원한 삶이 결정되기 때문에 평생 모호함 속에서 불안하게 살아야 한다. 이것은 복음적 그리스도인이 구원의 확신을 가지고 살면서 이 세상에서부터 영원한 생명의 삶을 살기 시작하여 참 평화를 누리며 구원의 열매들을 맺고 성숙해 가는 것과는 완전히 다른 삶이다.

또한 이슬람은 인간의 실존적 가치 체계에 부합하지 않는 여러 요소를 내포하고 있다. 여성에 대한 꾸란의 가르침에 기초하여 형성된 이슬람의 교리와 국가 체제가 과연 인권에 부합하는가에 대하여 크게 의심할 수밖에 없다. 폭력과 전쟁을 언급하는 꾸란의 구절들이 역사 속에서 폭력적 이슬람주의 운동을 일으켜 왔으며 현대 국제 질서 안에서도 이런 위협은 여전히 존재하고 있다. 이러한 이슬람주의자들의 과격한 운동을 단순히 급진적 성향의 소수 그룹이 하는 행동으로 치부하기에는 꾸란 자체에 과격한 폭력적 요소들이 상당히 많다고 할 수밖에 없다. 이것들이 이슬람을 인간의 실존적 현실을 올바로 평가하고, 구원의 해결책을 제시하는 종교라고 할 수 없는 이유다.

셋째, 이슬람은 율법주의적 종교이며 인간의 행위를 통한 구원을 강조하는 종교다. 이슬람은 인간이 샤리아를 통해 나타난 알라의 명령들에 복종함으로써 구원의 길로 나아갈 수 있다고 가르친다. 이슬람의 구원관은 인간이 알라의 명령에 복종하며 스스로 의로운 삶을 살고 죄를 거부할 수 있는 능력을 가지고 태어났다는 전제 위에 서 있다. 하지만 이것은 성경이 말하는 구원의 길과 정반대되는 것이다. 성경은 타락한 인간의 본성으로는 죄를 해결할 수 없으므로 그리스도의 대속의 은혜를 통해 죄를 용서받고, 오직 은혜로 그리스도를 믿음으로써 구원을 얻는다고 가르친다.

율법주의적 종교로서의 이슬람이 인간적 논리를 강조한다는 점을 주목해야 한다. 자신의 행위들에 근거하여 심판받는 것이 더 정당하다고 가르치는데, 이것은 자기 의를 내세우고자 하는 인간적 합리성에 부합한다. 다른 사람의 죄를 대신하여 대가를 치를 수 없다는, 대속의 논리를 부정하는 꾸란의 내용은 이런 사고를 더욱 강화한다. 자기 노력의 정당한 대가로 구원을 성취할 수 있다고 말하는 것은 인간의 교만한 본성에 부합한다. 이 같은 이유로 많은 무슬림은 이슬람이 매우 합리적이고 논리적이라고 주장한다. 하지만 하나님의 구속사 가운데 나타나는 복음의 신비는 인간의 논리를 넘어선 하나님의 숨겨진 계획이었다. 이 진리를 무슬림들은 깨닫지 못하는 것이다.

넷째, 이슬람은 예수 그리스도를 정면으로 부인하는 종교다. 꾸란에 언급되는 이싸가 매우 긍정적 모습으로 나타난다는 점을 주목하면서 이슬람이 그리스도를 부분적으로 인정하는 것처럼 받아들인다면, 그것은 이슬람의 신학적 체계를 잘못 이해하는 것이다. 꾸란은 예수 그리스도가 인간 메신저일 뿐, 신성을 가진 하나님은 아니라고 분명히 선을 긋는다. 하나님의 아들, 곧 신성을 가진 하나님의 현현이라는 성경의 명확한 증거를 꾸란은 근본적으로 부정하고 있다. 또한 예수 그리스도는 십자가에서 죽임을 당하지 않았으며 인류의 죄를 대속하기 위해 희생 제물이 된 것이 아니라고 말한다. 이싸의 죽음이 없었기 때문에 죽은 자 가운데서 부활하여 부활의 첫 열매가 되었다는 점도 받아들이지 않는다. 그리고 예수 그리스도가 재림의 주님으로 오셔서 만물을 심판하신다는 사실도 부정한다. 이 모두에 근거하여 본다면, 이슬람은 그리스도를 철저하게 부정하는 종교다.

마지막으로 이슬람은 많은 부분에서 반기독교적 태도를 보이는 종교다. 어떤 면에서는 기독교를 공격하고 무너뜨리지 않으면, 이슬람은 그 존재 자체가 성립될 수 없는 종교다. 예수 그리스도가 하나님의 아들로서 구원의 길을 완성하신 분이라면, 무함마드는 설 자리가 없어지며 이슬람은 필요 없게 된다. 이슬람이 기독교에 대하여 매우 적대적인 태도를 취할 수밖에 없는 이유가 여기에 있다.

세상의 어떤 종교도 타 종교에 대해 이렇게까지 변증적으로 반대 교리를 형성하고, 종교적인 반감을 갖도록 하지는 않는다. 또한 무슬림들이 받는 이슬람 교육에는 기독교의 오류들에 대한 비난과 공격적인 내용이 많이 담겨 있다. 무슬림들은 기독교에 대한 변증적 교육을 통해 기독교인들을 만나면 어떻게 대응해야 하는지에 잘 준비되어 있다. 이것은 많은 기독교인이 이슬람에 대해 잘 알지 못하고, 무슬림들의 도전들에 대해 복음을 어떻게 변증해야 할지에 대해 준비되어 있지 않는 것과 매우 대조적이다. 이 점을 직시하지 않고는 이슬람에 대한 균형 잡힌 이해는 불가능하다.

성경적으로 무슬림 바라보기

우리는 무슬림들을 어떻게 이해하고 바라보아야 하는가? 이 책에서 이슬람에 대한 균형 잡힌 이해를 강조하는 것은 무슬림들을 더 잘 이해하고, 그들에게 그리스도의 복음을 좀 더 효과적으로 전하기 위함이다. 우리의 개인적 경험이나 미디어를 통해 알고 있는 무슬림의 모습과 상관없이 우리는 무슬림을 성경적으로 먼저 이해하고 접근해야 한다.

이제 무슬림을 어떻게 볼 것인가에 관하여 단순하지만 매우 명확한 성경적 시각을 정리해 보고자 한다. 첫째, 무슬림은 구원이 필요한 하나님의 잃어버린 형상이다. 그들도 하나님이 창조하신 자들이기에 하나님은 그들을 사랑하시고, 구원하길 원하신다.

둘째, 무슬림도 참 하나님을 찾고자 하며 구원의 길을 찾는 사람들이다. 태생적으로 무슬림이 된 이들은 자라면서 이슬람의 교리로 교육받으며 이슬람의 세계관을 가지고 살게 된다. 이슬람에 대하여 비평적 질문들을 던지지도 못한 채, 다른 세계관에는 노출되어 본 적 없이 살아가기 때문에 자신들이 믿는 길만이 구원의 길이라 믿으며 산다. 하지만 본질적으로 무슬림들도 영원한 생명에 대한 갈증이 있는 자들이고, 영적 진리에 관한 관심도 가지고 있다.

셋째, 무슬림도 복음을 듣고, 성경의 예수 그리스도를 믿음으로 따를 수 있도록 기회를 주어야 한다. 우리가 "아직 죄인 되었을 때에"(롬 5:8) 그리스도의 복음을 듣고 구원을 받았던 것처럼 무슬림들도 복음을 들어야 하고, 예수 그리스도를 믿을지 스스로 결정할 수 있도록 기회를 주어야 한다. 많은 무슬림이 복음을 올바로 들을 기회조차 없이 영원한 사망을 향해 가고 있다. 그들에게 복음을 전하는 것은 먼저 주님을 알게 된 모든 그리스도인의 의무이기도 하다.

넷째, 무슬림들에게 다가가 복음을 전하는 것은 실제로 가능하고, 여전히 전도는 영혼 구원을 위해 역사하시는 하나님의 방법이다. 무슬림들에게 복음을 전하기 위해 어떻게 해야 하는지를 설명해 주는 책들을 읽고 공부하여 무슬림 전도에 실제로 적용해 보는 것이 매우 중요하다.[121] 부록에 무슬림 전도에 대한 간략한 지침을 소개해 두었다. 또

---

121 레바논에서 태어나 평생 무슬림들에게 복음을 전하며 살고 있는 조르주 후스니의 저서를 추

최소한의 이슬람

한 무슬림들의 변증적 질문들에 대해 성경적으로 어떻게 대답해야 할지에 관한 공부와 준비도 필요하다. 예를 들면, 무슬림들이 삼위일체에 대해 질문해 올 때, 성경적으로 어떻게 설명해 줄 수 있는지를 부록에 소개해 두었다.

다섯째, 무슬림들도 복음을 듣고 이해하면 예수님을 주와 그리스도로 믿고 따른다. 실제로 선교지에서 복음을 들은 무슬림들이 예수를 구주로 영접하고, 충성되이 따르는 사람들이 늘고 있다. 과거로부터 이슬람의 배교 금지법이 주는 두려움과 공동체 안에서 받는 핍박과 위협이 회심자들로 하여금 예수님을 따르는 것을 막는 장애 요소로 작용해 오고 있다. 하지만 복음 사역이 전개되고, 현지인 회심자들이 담대하게 그리스도의 증인으로 서게 되면서 예수님을 따르는 수가 점점 증가하고 있다. 즉 무슬림들이 복음을 듣고, 그리스도의 제자가 되는 것은 당연히 가능하고, 실제로 일어나고 있다.

성경은 세상 모든 민족 가운데 복음을 증거할 것을 명령하고 있다. 따라서 무슬림 민족들에게도 구원의 복음이 증거되어야 하고, 현재도 증거되고 있다. 그리스도의 교회와 제자들은 예수님의 지상 명령(마 28:19-20)을 받았으므로 무슬림들에게도 그리스도 예수의 사랑과 구원을 전할 책임이 있다. 이 책을 통해 독자들이 이슬람을 균형 있게 이해하고, 무슬림들을 사랑으로 품는 그리스도의 제자들이 되기를 기도한다.

천한다. 이 책은 이슬람을 냉철하게 바라보면서도 무슬림의 영혼 구원을 향한 뜨거운 마음을 전하며 다수의 실천적 지침을 제시한다. - 조르주 후스니, 신동철 역,《이슬람 끌어안기》, 서울: 쿰란, 2015.

무슬림들에게 그리스도의
사랑과 복음으로 접근하기

"무슬림들에게 다가가서 복음을 전하는 효과적 방법"이란 주제는
매우 방대한데, 여기서는 중요 핵심들을 간략히 열거하고자 한다.

전도자의 마음가짐과 준비
- 기독교가 우월하다는 생각을 버리고, 이슬람을 존중하고, 무슬림
  을 진정으로 사랑하라.
- 단지 무슬림을 기독교로 개종시키는 것이 전도의 목표가 아니므
  로 이슬람과의 비교에 집중하지 말라. 그가 예수 그리스도를 영
  접하여 믿음으로 구원의 은혜를 경험하고, 제자가 되도록 하는
  것이 목표임을 기억하자.

무슬림에게 어떻게 전도할까?

1) 예수님께 집중하라
복음을 전할 때, 가장 중요한 것은 무슬림으로 하여금 성경을 통해
예수님이 누구신가를 알고 싶은 마음이 들게 하는 것이다. "예수님이
누구인지 아느냐?"라고 질문해 보라. 그리고 이슬람에서 배운 바 그가
아는 내용을 들은 후에 "그러면 성경은 예수님을 누구라고 하는지 말
해 주어도 되겠느냐?" 하고 동의를 얻은 뒤 복음을 증거하라.

최소한의 이슬람

2) 성경을 전해 주고, 성경을 읽게 하는 것에 초점을 맞추라

성경이야말로 가장 강력한 전도자이기 때문이다. 실제 주님께 돌아온 많은 회심자는 무슬림 시절에 성경을 읽으면서 주님을 알게 되어 변화되었다고 한다.

3) 상대에게 많이 질문하라

상대방의 영적 관심도와 배경을 알려면 질문이 유용하다. 보통 고향, 직업, 가족 상황, 미래의 소망 등 신상에 관한 일반적인 질문들로 시작해서 적절한 때에 영적인 질문으로 전환하는 게 좋다. 나아가 무슬림에게 도전이 될 만한 질문도 할 수 있다. 이슬람을 깊이 이해하게 되면, 적절한 질문을 많이 찾을 수 있을 것이다. 상대방이 이전에 한 번도 생각해 보지 않았던 질문이나 주제를 던지는 것이 복음에 관해 생각하도록 도전하는 기회가 된다.

4) 많이 들어주고 그로 하여금 자신의 생각을 나눌 수 있도록 하라

무슬림으로서 이슬람에 관해 자신이 믿고 있는 바를 나누도록 많이 질문하라. 무슬림의 실질적인 세계관을 배우는 기회가 될 것이다. 더 중요한 것은 그에게 충분히 나눌 기회를 준 후에는 당신도 말할 기회를 얻게 될 것이라는 점이다. "그러면 이젠 제가 믿는 것을 좀 나누어도 될까요?"라고 말하여 그의 귀를 열게 할 수 있다.

5) 당신의 간증을 적극적으로 나누라

예수님을 만난 간증은 여러 가지 면에서 유익하고 강력하다. 간증은 상대가 반박하기 어려운 개인적이고 체험적인 증거이기 때문이다. 또한 인격적 회심과 변화를 증거할 때, 매우 강력해진다. 특히 내면의 변화, 삶의 변화, 회심 경험 등에 관한 이야기를 구체적으로 나누면 무슬림이 크게 감동하는 경우가 많다. 왜냐하면 자신들은 경험해 보지도 못했고, 그런 것이 가능하다고 생각해 보지 않은 내용일 가능성이 높기 때문이다. 또한 "하나님과 친밀한 사랑의 기초 위에 인격적인 만남을 갖는 것이 가능하다"라는 말은 그들에게 새로운 세계를 열어 줄 것이다. 이슬람에서는 알라가 너무나 멀리 있는 지고한 존재이므로 경외감과 두려움의 대상이지, 친밀한 하나님 "아버지"로 이해되지는 않기 때문이다.

간증할 때, "예수님이 누구신가"가 분명히 드러나도록 주의하고, 예수님을 믿기 전과 후의 변화를 밝히라. 듣는 무슬림도 그런 변화에 대한 필요와 갈급함을 느낄 가능성이 매우 높다. 특히 이전에 믿지 않았던 사람이 그리스도인이 된 간증은 무슬림에게 충격을 준다. "어떻게 태어나면서부터 가졌던 종교를 바꿀 수 있는가?" "그럼 나도 내 종교를 바꿀 수 있다는 말인가?"라는 질문과 더불어 그의 사고가 열리는 계기가 될 수 있다.

6) 매일 경험하는 하나님과의 인격적인 동행의 삶을 간증하라

최근 받은 기도 응답, 말씀을 깨달아 변화된 간증 등 생생한 삶의 이야기를 나누라. 하나님은 살아계시며 늘 가까이에서 우리 삶의 모든 영역을 함께하시며 우리에게 새로운 삶을 주시는 분임을 증거하라.

7) 자연스러운 다리 놓기(bridging points) 대화법을 많이 활용하라

무슬림과 대화하면서 자연스럽게 복음으로 주제를 옮겨 가는 것이 매우 중요하다. 다리 놓는 질문이나 전환 질문을 통해서 옮겨 갈 수 있다. 평이한 사건이나 주제를 이야기하다가도 영적인 대화로 자연스럽게 넘어가는 기술은 풍부한 전도 경험에서 나온다. 이를 위해 상대방의 영적 관심도를 발견하고, 그의 관심을 유도해 내는 것이 중요하다.

무슬림은 일반적으로 종교성이 강하므로 한 가지 질문이나 언급에도 영적인 대화로 옮겨 가는 것이 비교적 쉽고 자연스럽다. 무슬림들의 마음을 움직이는 연결 고리 질문이나 대화거리를 잘 준비해 두는 것이 유익하다. "마음의 평안, 알라와의 관계, 사랑, 죄 용서, 천국/영생의 확신 등"이 가능한 주제들이다.

8) 관계를 맺는 것이 중요하지만, 가능하면 빠른 시기에 복음을 나누는 것이 중요하다

무슬림 친구와의 관계를 더 돈독히 다진 후에 복음을 전하겠다는 생각으로 복음을 나눌 기회를 뒤로 미루는 경우가 많다. 하지만 이렇게 하면 무한정으로 미루어질 수 있다. 따라서 관계를 맺기 시작한 초기에라도 적절한 때에 복음을 전하는 것이 중요하다. 그렇게 하면 영적인 관심이 전혀 없는 사람에게 많은 시간과 노력을 쏟는 데서 오는 낭비를 줄일 수 있다. 또한 재정이나 외국인에 대한 호기심 등 올바르지 않은 기대감으로 접근하여 진실한 관계, 곧 영적 관심으로 들어가지 않는 무슬림과의 관계를 미연에 방지할 수 있다.

9) 전도와 관련한 소책자나 유튜브 영상을 활용하라

현지인들이 예수님을 만난 간증이 담긴 책자나 영상을 잘 활용하라. 무슬림 배경에서 주님을 만나 회심하고, 복음을 전하는 사람들의 간증과 복음 증거는 매우 강력하다.

10) 일반적으로 무슬림들이 도전하는 반대 질문들을 잘 대비하라

대부분의 무슬림이 기독교인을 만나면 던지는 공통 질문들이 있다. 이슬람 종교 교육에서 이런 내용들을 배우고, 꾸란 구절들을 암기하면서 변증하는 법을 배우기 때문이다. 삼위일체, 예수가 하나님의 아들인가, 예수의 죽음, 성경의 변질 등 복음의 핵심 주제들에 대해 도전해 올 것이다. 전도자가 이런 주제들에 대해 잘 준비되어 있으면, 질문을 받아도 당황하지 않을 수 있고, 오히려 복음 증거의 기회로 삼을 수 있다.

특히 중요한 것은 지식적으로 준비되어 있는 것도 중요하지만, 상대방이 어떤 관점과 생각으로 그 질문을 던지는가를 주의 깊게 관찰하여 그에게 적합한 방식으로 대답하는 것이 더욱 중요하다. 따라서 어떤 질문을 던지면, "당신은 왜 그 질문이 중요하다고 생각합니까? 무엇이 당신으로 하여금 이런 생각을 하도록 만들었습니까?" 등의 보충 질문을 던지는 것이 유익하다. 그 사람의 사고방식과 이유를 알면, 그의 상황에 맞게 필요한 답을 해 줄 수 있다.

하지만 질문에 대해 모든 답변을 한꺼번에 주려고 하기보다는 "적당한 정도"로 답을 준 뒤 "예수님"으로 돌아가도록 하는 것이 유익하다. 아무리 많은 정보와 지식을 나누어도 무슬림이 이해하는 데는 한계가 있고, 결국 복음 전도의 중심은 예수님이기 때문이다.

무슬림에게 전도할 때 피해야 할 것들

1) 논쟁에 빠지지 말라

전도의 목표는 영혼을 얻는 것(winning a soul)이지 논쟁에서 이기는 것(winning a debate)이 아니란 점을 기억하라. 논쟁 혹은 변증을 아무리 잘 하더라도 무슬림의 마음을 상하게 하면, 복음 전도의 효과는 줄어들 수밖에 없다. 그리고 논쟁이 벌어지더라도 '생각해 볼 질문'이나 '해결 되지 않는 이슬람의 모순들'은 그 사람에게 남겨 두고, 당신이 결론을 내리지는 말라.

2) 꾸란과 무함마드를 공격하지 말라

무슬림들에게 꾸란과 무함마드는 특별한 자리를 차지한다. 이 둘을 공격한다고 느끼면, 그들은 감정적으로 불편함을 느끼고 마음을 닫아 버릴 것이다.

3) 무슬림의 인격을 공격하지 말라

무슬림 민족들 대부분은 명예와 수치(Honor and shame)를 강조하는 문 화권에 살고 있다. 그 사람의 자존심을 건드리거나 인격적으로 공격한 다고 느끼면, 관계를 이어 나가기가 어렵다.

4) 한 번 시도해서 안 되었다고 해서 낙심하거나 포기하지 말라

무슬림이 평생 생각하고, 믿고 살아온 방식이 한 번의 전도로 버려 질 것이라는 생각은 하지 말아야 한다. 처음에는 복음을 거부하지만,

그 마음속에 뿌려진 말씀의 씨앗이 자라고 열매를 맺으면 한 사람의
영혼을 얻게 된다. 무슬림 전도에서 기도의 중요성은 아무리 강조해도
지나치지 않다.

5) 무슬림들이 두 사람 이상의 그룹으로 있을 때
복음을 전하려 하지 말라

무슬림들은 여럿이 함께 있을 때는 서로 경계한다. 자신의 솔직한
생각이나 이슬람에 대한 의심을 표현하지 못한다. 또 복음을 증거하는
사람을 만나면, 집단 심리의 작용으로 무슬림들의 태도가 더욱 강경해
지며 달려들려고까지 한다.

조르주 후스니가 소개하는
복음 전도의 실례

아래 내용은 조르주 후스니(Georges Houssney)가 이슬람 사원 지도자
인 이맘과 대화하면서 복음을 전할 기회를 얻는 과정을 보여 준다. 이
짧은 대화를 통해 전도자가 질문을 많이 하여 무슬림으로 하여금 충분
히 대답하게 하면, 전도의 기회를 얻기가 얼마나 쉬워지는지를 알 수
있다.[122]

---

122 조르주 후스니, 신동철 역, 《이슬람 끌어안기》, 서울: 쿰란, 2015.

최소한의 이슬람

질문 1: 이맘께서는 하루에 다섯 번씩 기도하시지요?

질문 2: 그 밖에 천국에 가기 위해 또 무엇을 하십니까?

(육신오행에 대해 대답함)

질문 3: 그것 말고 다른 것은 없습니까? 다섯 가지뿐입니까?

(종교 율법인 샤리아에 대해 대답함)

질문 4: 율법은 몇 가지나 됩니까? 그리고 그중에서 이맘께서 특히 잘 지키시는 율법은 몇 가지입니까?

("율법은 많은데…")

질문 5: 그 율법들 가운데 이맘께서는 몇 가지를 지킬 수 있습니까? 50퍼센트 정도? 아니면 90퍼센트?

(당황하면서 "율법을 하나도 빠짐없이 지키기란 여간 어려운 일이 아니다.…")

질문 6: 왜 하나님은 다 지킬 수 없을 정도로 많은 것을 우리에게 요구하시나요? 그건 좀 너무하신 것 아닌가요?

("우리는 최선을 다할 뿐이고, 나머지는 알라께 맡겨야…")

질문 7: (톤을 바꾸어 개인적인 질문을 던진다) 그러면 장차 천국에 간다는 것을 어떻게 확신하십니까?

("그것은 내가 결정할 문제가 아니지요. 나는 최선을 다할 뿐이고, 최종 결정은 알라가 하시니까요.")

질문 8: 혹시 죄 사함은 어떻게 받고, 하나님이 계시는 천국에 들어가려면 어떤 자격이 필요한지가 성경에 어떻게 기록되어 있는지 알고 싶으세요?

(알고 싶다고 진지하게 대답하면, 복음을 전한다.)

무슬림들에게
성경적 삼위일체 교리를 설명하기

무슬림들에게 복음을 전할 때, 필수적으로 언급하게 되는 주제 중 하나가 삼위일체다. 무슬림들은 이미 "기독교인들은 알라를 셋이라고 믿으며, 예수 그리스도를 하나님의 아들이라 하므로 쉬르크 죄를 범한 것이다"라고 단정하고 다가온다. 삼위일체 교리에 대한 무슬림의 도전에 우리는 어떻게 반응할 것인가?

먼저 알아야 할 것은 무슬림들에게 복음 특히 삼위일체에 대해 변증할 때 한 가지 방법이 모든 사람에게 효과적이라고 기대할 수는 없다는 것이다. 한 무슬림이 어떤 배경에서 어떤 생각으로 접근해 오는가를 살피면서 그에 적절한 대답을 통해 복음의 본질을 전해야 한다. 하지만 여기서는 무슬림들에게 삼위일체를 설명할 때, 그리스도인들이 알고 있으면 유익할 내용을 몇 가지 소개하고자 한다.

첫째, "우리 인간이 하나님을 어떻게 알 수 있는가?"라는 질문에는 "하나님이 주신 계시를 통해서 알 수 있다"라고 명확히 대답해야 한다. 인간의 이성이나 과학이나 철학 같은 학문으로는 하나님을 알 수 없음을 분명히 밝혀야 한다. 무슬림들도 알라를 알 수 있는 유일한 방법은 그의 계시인 꾸란을 통한 것임을 인정한다. 따라서 계시에 근거하여 하나님/알라를 이해해야 한다는 점에 동의할 수 있다.

이 말은 신적 계시인 성경 혹은 꾸란이 인간의 이성과 논리적 추론에 맞지 않는다고 해서 틀렸다고 할 수 없다는 뜻이다. 무슬림들도 이 부분에는 동의할 수밖에 없다. 왜냐하면 만일 인간의 이성이 하나님/

알라를 이해할 수 있는 최종 판단의 기준이라면, 하나님/알라를 이성의 틀 안에 제한하는 격이 되며 이는 곧 신성모독의 죄를 범하는 것이기 때문이다. 따라서 성경이 증거하는 바가 우리의 이성적 이해와 다르다고 해서 거절하는 것은 잘못된 것이며, 우리는 겸허하게 신적 계시 - 그것이 기독교인들이 주장하는 성경이든 무슬림들이 주장하는 꾸란이든 - 를 최고의 권위로 수용해야 한다.

결국, 이렇게 되면 논점은 성경의 권위와 꾸란의 권위로 옮겨지는데, 이것 역시 무슬림들에게는 매우 중요한 공격 포인트다. 이들은 "성경은 변질되었다"라는 주장을 펼치기 때문이다.[123]

성경의 계시적 권위에 근거하여 우리는 삼위일체 하나님을 믿고 예배함을 밝힌 뒤에는 성경이 증거하는 삼위일체가 무엇을 의미하는지를 설명해야 한다. 삼위일체에 대한 조직신학적 정의를 위해 웨인 그루뎀(Wayne Grudem)의 말을 인용해 본다.

> 하나님은 한 분이시며, 하나님은 영원히 삼위(Three Persons)-성부, 성자, 성령-로 존재하신다. 각 위(Each Person)는 완전한 하나님이다.

성경은 결코 하나님이 세 분이라고 가르치지 않는다. 여기서 중요한 것은 '위격'(Person)에 대한 이해다. 위격의 헬라어는 히포스타시스(Hypotasis)인데, '인격'이라는 단순한 한국어 번역으로는 의미를 담아

---

123 이것 역시 그 자체로 매우 중요한 주제이고, 많은 설명이 필요하지만, 여기서는 다루지 않을 것이다. 다만 이 주제를 복음주의 입장에서 잘 다루는 유익한 자료로 다음을 참조하라. - Gordon Nickel, *The Gentle Answer to the Muslim Accusation of Biblical Falsification*. Calgary: Bruton Gate, 2015.

낼 수 없는 특수한 용어이기에 일반적으로 위격이라 번역한다. 위격은 "본질적으로 하나님이지만, 독립된 개별적 실제"를 가리키는 신학 용어다.

삼위일체의 정의를 굳이 도식화하자면 다음 형태가 된다. 성부와 성자와 성령은 각각이 본질로서 하나님이다. 하지만 성부는 성자와 구별되고 성자는 성령과 구별되며 성부는 성령과 구별된다. 각 위가 본질로서 하나님이면서 상호 간에는 구별된다는 점이 강조된다. 그리고 동시에 하나님은 본질에서 하나이다.

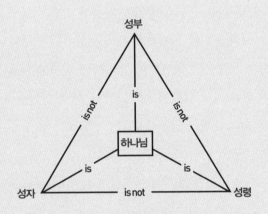

삼위일체 하나님을 소개하기 위한 가장 일반적 접근은 성경에서 근거를 찾아보는 것이다. 첫째, 삼위일체를 명시적으로 언급하는 본문들(마 3:16-17; 28:19; 요 14:26; 고후 13:13 등)이 있다. 둘째, 예수 그리스도가 하나님이란 성경의 수많은 증거를 통해 성자 하나님을 확증한다. 이 부분은 무슬림들로 하여금 또 하나의 큰 질문을 하게끔 만든다. "이싸가 어떻게 하나님의 아들이냐? 하나님은 아들을 낳지 않는다!" 예수 그리스도가 하나님이며 하나님의 아들이라는 증거는 매우 중요하다. 이 내용

최소한의 이슬람

자체도 큰 주제이지만, 여기서는 생략하기로 한다. 분명한 것은 삼위일체를 변증함에 있어서 예수 그리스도의 신성을 증거하는 것이 매우 중요한 핵심이라는 것이다. 셋째, 나아가 성경의 증거들이 뒷받침하여 성령님도 하나님임을 증명한다. 결국, 세 위격(Three Persons)이 각각 하나님임을 확증할 수 있다. 그러나 하나님은 본질적으로 하나임을 증거하는 성경의 진리를 강조해야 한다.

그렇다면 문제는 "하나님이 어떻게 하나이면서 동시에 셋이 될 수 있는가?"다. 이것이 인간의 이성적 논리로는 어긋난 듯 보이지만, 하나님의 신비(mystery)라고 할 수밖에 없다. 하지만 "하나이면서 셋"이라고 말할 때, "하나님은 본질에서 하나이지만, 위격은 셋"이라고 말하기 때문에 논리적으로 문제가 되지는 않음을 말해야 한다. 노먼 가이슬러(Norman Geisler)는 이 부분을 다음과 같이 설명한다.

> 하나님이 어떤 의미에서 하나인가(How is God one)? 그는 본질(essence)에서 하나다. 어떤 의미에서 셋인가(How is God three)? 위격에서 하나님은 셋이다. 본질과 위격은 동일한 개념이 아니다. 하나님은 특정한 측면(본질)에서 하나이지만, 다른 측면(위격)에서는 셋이다. 하나님이 하나라 할 때는 셋이라고 할 때와는 다른 기준을 사용하는 것이기 때문에 삼위일체 교리는 모순이 아니다. 만일 우리가 하나님이 하나라 할 때와 셋이라 할 때 동일한 기준에 의해 그렇게 주장한다면 그것은 분명한 모순이 된다.[124]

---

124 Norman Geisler and Abdul Saleem, *Answering Islam: The Crescent in Light of the Cross*.

본질을 말하기 위해 사용하는 질문이 "하나님은 무엇인가?"(What is God?)라고 한다면 위격을 말하기 위해 사용하는 질문은 "하나님은 누구신가?"(Who is God?)라고 말할 수 있다. 전자가 하나님의 신적 본질을 묻는다면, 후자는 세 위격으로 존재하시는 성부, 성자, 성령 하나님을 묻는 것이다.[125] 따라서 "신적 본질이란 면에서 하나님은 하나이고, 위격이란 측면에서 하나님은 삼위로 존재하신다"라고 말하는 것은 논리적 모순이 아니다. 이것은 오직 하나님께만 해당하는 신적 비밀이다.

삼위일체를 설명하기 위해 현실 세계에서 "셋이면서 하나"로 존재하는 것들이 있음을 비유로 사용하기도 한다. 하지만 어떤 비유들은 삼위일체를 담아내기에는 신학적 문제가 있으므로 사용을 자제해야 한다. 예를 들어, 물(H_2O)이 분자적 본질은 같지만, 액체·고체·기체의 세 가지 형태로 존재할 수 있다는 사실로 삼위일체를 물에 비유하려는 시도가 있다. 하지만 이것은 신학적으로 양태론(modalism)이라는 오류의 위험성이 있다. 한 사람이 가정에서 아버지로, 직장에서 직원으로, 교회에서 집사로 불리는 상황에 빗대는 것도 양태론의 오류에 해당하므로 삼위일체에 대한 비유로 적합하지 않다. 즉 독립된 삼위격이 동시에 하나님으로서 공존해야 하는데, 양태론의 오류를 가진 비유는 동일한 본질을 가진 세 형태가 동시적으로 공존하지 못한다는 문제가 있다.

삼위일체를 설명하기 위한 비유가 범할 수 있는 다른 오류는 삼신

Grand Rapids: Baker: 2002. p.272.

125 Ibid. p.273.

최소한의 이슬람

론(tritheism)이다. 세 존재가 부분적으로 존재하면서 합하면 하나를 이룬다는 의미로 사과가 껍질과 속과 씨로 구성되어 하나가 되는 것처럼 삼위일체도 그렇게 볼 수 있다는 것이다. 이 비유의 문제는 각 위격이 그 자체로 완전한 하나님인데, 사과의 각 부분은 그 자체로 사과가 될 수 없다는 것이다.

하나님의 신적 비밀인 삼위일체를 세상의 피조물에 빗대어 설명하는 것이 한계가 있을 수밖에 없지만, 그나마 사용 가능한 비유로는 다음 예들이 있다. 하나는 사칙연산의 곱하기로 설명하는 것이다. 일반적으로 무슬림들은 성부·성자·성령 하나님을 생각하면 $1+1+1=3$이란 수식을 떠올린다. 그러나 그들에게 다른 차원의 개념으로 $1\times1\times1=1$이란 수식을 보여 주면, 오히려 삼위일체가 불가능하지만은 않겠다는 생각의 전환에 도전을 줄 수 있다.

다른 하나는 순니 무슬림들에게 사용 가능한 변증법으로서 그들에게 "꾸란은 영원한가?"라는 질문을 던져 보면, 지식이 있는 무슬림은 "꾸란은 영원하다"라고 답할 것이다. 꾸란은 창조되지 않은 영원한 알라의 말씀이라고 믿기 때문이다. 그렇다면 창조되지 않은 꾸란이 영원 전부터 존재했다는 뜻이 된다. 그다음 "영원 전에는 무엇이 있었는가?"라는 질문에는 당연히 "알라가 영원 전부터 존재했다"라고 답할 것이다. 이때 "하지만 꾸란도 영원 전부터 존재했다고 하지 않았는가?"라고 물으면, 정직한 무슬림들은 "그렇다"라고 답해야 한다. 즉 "알라와 꾸란이 영원 전부터 동시적으로 존재해 왔다"라는 결론에 도달한다. 신적 존재로 알라와 꾸란이 영원 전부터 동시에 존재했다는 결론은 신적 존재로서 알라와 꾸란의 복수적 공존이 있었다는 의미가 된다. 따라서 순니 무슬림들의 교리에 따르면, 신적 복수성(divine plurality)이 알라의 단일성(타우히드)을 무너뜨리지 않고, 충돌되지 않음을 인정하고 있다는 의미다. 진지하고 정직한 순니 무슬림이라면 신적 복수성을 인정해야 하며 이에 대해서는 "알라에게 속한 신비"라고밖에는 말할 수 없다. 그렇다면 유일하신 하나님이 세 위격으로 존재한다는 신적 복수성이 하나님의 유일성과 충돌하지 않는다는 것도 수용해야 한다는 결론에 이를 수 있다.

조르주 후스니가 제시하는 삼위일체 설명 방법 사례

후스니는 몇 주 동안 파이쌀이란 무슬림 청년과 대화를 나누었는데, 그때 그가 파이쌀에게 삼위일체에 관해 설명했던 접근법을 소개한다. M(무슬림)과 C(기독교인)의 대화로 정리했으며, 후스니가 어떻게 행동하고 반응했는지를 보여 준다.[126]

M. 당신들 기독교인은 아버지와 어머니와 아들, 이렇게 세 신을 믿습니다. 그렇지요?

---

126 온라인에 게시된 조르주 후스니의 글 "무슬림들에게 삼위일체를 어떻게 설명할 것인가?"를 필자가 번역한 것을 후스니의 허가를 받아 싣는다. - Georges Houssney, "How to Explain the Trinity to Muslims" in *The Journal of Biblical Missiology*. Jun 14, 2011. 〈https://biblicalmissiology.org/blog/2011/06/14/how-to-explain-the-trinity-to-muslims/〉

최소한의 이슬람

C. 왜 그런 말을 해요?

M. 다들 알고 있어요. 당신들은 그것을 삼위일체라고 부르잖아요.

C. 네, 우리가 삼위일체를 믿는 것은 맞지만, 당신들이 생각하는 것과는 다릅니다. 나는 대부분의 무슬림이 그렇게 이해하고 있다는 것도 잘 알고 있습니다.

M. 그렇다면 당신이 이해하는 것을 내게 설명해 주세요.

C. 우선 삼위일체가 아버지와 아들과 성령임을 말씀드리고 싶습니다. 두 번째로 저와 함께 성경에 나오는 이 구절을 읽어 주셨으면 합니다. 토라에서 하나님은 모세에게 이 말씀을 하나님의 백성에게 전하라고 말씀하셨습니다.

M. "이스라엘아 들으라 우리 하나님 여호와는 오직 유일한 여호와이시니"(신 6:4).

C. 네, 맞아요. 이것은 토라의 하나인 신명기 말씀입니다. 성경이 하나님은 하나라고 가르친다는 사실은 의심의 여지가 없습니다. 출애굽기 20장 3절도 읽어 주세요.

M. "너는 나 외에는 다른 신들을 네게 두지 말라."

C. 어떻게 생각하세요?

M. 글쎄요. 성경에 이런 구절이 있는 줄 몰랐어요. 이것은 마치 샤하다처럼 들립니다.

C. 바로 그거예요. 샤하다는 어디서 왔다고 생각하나요?

M. 성경에서 샤하다가 나왔단 뜻인가요?

C. 글쎄요. 어느 쪽이 먼저일까요?

M. 당신 말도 일리가 있어요. 하지만 이건 유대인들이 믿었던 것이 아

닌가요? 기독교인들은 어때요? 예수님이 하나님은 오직 하나라고 말씀하셨습니까?

C. 네, 물론입니다. 여기 있습니다. 마가복음 12장 28-31절을 읽어 주십시오. 이것은 토라를 잘 아는 한 남자의 이야기입니다. 그 남자는 예수님께 질문하려고 찾아왔고, 예수님은 그에게 대답해 주셨어요. 본문 전체를 읽어 주세요.

M. "서기관 중 한 사람이 그들이 변론하는 것을 듣고 예수께서 잘 대답하신 줄을 알고 나아와 묻되 모든 계명 중에 첫째가 무엇이니이까 예수께서 대답하시되 첫째는 이것이니 이스라엘아 들으라 주곧 우리 하나님은 유일한 주시라 네 마음을 다하고 목숨을 다하고 뜻을 다하고 힘을 다하여 주 너의 하나님을 사랑하라 하신 것이요 둘째는 이것이니 네 이웃을 네 자신과 같이 사랑하라 하신 것이라 이보다 더 큰 계명이 없느니라"

(선택 사항: 사도행전 17장 22-31절, 고린도전서 8장 4-6절 읽기)

C. 어떻게 생각하세요?

M. 흥미롭습니다. 당신의 성경이 진리를 가르치는 것은 좋은 일입니다. 하지만 기독교인들은 왜 세 신이 있다고 말합니까?

C. 좋은 질문입니다. 제가 설명해 드릴게요. 제가 하나님에 대해 아는 것은 진짜 하나님이 누구이신가에 대한 아주 작은 부분일 뿐입니다. 당신은 하나님이 우리가 이해할 수 없는 존재이고, 우리가 상상할 수 있는 어떤 것보다도 위대하시다는 것에는 동의합니까?

M. 동의해요. 그건 사실이니까요.

C. 그림을 그려 볼게요. 여기 종이의 맨 위에 신이 있다고 해 봐요. 그

리고 그 주위에 구름을 그려 볼게요. 왜냐하면 그는 멀리 계시고, 가까이하기 어렵고, 신비롭기 때문이지요.

M. 좋아요.

C. 이제 여기 아래쪽 땅에서 살고 있는 한 사람을 그려 보지요. 이 줄은 지상을 나타냅니다. 이제 하나님과 인간 사이의 거대한 차이를 주목해 보세요. 하나님은 하늘에 계시고, 사람은 땅에 있어요. 하나님은 우리를 보실 수 있지만, 우리는 그분을 볼 수 없지요. 하나님은 보이지 않는 세계에 속해 계시고, 우리는 보이는 세계에 속해 있습니다. 맞지요?

M. 그럼요. 지금까지는 좋아요. 계속해 보시죠.

C. 네. 이제 하나님이 인간들과 대화하고 싶으신데, 그들이 이해하지 못하는 것을 말씀하시고 싶어 한다고 가정합시다. 어떻게 하면 좋을까요?

M. 예언자들을 보내 그분의 말씀을 대언하도록 하시겠죠.

C. 맞아요. 정말로 그렇게 하셨어요. 예언자라면 누가 있습니까?

M. 아담. 노아, 아브라함, 모세, 예수, 그리고 무함마드.

C. 이제 그중 하나를 예로 들어 보죠. 모세는 어때요?

M. 좋아요. 나는 모세에 대해 알고 있어요.

C. 뭘 알고 있나요?

M. 하나님이 광야에서 그에게 말씀하셨다는 것과 불이 있었다는 것을 압니다.

C. 네, 좋아요. 하나님이 말씀하셨어요. 하나님이 말씀하셨다는 것이 좀 이상하지 않나요? 하나님이 어떻게 말씀하십니까? 어떤 언어로

말씀하셨을까요? 목소리는 어떠셨을까요? 모세는 하나님의 언어를 이해할 수 있었을까요? 그의 귀는 신의 목소리의 능력을 감당할 수 있었을까요?

M. (???)

C. 하나님의 진짜 목소리는 천둥보다 크지요. 그러나 하나님은 모세의 수준으로 자신을 제한하셨습니다. 하나님은 모세의 언어와 억양까지 사용하여 말씀하셨어요. 하나님은 모세가 귀를 다치지 않고 들을 수 있을 정도로 목소리를 낮추셨던 것이지요. 하나님은 인간의 언어를 사용하셨어요. 하나님이 인간에게 말씀하신다는 것이 정말 놀랍지 않은가요?

(선택 사항: 출애굽기 3-4장 읽기)

M. 맞네요, 나도 동의해요, 하지만 이게 삼위일체랑 무슨 상관이지요?

C. 모세의 이야기는 우리에게 하나님과 그분의 본성에 대해 가르쳐 줍니다. 하나님은 우리를 사랑하시기 때문에 우리와 소통하십니다. 불꽃 가운데서 모세에게 말씀하셨는데, 사람의 목소리로 사람의 말을 하셨어요. 그분은 천사를 통해 아브라함에게 말씀하셨지요.

(선택 사항: 창세기 18장을 읽고, "사람 셋" 중 한 사람이 "주"로 불렸다는 사실에 주목하게 하라.)

이제 히브리서 1장 1절부터 3절까지 중요한 구절을 읽어 봅시다. 읽어 주시겠어요?

M. "옛적에 선지자들을 통하여 여러 부분과 여러 모양으로 우리 조상들에게 말씀하신 하나님이 이 모든 날 마지막에는 아들을 통하여 우리에게 말씀하셨으니 이 아들을 만유의 상속자로 세우시고 또

최소한의 이슬람

그로 말미암아 모든 세계를 지으셨느니라 이는 하나님의 영광의 광채시요 그 본체의 형상이시라 그의 능력의 말씀으로 만물을 붙드시며 죄를 정결하게 하는 일을 하시고 높은 곳에 계신 지극히 크신 이의 우편에 앉으셨느니라."

C. 감사합니다. 보다시피 하나님은 여러 가지 방법으로 말씀하셨습니다. 그러나 요점은 하나님은 말씀하실 때마다 인간의 의사소통 수단을 사용하셨다는 것입니다. 이것들을 하나님의 현현(manifestations)이라고 하지요. 무슨 말인지 알겠어요?

M. 현현은 하나님이 자신을 스스로 드러내시는 방법이죠, 그렇죠?

C. 맞아요. 하나님은 보이지 않아요. 사람들이 그분을 이해할 수 있도록 하나님은 천상의 언어가 아닌 인간의 언어와 인간의 의사소통 수단을 사용하시는 겁니다. 이것은 그분의 겸손과 사랑을 보여 줍니다.

C. 그렇다면 M(파이쌀), 만약 하나님이 수 세기 동안 이렇게 해 오셨다면, 하나님이 목소리나 책보다 더 완벽한 방법으로 자신을 드러내시는 것이 이상한가요? 그분은 예수 그리스도를 통해 자신을 드러내셨어요. 히브리서 1장 3절을 주목해 보세요. 예수님은 "하나님의 영광의 광채시요 그 본체의 형상"으로 정확하게 나타나신 겁니다.

M. 조금은 이해할 수 있을 것 같아요. 하지만 비현실적인 것 같아요.

C. 맞아요, 비현실적입니다. 제가 다른 것을 더 설명해 드릴게요. 괜찮겠어요?

M. 그럼요. 나는 정말 하나님과 예수님에 관해 모든 것을 알고 싶어요.

C. 요한복음 1장 1절부터 3절, 그리고 14절을 읽어 봅시다. 이것은 인

간의 마음이 이해하기 어려운 놀라운 구절 중 하나입니다.

M. "태초에 말씀이 계시니라 이 말씀이 하나님과 함께 계셨으니 이 말씀은 곧 하나님이시니라 그가 태초에 하나님과 함께 계셨고 만물이 그로 말미암아 지은 바 되었으니 지은 것이 하나도 그가 없이는 된 것이 없느니라…. 말씀이 육신이 되어 우리 가운데 거하시매 우리가 그의 영광을 보니 아버지의 독생자의 영광이요 은혜와 진리가 충만하더라"

C. 말씀을 설명해 볼게요. 당신이 말하기 전에 뇌에서 무슨 일이 일어나지요?

M. 내가 하고 싶은 말을 생각해요.

C. 맞아요. 당신은 무슨 말을 하기 전에 그것에 대해 생각하지요. 식당에서 음식을 주문할 때, 웨이터는 당신이 입을 열고 말할 때까지는 무엇을 먹을지, 어떤 음료수를 좋아하는지 알지 못한 채 오랫동안 기다리지요. 그래서 어떤 면에서 당신의 말은 '당신 마음의 아이들'이라고 할 수 있지요. "알칼리마투 바나투 에쉬파"(말은 입술의 딸들이다)라는 아랍어 속담이 있어요. 여기 요한복음 구절은 하나님이 세상을 창조하시기 전에 그것에 대해 생각하셨다고 말하고 있습니다. 그 "생각"이 헬라어로 로고스입니다. "지혜"라는 뜻의 히브리어 다바르를 헬라어로 번역한 것이죠. 아랍어로는 "말씀"을 뜻하는 알 칼리마입니다

M. 무슨 말인지 알겠어요. 하지만 여전히 이해하기가 어렵군요.

C. 전적으로 동의해요. 지상의 인간으로서 천상에 관해 이야기하고 있으니까요. 아무도 그것을 완전히 이해하지 못하지요. 요한복음 3장

최소한의 이슬람

12~13절에서 예수님은 자신을 이해하지 못하는 고위 종교 지도자인 유대인에게 이렇게 말씀하셨습니다. 한번 읽어 보시겠어요?

M. "내가 땅의 일을 말하여도 너희가 믿지 아니하거든 하물며 하늘의 일을 말하면 어떻게 믿겠느냐 하늘에서 내려온 자 곧 인자 외에는 하늘에 올라간 자가 없느니라"

C. 맞아요. 인간은 이해에 한계가 있는 존재이지요. 하지만 우리는 최선을 다합니다. 그것은 기본적으로 이것입니다. 말씀이 마음/생각의 유형적인 표현인 것처럼, 예수는 위대한 마음이자 지적인 힘이 되시는 하나님의 물리적이고 유형적인 표현입니다. 그러나 우리가 이해해야 할 것은 예수님이 육체적으로는 인간이시지만, 영에 있어서는 하나님이시라는 사실입니다. 마치 당신이 물통에 물을 부을 때, 그것은 여전히 물이듯이 말입니다. 양동이가 예수님의 몸이라면, 물은 하나님의 영인 것이지요.

M. 생각해 볼 것들이 많네요.

C. 저는 당신이 상황을 더 명확하게 이해할 수 있도록 다른 예를 하나 들고 싶습니다. 태양을 예로 들어 보지요. 이렇게 생각해 봅시다. 태양은 지구로부터 약 1억 5천만 킬로미터 떨어져 있어요. 우리는 두 가지 주된 이유로 절대로 태양에 가까이 갈 수 없습니다. 첫째, 그렇게까지 멀리 여행할 수가 없어요. 둘째, 설령 우리가 태양에 접근한다고 해도 곧 모두 불타 버리고 말 것입니다. 마찬가지로 하나님은 너무 멀리 계시므로 우리가 가까이 다가갈 수가 없습니다. 출애굽기 33장 20절을 읽어 보지요. 하나님이 모세에게 이렇게 말씀하셨어요. "또 이르시되 네가 내 얼굴을 보지 못하리니 나를 보고 살 자

가 없음이니라." 무슨 뜻일까요? '나를 본 사람은 누구도 살 수 없으므로 너는 내 얼굴을 볼 수 없다'라는 뜻입니다.

(문맥을 설명하라)

하지만 태양은 일부 제한된 형태로 우리에게 다가올 수 있습니다. 태양은 어떻게 우리에게 올까요?

M. 내 생각엔 '빛'으로 오지요.

C. 맞아요. 그것이 하나님이 우리에게 내려오신 방법이에요. 그의 빛이신 예수님을 통해서 말입니다. 요한복음 9장 5절을 읽어 주세요.

M. "내가 세상에 있는 동안에는 세상의 빛이로라." 와, 흥미롭군요. 그래서 예수님을 하늘에서 내려온 빛이라고 하는군요.

C. 맞아요. 보다시피 우리와 함께 있는 빛은 우리에게서 멀리 떨어진 불덩어리에서 나왔으나 그것은 하나입니다. 그러면 우리는 불이 빛의 아버지라고 비유적으로 말할 수 있을까요?

M. 그렇지요. 아랍어로 아버지와 아들은 왈리드(wālid)와 왈라드(walad)예요. 그래서 왈리드는 하나님이고, 왈라드는 예수인 건가요?

C. 그래요, M(파이쌀). 제대로 파악하신 것 같군요. 불에 빛이 있고, 그 빛이 수백만 킬로미터를 이동해도 불과 빛은 분리되지 않지요. 이처럼 하나님 아버지와 아들 예수는 떼려야 뗄 수 없는 관계입니다. 이 둘은 본질이 같아요. 이것이 우리가 하나님을 경험할 수 있는 유일한 방법입니다. 하나님이 우리 수준으로 내려오셔서 말입니다. 우리 스스로는 하나님께 나아갈 수 없어요. 그런데 하나님은 우리를 사랑하시고, 우리가 어둠이 아닌 빛 속에서 살기를 원하기에 우리에게 친히 내려오셨습니다.

최소한의 이슬람

(여기서 '어둠'이 영적으로 무엇을 의미하는지에 관해 토론할 수 있다.)

M. 여기까지는 좋아요. 하지만 성령은 어떻게 된 건가요?

C. 그 얘기를 하려던 참이었어요. 질문을 하나 하지요. 빛은 무엇을 가지고 오나요? 빛 덕분에 주변의 모든 것을 볼 수 있다는 것 외에 어떤 것을 경험할 수 있나요?

M. 열기를 말씀하시는 건가요? 그러면 성령이 열이란 말인가요?

C. 맞아요. 그 열은 헬라어로 '에너지, 힘'이란 뜻의 두나미스입니다. 당신은 정말로 이해하기 시작한 것 같군요.

M. 네, 저는 당신이 저에게 설명해 준 개념들을 이해한다고 생각합니다. 하지만 어떤 이유에서인지 여전히 내게는 설득력이 없어 보여요. 하나님이 그렇게 되신다는 것은 불가능해 보입니다. 당신이 말하는 것과 성경이 가르치는 것을 믿고 싶지만, 계속 그것에 대해 생각하는데도 어디에선가 막히는 것 같아요.

C. 저는 당신이 왜 막혀 있는지 알 것 같아요. 당신이 지능이 부족해서가 아닙니다. 오히려 당신은 매우 똑똑하지요. 하지만 당신이 아무리 똑똑해도 한 가지 중요한 요소가 없다면, 절대 이해할 수 없을 거예요. 고린도전서 2장 14절을 읽어 주시겠습니까?

M. "육에 속한 사람은 하나님의 성령의 일들을 받지 아니하나니 이는 그것들이 그에게는 어리석게 보임이요, 또 그는 그것들을 알 수도 없나니 그러한 일은 영적으로 분별되기 때문이라"

C. 여기서 보듯이, 하나님은 인간이 완전히 이해하기에는 너무 광대하십니다. 그러므로 하나님이 우리에게 진리를 밝히 보여 주셔서 우리로 하여금 진리를 이해할 수 있게 해 주셔야 합니다. 진정으로 이

것을 이해하고 싶다면, 눈뜰 수 있게 해 달라고 하나님께서 기도하며 간구해야 합니다. 당신이 격려받도록 마태복음 16장 13-17절에 나오는 짧은 이야기를 읽어 봅시다. 예수님은 제자들이 주님이 누구이신지 이해하도록 돕고 싶어 하셨어요. 그래서 그들에게 물으셨고, 다음 대화가 이루어진 것입니다. 본문을 읽어 주세요.

M. "예수께서 빌립보 가이사랴 지방에 이르러 제자들에게 물어 이르시되 사람들이 인자를 누구라 하느냐 이르되 더러는 세례 요한, 더러는 엘리야, 어떤 이는 예레미야나 선지자 중의 하나라 하나이다 이르시되 너희는 나를 누구라 하느냐 시몬 베드로가 대답하여 이르되 주는 그리스도시요 살아 계신 하나님의 아들이시니이다 예수께서 대답하여 이르시되 바요나 시몬아 네가 복이 있도다 이를 네게 알게 한 이는 혈육이 아니요 하늘에 계신 내 아버지시니라"

C. 나는 베드로가 하나님의 계시로 예수님의 진리를 이해했듯이 당신도 그럴 수 있으리라 믿습니다. 하나님이 이 진리를 당신에게도 나타내 주시길 바라나요?

M. 네, 정말 그래요.

C. 그럼, 우리 함께 기도해요. …

하나님이 파이쌀에게 자신을 드러내 주시도록 우리가 함께 기도한 후에, 그는 집으로 돌아갔고, 그가 돌아왔을 때, 그는 삼위일체 문제를 극복한 상태였습니다. 그다음 주에 우리는 함께 성경 공부를 하기 시작했고, 다른 주제들과 어려운 분야로 넘어갔습니다. 하나님은 진정한 구도자의 기도에 응답해 주셨습니다.

이상의 대화가 당신이 무슬림과 대화할 때, 도움이 되기를 바랍니다. 하지만 이 이야기에서 배워야 할 가장 중요한 교훈은 이것입니다. 무슬림과의 관계 맺음은 단순히 지적이거나 문화적인 것이 아니라 영적인 노력에 달렸다는 것이 핵심입니다. 무슬림이 진실을 보고 들을 수 있게 하려면, 먼저 영적 전투에서 이겨야만 합니다.

참고 문헌

공일주,《이슬람과 IS》, 서울: CLC, 2015.

_____.《꾸란 해석: 기원, 발달과 현대적 성향》, 서울: CLC, 2021.

_____.《꾸란과 아랍어 성경의 의미와 해석》, 서울: CLC, 2016.

조르주 후스니, 신동철 역,《이슬람 끌어안기》, 서울: 쿰란, 2015.

황디모데, "온전한 복음의 기초인 성경의 빛 아래에 비추어 본 꾸란",
〈한국선교KMQ〉(2022년 겨울호)(통권 84호), 한국선교KMQ, 2022, 144-
164쪽.

황원주, "8-9세기 아랍어를 사용한 기독교 신학자들의 삼위일체 변증 연구",
〈아랍과 이슬람 세계〉(제4집), 중동아프리카연구소, 2017, 113-171쪽.

_____, "현대 꾸란학의 서구 학계 동향과 선교학적 시사점",
〈아랍과 이슬람 세계〉(제6집), 중동아프리카연구소, 2019, 9-52쪽.

_____, "꾸란 112장에 나타난 반기독교적 변증 요소 연구",
〈Muslim-Christian Encounter〉(vol. 12, no. 2), 횃불트리니티신학대학원
대학교 한국이슬람연구소, 2019, 95-137쪽.

_____, "꾸란 105장 주석을 통해 본 꾸란 해석 과정에 대한 비평적 분석",
〈아랍과 이슬람 세계〉(제7집), 중동아프리카연구소, 2020, 94-146쪽.

_____, "꾸란 4:157에 나타난 이싸의 십자가 죽음에 관한 순니 주석가들
의 해석에 대한 비평적 고찰", 〈아랍과 이슬람 세계〉(제8집), 중동아프리
카연구소, 2021, 11-63쪽.

Abdel-Haleem, Muhammad. *Understanding the Qur'an: Themes and Style*.
New York: Tauris, 1999.

Adang, Camilla. *Muslim Writers on Judaism and the Hebrew Bible: From Ibn Rabban to Ibn Hazm*. Leiden: Brill, 1996.

Al-A'zami, Muhammad Mustafa. *The History of the Qur'anic Text: From Revelation to Compilation*. Leister: UK Islamic Academy, 2003.

Albin, Michael. "Printing of the Qur'an" in *Encyclopaedia* of the *Qur'an*. vol. 4. ed. Jane D. McAuliffee. p.264–276. Leiden: Brill, 2004.

Altikuluc, Tayyar, E. Ihsanoglu, and Salih Sadawi. *Al-Mushaf al-Sharif Attributed to Uthman Bin Affan*. Istanbul, Turkey: Organization of the Islamic Conference/Research Center for Islamic History, Art and Culture, 2007.

Brown, Daniel. *Rethinking Tradition in Modern Islamic Thought*. Cambridge, UK: Cambridge University Press, 1996.

Brown, Jonathan. *Misquoting Muhammad: The Challenge and Choices of Interpreting the Prophet's Legacy*. London: One World, 2014.

Brubaker, Daniel. *Corrections in Early Qur'anic Manuscripts: Twenty Examples*. Lovettsville: Think and Tell Press, 2019.

Crone, Patricia, and Michael Cook. *Hagarism: The Making Of The Islamic World*. London: Cambridge University Press, 1977.

Crone, Patricia. *Meccan Trade and the Rise of Islam*. Piscataway, NJ: Gorgias, 1987.

_____. *Roman, Provincial and Islamic Law: The Origins of the Islamic*

Patronate. Cambridge: Cambridge University Press, 1987.

_____. *Slaves on Horses: The Evolution of the Islamic Polity*. Cambridge:

Cambridge University Press, 1980.

Déroche, François. *La transmission écrite du Coran dans les débuts de Ol'islam:*

Le codex Parisino-petropolitanus (Texts and Studies on the Qur'an. vol. 5).

Leiden: Brill, 2009.

Donner, Fred. *Muhammad and the Believers: At the Origins of Islam*.

Cambridge: Harvard University Press, 2012.

Droge, A. J. *The Qur'an: A New Annotated Translation*. Bristol, CT:

Equinox, 2013.

Geisler, Norman, and Abdul Saleem. *Answering Islam: The Crescent in Light of*

the Cross. Grand Rapids: Baker: 2002.

Gibson, Dan. *Let the Stones Speak: Archaeology Challenges Islam*.

Saskatoon, Canada: Canbooks, 2023.

Guillaume, Alfred. *The Life of Muhammad: A Translation of Ishaq's Sirat*

Rasul Allah. Oxford: Oxford University Press, 1955.

_____. *Islam*. Aylesbury, UK: Penguin Books, 1978.

Hoyland, Robert G. *In God's Path: The Arab Conquest and the Creation of an*

Islamic Empire. Oxford: Oxford University Press, 2015.

_____. *Seeing Islam as Others Saw It*. New Jersey: The Darwin Press, 1997.

Humphreys, Stephen. *Islamic History: A Framework for Inquiry. Rev. ed.*

Princeton, NJ: Princeton University Press, 1991.

Ibrahim, A. S. *Reaching Your Muslim Neighbor with the Gospel*.

Wheaton, IL: Crossway, 2022.

Jeffrey, Arthur. *The Foreign Vocabulary of the Qur'an*.

(Baroda, India: Oriental Institute, 1938); Reprint, Leiden: Brill, 2007.

Khattab, Mustafa. *The Clear Qur'an*. Book of Signs Foundation, 2015.

Leaman, Oliver. "Meccan Suras and Medinan Suras" in *The Qur'an: An Encyclopaedia*, ed. Oliver Leaman, p.398-402. London: Routledge, 2006.

Lewis, Bernard. *The End of Modern History in the Middle East*. Stanford: Hoover Institute, 2011.

Luxenberg, Christoph. *The Syro-Aramaic Reading of the Koran: A Contribution to the Decoding of the Language of the Koran*. Berlin: Hans Schiler, 2007.

MacKintosh-Smith, Tim. *Arabs: A 3000-Year History of Peoples, Tribes and Empires*. New Haven. CT: Yale University Press. 2019.

Nasser, Shady Hikmet. "The Canonizations of the Qur'an: Political Decrees or Community Practices?" in *Non Sola Scriptura: Essays on the Qur'an and Islam in Honour of William A. Graham*, ed. Bruce Fudge et. al., p.93-107. New York: Routledge, 2022.

Neuwirth, Angelika. "Sura" in *Encyclopaedia* of the Qur'an, vol. 5, ed. Jane D. McAuliffe, p.166-177. Boston: Brill, 2006.

Nevo, Yahuda D. and Judith Koren. *Crossroads to Islam: The Origins of the Arab Religion and the Arab State*. Amherst, NY: Prometheus Books, 2003.

Nickel, Gordon. "The Theme of 'Tampering with the Earlier Scriptures' in Early Commentaries on the Qur'an" (PhD diss.), University of Calgary, 2004.

_____. *The Gentle Answer to the Muslim Accusation of Biblical Falsification*.

  Calgary: Bruton Gate, 2015.

Rahman, Fazlur. *Major Themes of the Qur'an*. Minneapolis: Bibliotheca

  Islamica, 1980.

Raven, W. "Sīra and the Qur'an" in *Encyclopaediea of the Qur'an*, vol. 5. ed.

  Jane D. McAuliffe, p.29-51. Leiden: Brill, 2006.

_____. "Sīra" in *Encyclopaedia of Islam*, new ed. vol 9. ed. Bosworth et.

  al., p.660-663. Leiden: Brill, 1997.

Reynolds, Gabriel Said. "Introduction: Qur'anic Studies and Its Controversies"

  in *Qur'an in Its Historical Context*, ed. Gabriel Said Reynolds, p.1-25.

  New York: Routledge, 2008.

_____. "The Qur'anic Accusation of Scriptural Falsification" in *Journal*

  of the American Oriental Society 130.2 (2010): p.189-202.

Rippin, Andrew. "Occasions of Revelation" in *Encyclopaediea of the Qur'an*,

  vol. 3. ed. Jane D. McAuliffe. p.569-573. Leiden: Brill, 2006.

_____. "The Exegetical Genre 'asbab al-nuzul': A Bibliographical and

  Terminological Survey" in *Bulletin of the School of Oriental and African*

  Studies 48 (1985): p.1-15.

Sadeghi, Behnam, and Mohsen Goudarzi. "San'ā' 1 and the Origins of the

  Qur'an" in *Der Islam* 87 (2012): p.1-129.

Sadeghi, Behnam. and Uwe Bergmann. "The Codex of a Companion of the

  Prophet and the Qur'an of the Prophet" in *Arabica* 57 (2010): p.343-436.

Schacht, Joseph. *The Origins of Muhammadan Jurisprudence*.

Oxford: Oxford University Press, 1950.

Small, Keith. *Textual Criticism and Qur'an Manuscripts*. New York: Lexington Books, 2011.

Wansbrough, John. *Qur'anic Studies: Sources and Methods of Scriptural Interpretation*. Oxford, UK: Oxford University Press, 1977.

_____. *The Sectarian Milieu: Content and Composition of Islamic Salvation History*. London Oriental Series XXXIV. Oxford: Oxford University Press, 1978; Reprint, Amherst, NY, 2006.

Woodberry, Dudley, et. al. "Why Muslims Follow Jesus: The Results of a Recent Survey of Converts from Islam" in *Christianity Today* 51 (October 2007): p.80-85.

인터넷 자료

Al-Bukhari. "Sahih al-Bukhari" in *Sunnah.com*. 〈https://sunnah.com/bukhari〉

_____. "Sahih al-Bukhari", Book 96, Hadith 90 in *Sunnah.com*. 〈https://sunnah.com/bukhari:7363〉

Ali, Wijdan. "Umayyad Coins (661-750 CE)" in *Muslim Heritage*. January 18, 2004. 〈https://muslimheritage.com/umayyad-coins-661-750ce/〉

Benchemsi, Ahmed. "Invisible Atheists: The Spread of Disbelief in the Arab World" in *The New Republic*, April 24, 2015. 〈https://newrepublic.com/article/121559/rise-arab-atheists〉

Desilver, Drew, and David Masci. "World's Muslim population more widespread than you might think" in *Pew Research Center*. January 31, 2017. ⟨https://www.pewresearch.org/fact-tank/2017/01/31/worlds-muslim-population-more-widespread-than-you-might-think/⟩

"Early Qur'anic Manuscripts" in *Wikipedia*. ⟨https://en.wikipedia.org/wiki/Early_Quranic_manuscripts⟩

Green, Samuel. "The Different Arabic Versions of the Qur'an" in *Answering Islam*, March 12, 2023. ⟨https://www.answering-islam.org/Green/seven.htm#compare⟩

Hackett, Conrad. "5 Facts about the Muslim Population in Europe" in *Pew Research Center*. November 19, 2017. ⟨https://www.pewresearch.org/fact-tank/2017/11/29/5-facts-about-the-muslim-population-in-europe/⟩

Hodal, Kate. "Arab World Turns Its Back on Religion–and Its Ire on the US" in *The Guardian*, June 24, 2019. ⟨https://www.theguardian.com/⟩

Houssney, Georges. "How to Explain the Trinity to Muslims" in *The Journal of Biblical Missiology*. June 14, 2011. ⟨https://biblicalmissiology.org/blog/2011/06/14/how-to-explain-the-trinity-to-muslims/⟩

Ibrahim, A. S. "Is Islam Really the Fastest Growing Religion in the World?" in *Crossway*, November 25, 2022, ⟨https://www.crossway.org/articles/is-islam-really-the-fastest-growing-religion-in-the-world/⟩

Ibrahim, Farooq. "The Problem of Abrogation in the Qur'an" in *Answering Islam*. ⟨https://www.answering-islam.org/Authors/Farooq_Ibrahim/abrogation.htm⟩

Lageman, Thessa. "Remembering Mohamed Bouazizi: The Man Who Sparked
the Arab Spring" in *Al Jazeera*. Dec 17, 2020. ⟨https://www.aljazeera.
com/features/2020/12/17/remembering-mohamed-bouazizi-his-
death-triggered-the-arab⟩

Pew Research Center's Forum on Religion & Public Life. "Mapping the Global
Muslim Population" in *Pew Research Center*. October 7, 2009. ⟨https://
www.pewresearch.org/religion/2009/10/07/mapping-the-global-
muslim-population/⟩

Rahman, Omar. "What's behind the relationship between Israel and Arab
Gulf states?" in *The Brookings Institution*. January 28, 2019. ⟨https://
www.brookings.edu/blog/order-from-chaos/2019/01/28/whats-
behind-the-relationship-between-israel-and-arab-gulf-states/⟩

Suroor, Hasan. "Why Are Young Muslims Leaving Islam?" in *The Telegraph
Online*, September 11, 2019. ⟨https://www.telegraphindia.com/india/
why-are-young-muslims-leaving-islam/cid/1704203⟩

"Corpus Coranicum" in *Union of the German Academies of Sciences and
Humanities*. ⟨https://corpuscoranicum.de/en⟩

"List of ex-Muslim organisations" in *Wikipedia*. ⟨https://en.wikipedia.org/
wiki/List_of_ex-Muslim_organisations⟩

"Our Declaration" in *Muslim Reform Movement*.
⟨https://muslimreformmovement.org/first-page-posts/declaration/⟩

"Religious Composition by Country, 2010-2050" in *Pew Research Center*.
⟨https://www.pewresearch.org/religion/2015/04/02/religious-

projections-2010-2050/〉

"Sword Verse" in *Wikipedia*. 〈https://en.wikipedia.org/wiki/Sword_Verse〉

"The Arabic Islamic Inscriptions On The Dome Of The Rock In Jerusalem,
72 AH / 692 CE" in *Islamic Awareness*, November 12, 2005. 〈https://
www.islamic-awareness.org/history/islam/inscriptions/dotr〉

"The Future of World Religions: Population Growth Projections, 2010-
2050" in *Pew Research Center*. April 2, 2015. 〈https://www.pewresearch.
org/religion/2015/04/02/religious-projections-2010-2050/〉

"The Qibla Of Early Mosques: Jerusalem Or Makkah?" in *Islamic Awareness*,
November 03, 2001. 〈https://www.islamic-awareness.org/history/
islam/dome_of_the_rock/qibla.html〉

"What Does Islam Teach About Violence" in *The Religion of Peace*.
〈https://www.thereligionofpeace.com/pages/quran/violence.aspx〉

"04-Mecca, Interestingly, Is Not a Very Old City! Al Fadi & Jay Smith
CIRA series" in *PfanderFilms*. May 23, 2018. 〈https://www.youtube.
com/watch?v=EM6ukHF8eu8〉

지도 참고

"Ayyubid Dynasty" in *Wikipedia*. https://en.wikipedia.org/wiki/Ayyubid_
dynasty

"Ch 10: Arab Empire to Islamic Civilization 600-1300 AD (2)" in *Subratachak*.
https://subratachak.wordpress.com/2015/12/22/ch-10/

"Early Muslim Conquests" in *Wikipedia*. https://en.wikipedia.org/wiki/

Early_Muslim_conquests

"History of Islam" in *Wikipedia*. https://en.wikipedia.org/wiki/History_of_
Islam

"Ilkhanate" in *Wikipedia*. https://en.wikipedia.org/wiki/Ilkhanate

"Mamluk Sultanate" in *Wikipedia*. https://en.wikipedia.org/wiki/
Mamluk_Sultanate

"Ottoman Empire" in *Wikipedia*. https://en.wikipedia.org/wiki/
Ottoman_Empire

"Seljuk Dynasty" in *Wikipedia*. https://en.wikipedia.org/wiki/Seljuk_dynasty

"Timur" in Wikipedia. https://en.wikipedia.org/wiki/Timur

"Treaty of Sèvres" in *Wikipedia*. 〈https://en.wikipedia.org/wiki/Treaty_of_
Sèvres〉